일제강점기
한국 초등교육의
실태와 그 저항

일제강점기
한국 초등교육의
실태와 그 저항

이명화·김형목·윤소영 공저

역사
공간

독립기념관이 1987년에 문을 열었으니, 다가오는 2017년은 개관 30주년을 맞이한다. 그해 2월에 한국독립운동사연구소도 문을 열었다. 초창기에 연구소는 다섯 명의 연구원 체제로 작은 첫걸음을 내딛었다. 이후 연구소 인원이 확대되었다가 축소되는 등 여러 난관이 있었으나, 2016년 말 현재 연구소는 스물아홉 명의 연구위원과 연구원 체제로 발전하게 되었다.

그동안 연구위원들은 한국독립운동사 분야의 전문 연구자로 활동하며 학계의 중진으로 성장해 왔다. 그러는 틈틈이 개별 연구성과를 논저로 펴내기도 하였으나, 연구와 행정업무, 학술회의 개최, 독립운동 관련 각종 연구서적 발간, 자료수집과 분석, 대외적인 요구에 대한 대응 등이 바쁘다는 이유로 정작 공동연구는 뒷전으로 미룬 채 세월이 흘러가 못 이룬 숙제처럼 아쉬움이 컸다.

이 책은 한국독립운동사연구소에 근무하는 세 명의 연구위원이 그동안 학술지에 발표했던 글 중 일제강점기 교육사와 관련한 내용을 하나로 묶은 것이다. 책의 구성은 1910년대부터 1940년대까지를 대상으로 작성된 글을 시기별로 구성했다.

1장과 6장을 집필한 이명화 책임연구위원은 1985년 12월 12일 독립기념관 추진위원회 시절 입사한, 그야말로 한국독립운동사연구소 역사의 산 증인이다. 독립기념관과 독립운동에 관해 물어보면 백과사전처럼 막힘없이 술술 설명할 수 있는 연구자이다. 3장과 4장을 집필한 김형목 책임연구위원은 한국근대교육사 분야의 중견학자로 2002년에 연구소에 입사했다. 누구보다도 교육 분야에 열정을 갖고 많은 연구논문을 발표하는 한편, 재능 기부 등 교육봉사활동에도 적극적인 분이다. 2장과 5장을 집필한 윤소영 연구위원은 근대한일관계사가 전공으로 2009년부터 독립운동사연구소에 몸을 담고 있다. 주로 일본 역사왜곡문제와 독도영토주권문제 등을 전담하고 있으며 일제 침략사와 독립운동사 분야에서 연구성과를 쌓아가고 있다.

이 책을 쓴 저자들의 바람이 있다면, 책을 읽는 독자들이, 엄혹한 일제강점기를 겪어야 했던 한국근대교육의 상처와 성장사를 살폈으면 하는 것이다. 더불어 이 책을 쓴 연구자들이 속해 있는 독립기념관 한국독립운동사연구소의 여러 활동에 대해서도 관심을 갖고 성원과 질정을 해주신다면 더할 나위 없이 감사한 일이라고 생각한다.

끝으로 독립기념관연구소에 근무하는 세 명의 동료가 개소 30년 만에 공저를 낼 수 있도록 흔쾌히 출판을 허락해 준 역사공간의 주혜숙 사장님과 예쁜 표지를 만들어준 오신곤 디자이너에게 특별히 감사 말씀을 전하고 싶다.

2016년 12월 그믐에
눈 덮인 흑성산 자락을 바라보며
필자를 대표하여 윤소영

차례

1장

일제강제병합 이데올로기와 식민지교육정책

....

이명화

1. 머리말

2010년 경술국치 100주년을 맞이하여 한일 양국에서는 학술대회 개최, 다큐멘터리 제작, 시민단체의 모임과 성명서 발표 등 다양한 사업과 행사가 개최된 바 있다. 한국병합 100년을 회고하는 과정에서 한일간에 '병합'을 둘러싼 역사인식의 차이와 분쟁은 오늘날에 와서도 좀처럼 그 이견을 좁히지 못하고 있다. 그런 점에서 2010년 강제병합날인 8월 29일에 한일지식인 200여 명이 한국과 일본에서 동시에 병합조약이 무효라고 한 성명서 발표는 과거보다는 미래의 동아시아 평화를 전망하며 양국 국민 간에 역사인식의 차이를 좁히고자 하는 노력이었으며 상호 화해와 협력의 공감대를 이룬 소중한 시간이 되었다.

일본 내에 유포된 한국 병합의 논리는 식민지시대는 물론 오늘날까지도 오랫동안 사실아닌 '사실'로 존재하였다. 한국의 과거 지배체제가 너무 부패해 한국은 자력으로는 도저히 독립을 보존할 수 없는 나라이기에 일본이 한국민의 청원을 받아들여 한국을 식민지화했으므로 일제의 한국지배는 합법적이며, 따라서 식민지지배는 유효성과 정당성을 갖고 있다는 것이다.[1] 그러나 그 사실은 '진실'이 아닌 식민

---

[1] 2010년 8월 10일에 일본 수상 간나오토(菅直人)는 "정치적·군사적 배경 아래서 당시 한국인들의 뜻에 反하여 행한 식민지지배"였다는 요지의 담화문을 발표한 일은 획기적이라고 할 수 있다. 그러나 일본의 국가 총리가 공식 자리에서 밝힌 입장이라 해도 일본 국민 전체의 입장을 대변했다고 보기는 어려울 것이다.

지화 과정과 식민지체제에서 만들어진 허상이다.

이 글은 일본이 한국을 강점하는 과정에서 한국지배를 정당화하기 위해 만들고 유포한 병합의 논리를 통해 강제 병합의 이데올로기와 병합을 전후하여 일제가 이들 이데올로기를 이용해 식민지교육정책을 세워 나가는 과정을 살펴보고 또한 '합방合邦', '합병合倂', 그리고 '병합倂合'이라는 용어가 강제 '병합'을 전후한 정황에 따라 어떻게 변화하고 있었는가도 살펴보고자 한다.

한국에서는 현재 일반적으로 '경술국치庚戌國恥'라는 용어를 사용하고 있으나 합방·합병·병합이라는 용어가 무분별하게 혼용되고 있으며 이런 실태는 일본에서도 크게 다르지 않다. 1910년 8월 22일 일제가 대한제국을 강압해 늑결한 조약의 공식 명칭은 '한국병합에 관한 조약'이다. 그러나 한국에서는 한국과 일본이 합방한 것으로 보고 '한일합방'이라는 용어를 그대로 사용해왔다. 일본인들 중에는 일본 제국주의는 일반적인 억압과 수탈로 대변되는 식민지지배로 한국을 통치하지 않았다고 주장하고[2] 또는 '합방'했기 때문에 한국을 식민지로 지배했다고 할 수 없고 결코 식민지 지배를 한 적이 없었다는 억지를 부리기도 한다. 이러한 주장 이면에는 일제의 기만적인 병합논리의 유포와 혼돈된 역사용어 사용이 자리하고 있다고 본다. 이 점에 주목

---

2 針原崇志, 『歷史敎科書を斬る』, 明窓出版, 2006.

하여 강제병합 전후 일제가 한국을 대상으로 전개한 식민지화의 정황을 정리해 보고자 한다.

2. 일본의 한국강점과 강점논리

한국은 일본에 의해 개항된 이후 반反외세자주화와 반反봉건근대화를 해야 하는 과제를 안고 근대화와 부국강병을 이루고자 하는 노력을 기울였다. 밀려오는 외세 침략에 대항해 민족의 자주권을 사수하면서 근대 민족국가로 거듭나고자 정치사회적 개혁을 단행했지만 오랜 중앙통치의 양반 신분체제에서 근대사회로의 이행이 지배층이나 피지배층 모두에게 쉽지 않았다. 서양 제국주의의 이권 침탈과 정쟁의 혼란한 틈새를 비집고 마침내 일제는 '보호'를 구실로 한국의 국권을 침탈하였다. 일제는 한국의 근대화와 문명이식, 그리고 청국의 종속으로부터 독립이라는 기치를 내걸고 한국의 지배층에 친일파를 부식했으며 민중의 의식에까지 파고들어 궁극적으로 한국을 강점, 식민지화할 계획을 치밀히 수행하였다.

청일전쟁과 러일전쟁을 통해 한국강점의 유리한 고지를 점하고 국제사회로부터 한국의 보호국화를 용인받는 과정에서 일제는 집요하게 한국강점을 정당화할 적합한 논리 개발에 나섰다. 그리고 정치적 상황의 변화에 따라 새로운 논리를 만들어가며 이들 논리를 지속적이고 반복적으로 국민의식에 투입시켜 한국민의 의식에 자리잡도록 하는데 주력하였다.

1) 청일전쟁과 조선독립보존의 논리

일본 제국주의가 대륙으로 팽창해 나가는데 한국은 포기할 수 없는 절대적 위치에 있었다. 청일전쟁을 승리로 이끌고 한국강점의 유리한 고지를 차지한 일제는 한국을 군사적으로 위협하는 가운데 '시정개혁'이라는 명분을 앞세워 한국강점의 목표를 집요하게 추진하였다.

당시 일본은 자국민들에게는 일본문화가 서양문화와 문명에 못지 않으며 일본 국민은 일등민一等民이라는 정신적 긍지를 강하게 심어준 반면, 상대적으로 일본에 비해 근대화가 늦은 한국·중국을 포함한 다른 아시아 국가와 민족을 멸시케 하는 사관史觀을 심어주었다. 역사적으로 근거 없는 일본국민의 자긍심 심기는 건전한 국민의식의 육성을 방해하고 편협한 국민의식이 자리하게 하는데 일조하였다. 전적으로 제국주의적 사회진화론에 입각해 있었던 일본의 근대 문명관 속에서 모든 가치는 경쟁과 '우승열패'의 논리로만 설명되었다.

서구열강의 문호개방 요구를 끝까지 거부했던 조선이 일본에 의해 개항하고 조일수호조규(강화도조약)를 체결하였다. 그 제1조에서 조선은 자주국가로서 일본과 동등권을 보유한다고 규정한 것은 조선을 '속국屬國'이라고 주장하는 중국의 영향력을 배제시키고 조선을 일본의 영향력하에 두어야만 조선을 마음놓고 경략할 수 있다고 보았기 때문이다. 일본은 수호조규 이후 병합 전까지 한국과 체결한 모든 조약에서 조선의 독립을 보장한다는 조항을 둠으로써 한국을 안심시켰다.

　1894년 청일전쟁에서 승리한 일본은 청일전쟁은 한국을 청국으로부터 독립시킨 전쟁이라고 한국민에게 주입시켰다. 어쨌든 청일전쟁은 청국의 간섭으로부터 한국을 분리시켜 안전하게 독식하며 대륙팽창에 서막을 연 제일보第一步가 되었다. 일본이 대륙으로 팽창해 나가는 목표에 어느 정도 다가간 성공적인 전쟁이 되었던 것이다. 그러나 일본을 경계하는 정치세력에 대한 조급함은 급기야 명성황후 시해를 가져왔고, 일본의 침략의도가 그대로 들어나게 되면서 한국 내에 반일 항쟁에 불을 당기게 하였다. 명성황후 시해 사건으로 말미암아 한국 왕실은 일본의 한국독립국 보존의 논리를 더 이상 믿지 않게 되었으며 한국 침략을 위해 수단과 방법을 가리지 않는 일본에 대한 두려운 공포심을 갖게 되었다.

2) 러일전쟁과 '동양평화東洋平和 수호'의 논리

일국의 국모를 살해하는 후안무치厚顔無恥의 극치를 보여준 일본에 저항하여 한국 황실은 태평양으로의 팽창을 꾀하는 러시아의 힘을 끌어들여 일본을 견제하고자 하였다. 그 배경에는 만국공법萬國公法[3]의 국제법적 질서가 한국의 독립유지에 도움을 줄 것이라는 기대가 작용했기 때문이다. 대한제국의 통치권자들은 만국공법을 약

3　만국공법은 국제법을 일컫는 것으로 중국·일본·한국에 전해진 만국공법은 Henry Wheaton의 저서인 『Elements of International Law』를 미국인 선교사 Alexander Martin Persons이 漢譯한 것이다. 조선에는 1876년에 유입되어 개신유림층에서 근대를 배우는 교과서 역할을 하였다.

육강식의 힘의 논리로 받아들이지 않았다. 대한제국이 만국공법의 균세均勢(Barance of Power)와 공의公義을 믿고자 한 것은 아마도 다른 선택의 여지가 없었기 때문이다. 그리고 만주공법의 '균세' 논리를 통해 대한제국은 중립을 유지할 수 있다고 보고 중립화를 꾀하였다. 반면 근대 일본인들은 만국공법을 서구의 국제질서 인식을 기반으로 한 냉정한 국제사회의 '힘'의 지배논리로 받아들였다. 일본은 국제법의 허상과 무력武力 앞에 만국공법의 무력無力함을 간파하고 이를 한국병탄에 활용하였다. '문명국' 일본은 '미개국' 조선을 선점하여 조선을 문명개화시키는 길이 '동양평화'의 길이라는 논리로 한국 침략을 정당화하였다.

대한제국이 친러정책을 취하고 러시아를 끌어들여 한반도에서의 힘의 균형을 맞춰나가자 한국을 독점적으로 장악하고자 한 일제의 시도는 제지당하였다. 이에 일본은 러시아와 전면 전쟁을 통해서만 한반도에 대한 주도권 장악이 가능하다고 보았다. 1904년에 접어들자 전쟁 분위기는 고조되었다. 대한제국 정부는 서둘러 1월 21일 '국외 중립 선언'을 각국에 동시에 성명[4]하고 전쟁의 위기에서 벗어나고자 했다.[5] 그러나 이러한 일련의 노력은 철저히 무

---

4 영국 『London Daily Mail』지 한국 특파원이었던 맥켄지(Frederick. Arthur. McKenzie)가 러일전쟁 전 한국을 취재했을 때 이용익과의 면담내용이 『한국의 비극』에 다음과 같이 기록되었다. "황제폐하께서는 중립을 선언하였으며 우리는 중립을 통하여 살아갈 것이다. 만약 러·일 양국 중에 우리 쪽이 우리의 중립을 파기한다면 열강들은 불문곡직 이에 개입하여 우리를 보호해 줄 것이다(F. A. McKenzie·신복룡 역, 『대한제국의 비극』, 평민사, 1985)"라고 하며 당시 한국정부의 외교담당자들은 중립 성명을 내놓으면 열강들에 의해 중립이 존중될 것으로 믿었다.

5 한국에 주준하고 있던 영·독·불·이태리의 주한 각국 공사들은 같은 달 21일부터 29일 사이만에도 각기 본국정부를 대신하여 한국정부의 중립국화 성명을 받아들일 뜻을

시당하고 일제는 러시아와의 전면 전쟁을 감행하여 한국은 러일간 전쟁의 전장戰場이 되고 말았다. 일본은 2월 6일에 지상군 2천 명을 선발대로 한 대규모 병력을 인천에 상륙시키고 서울로 진군해 들어왔으며 2월 9일에 인천항에 정박 중인 러시아 함대를 급습해 전쟁을 도발하였다. 그리고 10일에 "동양평화를 유지하고 한국 독립을 공고히 한다"는 내용의 선전포고를 하여 러일전쟁이 동아시아의 평화를 지키고 약소국인 한국의 독립을 지키는 '정의로운 전쟁'이라고 기만하였다.

당시 국제열강들 대부분이 한국을 발판으로 태평양으로 진출하고자 하는 러시아의 팽창을 두려워하고 있음을 감지한 일본은 영국과 프랑스, 미국 등 열강을 향해 러시아의 태평양 진출의 위험을 경고하며 일본 지원을 끌어내는 유리한 고지를 점하였다. 이처럼 일제는 '문명'과 '근대화'라는 가면을 쓴 제국주의 열강들과 이해관계를 공유하며 한국 침략의 독점적 지위를 차지하게 되었다. 그리고 개전 이후 보름만인 2월 23일에 한일의정서韓日議定書를 늑결하였다. 한국을 러일전쟁에 끌여들여 국론을 분열시키고 국방과 재정권을 장악한 일본은 국제사회를 향해 한국의 전근대성과 정치적 불안 상태를 강조하고 한국은 스스로 자위自衛할 수 없는 빈약한 국가이므로 일본의 '보호'를 받아야만 하고, 이를 방치할 경우 일본마저도 위험에 빠질 수 있다는 '자위론自衛論'의 논리를 펼치었다. 이무렵 이토 히로부미伊藤博文는 한국이 국제적 분쟁지역으로 전락

회답해왔다.

하여 전쟁상태에 빠지게 되면 동아시아의 평화를 보장할 수 없기에 '보호국화保護國化'해야 한다는 논리를 펴며 '동양평화론'을 주창하였다.

한일의정서 체결로 일본정부는 한국을 '시정개선施政改善'하고 일본정부는 동양평화東洋平和와 한국 황실皇室의 안녕, 그리고 독립을 위해 일본이 필요로 하는 모든 편의와 군략상의 필요한 지점을 수용할 수 있는 권한을 갖게 되었다. 그러나 러일전쟁에서의 일본 승리가 분명치 않았던 터라 한일의정서 단계에서 대한제국 정부는 대한제국의 독립과 영토보존을 확실히 보증할 것을 명시하였다. 그럼에도 일본의 필요에 의해 군사적·정치적·외교적 측면에서 한국을 식민지 경영하겠다는 의도가 확실히 드러남으로써 사실상의 국권 상실 단계에 진입했음을 보여준다.[6]

부실한 국가재정력과 용병 1만 명 정도밖에 되지 않는 병력의 취약함을 간파해 약점을 잡은 일제는 한국은 도저히 자위능력이 없기 때문에 일본이 한국을 대신하여 전쟁을 수행한 '자위전쟁自衛戰爭'이며 나아가 일본은 만주와 태평양으로 몰려오는 러시아의 팽창을 막아주고 동양평화를 지켜낸 수호신守護神임을 자처하였다. 이때만해도 일제는 한국침략의 야욕을 드러내지 않은 채 한국에 전쟁 협력을 강요하였다. 당시 제국주의 열강들은 일본의 한국 지

---

6 한일의정서 제1조에서 규정한 「외국인고문 용빙에 관한 협정서」에 의해 일본 대장성 주세국장 메가타(目賀田種大郎)가 재정고문에, 미국인 스티븐스(D.W. Stevens)가 외교고문에, 군부고문으로는 주한 일본공사관 부무관 노즈[野津鎭武], 경무고문에 일본 경시청 경시 마루야마[丸山重俊], 궁내부고문에 가토[加藤增雄], 학부 학정참여관에 시데하라[幣原坦]가 각각 고용되어 한국 내정을 간섭하였다.

배에 대해 그들이 거느린 식민지 지배에 대한 공통의 이해관계를 공유했기에 일본과는 동지적 관계에 다름 아니었다.

러일전쟁 이전만해도 일본측에서는 독일연방과 같은 체제로 한국과 합방合邦하여 대제국을 건설하고, 동양의 맹주가 되어서 서구 열강과 경쟁해 영원한 동양평화와 이익을 보전해야 한다는 논지가 화려하게 논단을 장식하였다.[7] 그러나 러일전쟁에서 승리를 거두자 일제는 '동양평화'를 위협한 러시아를 물리치고 한국의 영토를 보존시킨 것은 일본의 은혜와 덕택이라는 시혜론施惠論을 펼쳤다.

3) 을사5조약의 늑결勒結과 '한국보호' 논리

국제사회의 이해와 지원을 받아 러일전쟁에서 승리한 일본은 1905년에 들어와 한국에 대한 식민지화의 행보를 순조롭게 진행해 나갔다. 1905년 4월 8일에 각료회의를 소집해 한국을 '보호국'으로 만들 것을 결의하고 준비에 착수한 일본은 5월 각의에서 대한방침對韓方針을 결정하였다.[8] 그 내용은 한국에서의 '정치상 및 군사상 보호의 실권을 확립하고 경제적 이권을 취득해서 착실하게 그 경영을 실행하는 것이 급무'[9]라며 보호권 확립 및 경제적 이권 획득에 관한 긴급 정책안을 수립하였다. 그리고 무엇보다도 한국의 보호국화 결정에 대한 국제적 묵인 내지 승인획득을 위한 공작에 착

---

7   海野福壽, 『伊藤博文と韓國併合』, 靑木書店, 2004, 172쪽.

8   金正明編, 『日韓外交資料集成』6(上) 日韓合併篇, 東京 巖南堂書店, 1964, 3~4쪽.

9   『日本外交文書』37 - 1, 351~356쪽.

수하였다.

러일전쟁 직후부터 일본 내에서는 한국 식민지화를 둘러싼 이른바 '합병설'의 논의가 활발히 진행되는데, 종속국론從屬國論, 직할식민지론直轄植民地論, 자치식민지론自治植民地論, 위임통치론委任統治論 등으로 분분하였다. 이들 각종 논의의 내용이 다르다 해도 궁극적으로는 한국 식민지화를 목표로 한 구상에 다름 아니다. 그러나 일본은 한국 식민화에 앞서 '보호국화'의 길을 선택하였다. 그것은 전국적으로 일어나는 의병항쟁 등 한국민의 저항이 너무도 치열했고, 국제사회의 반응 또한 예측하기 어려운 정황이었기에 중간단계인 '보호정치'라는 완충장치를 식민통치에 앞서 설정하게 된 것이다. 그리고 대외적으로는 한국을 일본 세력 안에 두고 지도, 보호, 감독해야만 '동양평화'를 유지할 수 있다고 선전하였다.

1905년 7월 일본의 내각총리대신 가쓰라 타로桂太郎와 미국 육군 장관 윌리엄 하워드 태프트William Howard Taft 간에 가쓰라 - 태프트협정을 교환하고, 8월 12일에는 제2차 영일동맹을 체결해 미국과 영국으로부터도 한국 지도, 보호의 권리를 인정받았다.[10] 이

---

10 포츠머스회담에서 일본은 한국문제에 대해 러시아에 "러시아는 일본이 한국에서 정치상·군사상 및 경제상의 탁월한 이익을 가졌음을 승인하고 일본이 한국에서 필요하다고 인정하는 지도·보호·감리의 조치를 취함에 있어서 이를 저해하고 또는 간섭하지 않음을 약속해야 한다"고 요구하였다. 당시 러시아는 일본 측의 요구를 원칙적으로 승인하면서도 별도의 조항을 마련해 '일본이 한국에서 취할 조치는 대한제국의 주권을 침해할 수 없다'는 뜻을 명백히 하면서 한국에서의 러시아의 입지를 지키기 위해서라도 대한제국의 주권을 지켜주고자 했다. 그러나 만주와 몽골에서의 러시아 이익을 지키는 선에서 합의했으며 대한제국에 대한 지도, 보호, 감독권을 일본에 위임하는데 합의하였다. 그리고 협상 끝에 대한제국의 주권문제는 조약 본문에 기입하지 않고 '일본 전권위원은 일본이 장래 한국에서 취할 필요가 있다고 인정되는 조치가 한국의 주권을 침해하게 될 경우에 한국정부와 합의한 후 이를 집행할 것을 이에 성명한다'는 일본 측

어 9월 5일에 미국의 주선으로 포츠머드에서 러일강화조약을 체결하는데 성공하였다.[11] 이들 영국, 미국과의 협정 및 조약 단계에서 한국 독립 보장의 약속들은 사라졌다. 이제 한국은 반러친일反露親日 열강들에 의해 지도되는 국제사회로부터 외교적으로 고립된 반면 일본은 한국에 대한 독점적 지배를 인정받게 되었다. 이제 일본의 세력 확장에 가장 큰 걸림돌이었던 러시아 세력을 물리친 일본에게 방해되는 존재는 한국내의 반일세력뿐이었다. 경운궁을 포위하고 대포를 쏘며 공포분위기를 잡은 이토 히로부미는 대한제국 황제와 대신들을 위협하는 가운데 마침내 11월 17일 제2차 한일협약, 즉 을사오조약을 늑결하고 마침내 한국을 '보호국화'하는데 성공했으며, 한국은 식민지의 길로 들어서게 되었다.

을사오조약 전문前文에 "일본국 정부와 한국정부는 양 제국을 결합하는 이해공통利害共通의 주의를 공고히 하고자 한국의 부강富強의 실實을 인정할 수 있을 때까지 이 목적을 위하여 아래의 조관을 약정함"이라고 하였다. 그간 한국과의 조약에서 항상 등장했던 '독립'이라는 용어는 '이해공통의 주의', '부강의 실'이라는 막연한 표

의 결의를 회의록에 기록하고 일본 측 공식 성명의 형식을 취하게 하는 선으로 마무리 지었다.

11 7월 29일에 일본과 미국은 가쓰라-테프트 밀약을 나누고, 미국의 필리핀 지배와 일본의 한국 지배를 상호 인정하는 외교적 성과를 달성하였다. 여기에 러일전쟁의 장기화에 부담을 느끼고 있었던 일본은 미국 대통령 루즈벨트(Theodore Roosevelt, Jr)에게 러·일의 강화 제안을 요청하였다. 또한 러시아도 전세를 만회할 기회를 얻지 못하고 자국내의 사회주의 혁명운동의 확산 조짐 등 제반 사정이 악화되어 전쟁을 지속해 갈 수 있는 형편이 되지 못하였다. 일본은 내심 전쟁의 종결을 기대하고 있다가 미국의 중재를 받아들임으로써 마침내 미국 포츠머스에서 8월 10일부터 러일강화회의가 개최되기에 이르렀다. 미국 제26대 대통령인 루즈벨트는 포츠머스 강화조약 주선해 러일전쟁을 종식시킨 공로로 1906년 노벨 평화상을 수상하였다.

현들로 대체되었다. 한국의 '독립'은 일본이 의도하는 식민지화정책에 완전 반反하기 때문에 공식 문서와 공식 석상에서는 다시는 등장할 수 없는 금기禁忌의 용어가 되어 버렸다. 다만 "일본정부는 한국황실의 안녕과 존엄을 유지할 것을 보증"한다는 조항을 두어 한국독립의 최후 보루인 황실의 저항을 무마하는데 집중하였다.

4) 통감부 통치와 '시정개선' 논리

을사오조약의 늑결 결과 1906년 2월, 일제는 한국통치기관인 한국통감부를 설치하고 을사늑약을 주도한 이토 히로부미가 초대 한국통감으로 부임하였다.

개항 이래 한국정부는 제국 열강들과 수호조약을 체결하고 외교관계를 맺어왔지만 일제는 한국의 외교권을 박탈하기 전부터 해외주재 한국 공관公館 인원을 실질적으로 축소해나갔다. 이 사실 자체가 한국의 외교권이 이미 일제에 의해 침법당해 왔음을 말해준다. 일제의 압박에도 불구하고 광무황제는 어떻게 해서든지 재외 한국 공사관을 유지하고자 했지만 뜻을 이루지 못하였다.[12]

---

12 이창훈, 「대한제국기 유럽지역에서 외교관의 구국운동」, 『한국독립운동사연구』 27, 2007, 398쪽. 주영국 서리공사 이한응은 영국 정부를 상대로 한국의 독립을 보장받고자 외교활동을 전개했으나 뜻을 이루지 못하고 1905년 5월 12일 목을 매어 자살함으로써 생을 마감하였다. 주러시아, 독일, 오스트리아 3개국의 겸임 공사로 임명되었다가 겸임 공사직이 해제되면서 주러 공사로 재임했던 이범진은 외교관들을 소환할 때 러시아로 망명하고 한국공사관 매각 대금으로 한국 독립운동과 의병활동을 지원했다. 그는 강제 병합의 소식을 듣고 1200루블의 유산을 독립운동계에 전달하라는 유서를 남기고 1911년 1월 25일에 상트페테르부르크 자택 (체르노레첸스카야 5번지)에서 목을 매어 자결 순국하였다. 한편 민영찬 주프랑스 벨기에 공사는 1905년 12월에 워싱

통감 이토 히로부미의 임무는 일본이 의도한 대로 안정되게 한국을 병합해 버릴 수 있는 통감부 통치체제를 구축하는 것이었다. 그러려면 저항적인 한인들을 무력으로 병탄해버리기 보다는 통치의 기간을 갖고 제반 기관을 정비해 이른바 '시정개선'과 '정치변혁'을 이끌어내어 점진적漸進的으로 한국민의 자발적인 복종을 이끌어냄으로써 병합의 기초를 단단히 구축하고자 하는 복안을 가지고 있었다.[13]

이토 히로부미 통감은 '한국의 영토 보전', '시정개선의 조언', '외교권 주관', '한국 왕실의 안전 보장' 등을 기회가 있을 때마다 강조하였고 일본 세력을 한국에 부식하는 것이 곧 '양국의 복리'를 얻는 길이라[14]는 논리를 폈다. 일본 내 강경파들이 한국을 당장 합병해야 한다고 주장했을 때도 이토 히로부미는 급격한 변동 조치에 소요되는 비용 부담을 이유로 한국을 점진적으로 병합할 것을 주장하였다.[15]

이토 히로부미는 대한정책을 수행하는데 있어서 "문명기관을

턴에 도착하여 미 국무장관 루트(Eliheu Root)를 방문하여 을사조약의 무효화를 위한 도움을 요청했지만 무시되었다.

13 黑龍會, 『日韓合邦秘史』(下), 原書房, 1966, 109쪽. 이토는 朝鮮本位政策을 앞세우면서 한편으로는 한국의 전통적인 사상과 지배 논리를 비판하며 통감통치를 善政으로 인정받고자 하였다. 이토는 일본의 통치에 대한 한국민의 저항을 무마하기 위해서는 강압적 탄압보다는 먼저 한국민을 도덕적 教化로써 복종하도록 유도하고 회유와 온화한 말로써 한국인을 매혹케 해야 한다고 판단하였다(小森德治, 『明石元二郎』上, 臺灣日日新報社, 1928, 302쪽).

14 伊藤博文, 「韓國統治難」, 『朝鮮之實業』 24, 1907, 19~24쪽.

15 小川平吉, 「故伊藤公の合倂論と予の合倂論」, 『朝鮮』 27, 1910, 9쪽 ; 釋尾春芿, 『朝鮮倂合史』, 372~373쪽 ; 朝鮮總督府 編纂, 『朝鮮保護及び併合』(『朝鮮統治史料』 3, 韓國史料研究所, 1970), 162~164쪽).

만들고 진보개발의 설비에 의해 한민을 화육化育함에 한국민이 요구하는 국권회복은 한국에 하등 이익이 없으며 일본이 일찍이 구미로부터 받아들인 문명의 혜택을 균등히 하여 이(한국 – 필자) 국민에게 지종指從하는데 두고 한국의 국토를 침략해 국권의 기초를 병탄하는 정책은 절대로 불가"[16]하다고 주장하였다. 일본 내에서 이토 히로부미는 한국병탄을 주장하는 강경파들에 비해서 점진주의자, 회유론자, 연파軟派 등으로 분류된다.[17] 그러나 소위 이토와 같은 '연파'들이 '점진주의' 노선을 추구했다고 해서 한국 병합에 대한 기본적인 생각이 달랐다고 할 수 없다. 이토는 "먼저 부분적인 권리를 거두고 난 후 서서히 전권全權을 거둬들이는 방침"[18]을 갖고 있었다. 그것이 한국의 정황에 정통했던 이토가 할 수 있는 최선의 방침이었던 것이다. 그러나 의병항쟁 등 항일운동의 기운이 거제지자, 이토의 점진적 대한정책에 대한 회의론이 일고 비판의 목소리가 높아가자 한국 병탄을 조속히 추진해야 한다는 강경파들의 주장이 거세졌다.[19] 강경론자들은 이토의 온건한 통감정치로 인해 배일사상이 만연하고 있다고 비판했으며 전국적으로 전개되는 반일운동을 억제하기 위해서라도 하루라도 빨리 병합해야 한다는 즉

---

16 時事評論,「伊藤統監の歸任」,『朝鮮』1 - 3, 1909. 5, 78쪽.

17 小川平吉, 앞의 글.

18 釋尾春芿,『朝鮮併合史』, 朝鮮及滿洲社, 1926, 654쪽.

19 이토 통감의 시정에 대해 강경론자들은 "한민은 그 苛政을 하소연하고 그 煩珢를 원망하고 일본 관리를 蛇蝎시하는 풍조"이며 "각 곳에서 폭도가 봉기하고 일본 관리에게 위해를 가하고 있으며 민란이 곳곳에서 일어나 질서를 어지럽다"고 비판하였다(旭邦生,「朝鮮合併問題」,『朝鮮』6, 1910.4.1, 2~3쪽).

시 병합론으로 밀어부쳤다.[20]

　이토는 통감부를 중핵으로 하는 한국의 자치식민지체제를 염두에 둔 지배를 구상하고[21] 한국 정계에는 한국인들에 의한 책임내각을 구성하겠다고 하는 설說을 유포시켰다. 그리고 일진회·서북학회·대한협회 등과 개별 교섭을 벌이며 한국민의 민심을 얻고자 하였다. 이토가 통감통치에서 수행했던 시정 정책과 기회가 있을 때마다 강조한 한국의 '문명국화', '동양평화' 등의 술어들은 한국의 '식민지화' 작업에 필요한 수사修辭에 불과하였다. 그러나 당장의 병탄론을 주장하는 강경파들에게 정치적으로 밀리면서 동시에 한국 내에서는 치열한 항일투쟁에 직면하자 일본 내에서 통감통치에 대한 비판론은 힘을 받았다. 이에 낙담한 이토는 통감직 사의를 표하였다. 한국 합병 문제에 대해 강경 입장이었던 일본 각의는 부통감이었던 소네 아라스케曾禰荒助를 제2대 통감으로 임명하였다.

　1909년 5월 30일자로 소네가 통감에 부임하면서는 병합 후의 한국 통치 방식에 대한 의견이 노골적으로 논의되었다. 합방 곧 연방제도로 할 것인가, 또는 한국 황제의 지위를 존속시켜 형식적 주권을 부여하는 대신 정무政務 실권을 장악하는 위임통치의 형식으로 할 것인가, 그리고 영국의 인도에서와 같은 식민통치, 곧 완전한 형태의 영토적 병합으로 할 것인가 등의 합방·위임통치·병합

20　釋尾旭邦, 「伊藤公の統監政治を論ず」, 『朝鮮及滿洲之研究』, 1907. 3, 42~43쪽 ; 釋尾旭邦, 「朝鮮併合問題」, 『朝鮮及滿洲之研究』, 1910. 4, 56쪽.

21　海野福壽, 『伊藤博文と韓國併合』, 靑木書店, 2004, 170~173쪽.

등의 통치안[22]들이 본격 제기되었다. 그러나 이러한 논의들은 논의에 그쳤을 뿐 실제 일본 각의는 이미 '병합'을 대한정책으로 결정하고 있었다.

3. 병합조약의 체결과 통치논리

1) '합방', '합병', '병합'의 변화와 혼용

일찍이 러일전쟁 중에 일본의 정치 논객들에 의해 대한정략對韓政略에 대한 다양한 정론이 등장하고 있었다. 당시 한국에서 일어나는 정치현상과 국제관계, 그리고 일본 내정 전개 등의 복잡한 정치적 변수로 말미암아 한국 식민지화의 시기와 방법 등에서 일본 내의 정견은 일치하지 못하였다. 일본이 두려워한 것은 한국인의 저항보다도 서구 열강들의 정치적 개입이었다. 청일전쟁 직후의 '삼국간섭三國干涉'이라는 외교적 패배를 경험한 바 있는 일본은 한국을 식민지화하는 선행 조건으로 서구 열강의 확실한 승인을 보장받고자 했으며 그러기 위해서 대내외적으로 인정받을 수 있는 합병의 논리가 요구되었다.

　1908년까지는 '합방'의 설이 대세였으나 1909년부터는 '합방'

22　釋尾春芿, 『朝鮮併合史』, 朝鮮及滿洲社, 1926, 699~700쪽 ; 小松綠, 『朝鮮併合之裏面』, 85~86쪽. '委任統治'는 통감부를 통한 보호통치와 같은 것이고, '합병'은 국가의 주권을 빼앗아 제국의 한 地方으로 삼는 것으로 이해하였다.

과 '병합' 등의 용어가 확실히 다른 의미를 갖고 등장하여 사용되기 시작하였다. 그러나 식민지시절이나 오늘날 한국인들 간에 '합방', '합병', '병합'이라는 용어는 별 의식 없이 사용되고 있다. 당시 통감부 관료들은 한국민의 저항을 최대한 줄이면서 한국을 병탄할 수 있는 가장 적합한 코스가 무엇일까를 궁구하는 것을 과제로 삼았기에 그들에게 용어의 선택과 사용은 중요한 의미를 갖는다. 일제가 한국을 '보호국화'한 상황에서 '합방설'은 그 역할을 다하고 퇴색되어 갔다.

'합방'은 국가 주권을 인정한 상태에서 국가와 국가 간에 동등한 위치에서 나라를 합하는 연방의 형태를 의미한다.[23] 세계 열강들에게 현재의 한국 지배를 인정받고 있는 현 상황에서 일제가 한국을 굳이 대등한 관계로 합방 할 필요는 없다고 보았다. 일진회一進會 고문인 흑룡회 우찌다 요헤이内田良平도 1909년 1월 야마가타 아리토모山縣有朋・가쓰라 타로桂太郎・테라우지 마사타케寺内正毅에게 보낸 의견서에서 세계열강이 일본의 한국 지배를 묵인하고 있는데도 이토가 신중론의 태도를 취하고 있다고 비판한 바 있다.[24]

강경주의자들에 의한 한국병탄 방침은 1909년 3월 외무대신 고무라 주타로小村壽太郎가 마련한 '대한대방침對韓大方針'에서 구체화하고 마침내 일본의 가쓰라 수상과 야마가타 내각총리는 병합방침안

---

23 '合邦'은 '두 나라가 완전히 동등한 수준으로 합한다'는 의미다. 따라서 한일합방이 이뤄질 경우 오스트리아와 헝가리가 합방한 '오스트리아–헝가리제국'의 예처럼 국호가 '대일본–대한제국'이 되어야 한다.

24 內田良平,「合邦の回顧と韓國問題」,『朝鮮統治の回顧と批判』, 朝鮮新聞社, 1936, 3쪽.

에 합의함으로써 일본내 한국통치 정론은 통일되었다. 이 과정에서 '합병'이라는 용어보다도 유한 느낌의 '병합'이라는 용어를 사용하기로 결정하였다.[25] 일본인들에게 '합병'과 '병합'의 의미는 단순한 문자 배열의 변화가 아닌 한국민의 반응까지도 고려한 정치적 의도를 내포하고 있는 선택이었음을 말해준다.

4월 10일 가쓰라 수상과 고무라 외무대신은 통감을 사임하고 추밀원의장이 되어 일본으로 돌아온 이토 히로부미를 만나 한국을 일본 영토의 일부로 편입시킨다는 방침에 대해 의론하고 마침내 의견일치를 보았다.[26] 그 내용은 한국을 일본제국의 판도로 편입시키고 일본 황제가 절대통치권을 장악하며, 한국민을 일본제국의 신민臣民으로 만든다는 것이다. 이는 한국을 일본에 완전히 흡수시키는 합병안이었는데, '병합倂合'이라는 용어를 사용한 이른바 병합안倂合案이 7월 6일 일본 각의를 통과하고, 일본 천황의 재가裁可까지 받아내었다.[27] 일본은 한국을 식민지화하는 데 있어서 '병합'으로써 대한정책對韓政策을 결정한 것이었다.[28]

---

25 『伊藤博文傳』下, 1013~1014쪽.

26 內田良平,「合邦の回顧と韓國問題」, 같은 책, 3쪽.

27 海野福壽,『伊藤博文と韓國倂合』, 靑木書店, 2004, 165~168쪽.

28 한국통감부 서기관을 거쳐 강제병합 당시 외무성 정무국장으로 재임하면서 병합을 달성하기 위한 외교문서를 준비한 구라치 데쓰기치(倉知鐵吉)의 회고록『韓國倂合ノ經緯』에 의하면, 그는 한국을 병탄하려는 의도를 은폐하기 위해 '倂合'이라는 용어를 지어내었다고 한다. 구라치는 일본의 외교정책에 대해 이토 및 고무라와 익견을 조율하면서 1909년 3월 한국합병을 계획한 대한정책의 기본 방침을 기초했는데, 이것이 한국병합 계획을 최초로 공식화한 문서가 되었다. "본인은 한국이 완전히 폐멸되어 제국 영토의 일부로 되는 뜻을 명확하게 하고 동시에 그 어조가 다소 과격하지 않은 문자를 선택하려고 여러 가지로 고민했지만 결국 적당한 문자를 발견하지 못하였다. 이에 따라 당시 아직 일반적으로 이용하지 않던 문자를 선택하는 것이 좋다고 생각하여 '병

이처럼 명백한 정치적 의도로 '병합'이라는 용어를 공식적으로 채택했지만 당대에도 한국과의 관계에서는 '합방', '합병', '병합'의 용어가 혼용되고 있었다.[29] 일제강점기 독립운동계에서 발간한 간행물들이나 전단, 해방 전[30] 민족계에서 발간한 잡지와 서적을 보면, '한일합방韓日合邦'이라는 표현이 압도적으로 많이 있다. 한국은 물론 만주, 연해주, 미주 등을 포함한 재외동포사회에서는 대부분이 '합방'으로 인식하였다.[31] 한편 해방 후 애국인사들이 집필한 자서전 등에서도 일한합방日韓合邦, 한일합방韓日合邦이라고 개념 없이 사용하고 있음을 알 수 있다. 이같이 합방이라는 용어가 역사적 사실과 관계없이 역사용어로 자리하기까지는 한국을 병합했으면서도 일본이 계속해서 '합방'한 것으로 선전한 데 기인한다. 특히 일제가 제작, 배포한 기념엽서류에 '일한병합기념日韓併合記念', '일한합병기념日韓合併記念'과 함께 '일한합방기념日韓合邦記念'이라고 기재

합'이라는 문자를 사용하기로 하였다. '병합'이 논란을 불러일으킬 것을 우려한 구라치는 조용히 이 단어를 사용했고, 가쓰라 총리 등은 對韓方針書를 읽을 때 倂合과 合倂을 혼동해서 읽어도 눈치 채지 못할 정도였다"며 그 이후로 공문서에는 항상 '병합'이라는 문자를 이용하게 되었다"고 회고하였다(韓成敏, 「구라치 데츠키치(倉知鐵吉)의 '한국병합' 계획 입안과 활동」,『한국근현대사연구』 2010년 가을호, 85쪽에서 재인용 ; (倉知鐵吉,『韓國併合ノ經緯』, 日本外務省 調査課 第4課, 1939).

29 강제 병합조약 발표를 보도한 일본 신문에서는 '合倂條約'이라고 보도하기도 하였다.

30 1931년에 발행된『東光』잡지에서 병합 당시 각계 인사들의 '합방 당시의 회고담'이라는 글에는 '合邦', '合倂', '倂合'이라는 용어가 혼용되었다(合邦當時 回顧漫談『東光』제24호, 1931.8.4).

31 재외동포사회에서는 매년 8월 29일을 매년 '合邦日'로 정해 기념식을 거행하고 그 날의 치욕을 기억하였다. 한편 조선총독부는 이날 항쟁이 일어날 수도 있다는 만일의 사태에 대비한 특별 경비를 취하였다. 재외 독립운동에서 '韓日合邦'의 날이라 기억한 것으로 미루어볼 때, 식민지 시대에는 일반적으로 '合邦'으로 인식했음을 알 수 있다.

하고 있는 것으로 미루어 보면, 당대 사람들도 일제의 한국 병탄 사실에 대한 인식이 통일되지 않았음을 알 수 있다. 1915년 4월에 명치신궁 건립을 위한 건축비 모금을 위해 결성된 신궁봉찬회神宮奉讚會가 성덕기념회 회관 내부를 장식하고 있는 벽화그림을 '일한합방'이라는 제목의 엽서[32]로 제작해 보급한 사실에서도 확인할 수 있다.

1910년 초에 일제는 각국의 흥망사興亡史를 검토하면서 "한 번 타국의 보호국으로 되고 속국屬國이 되어 다시 독립한 나라는 거의 그 예가 없다"고 단언하며 한국을 합병하자는 여론으로 몰아갔다. 일본 각의에서 합병을 공식적으로 '병합'이라는 용어로 표기할 것을 결정한 이후에는 '병합'이라는 용어가 의도적으로 사용되었다. 그럼에도 일본 일반 대중 사이에서는 '합방'과 '합병'의 용어가 무분별하게 혼용되고 있었다. 이때는 '적당한 시기에 한국 병합을 단행'하고 '병합 시기가 도래할 때까지 병합 방침에 따라 충분히 보호의 실권을 거두도록 노력하고 실력 부식을 도모'한다는 방침에 따라 '내외의 형세에 비추어 적당한 시기'를 잡기 위한 형세 관망의 시기였다.

병합의 단행을 앞두고 일제는 한국민의 저항을 뿌리 채 뽑아 병합의 걸림돌을 제거하는 일에 집중하였다. 일제는 1909년 7월 30일 궁중 친위부대만을 남겨둔 채 한국의 군부를 폐지해버렸고 9월에 들어서는 '남한대토벌작전南韓大討伐作戰'을 개시, 항일의병의 마

---

32 이 엽서에는 평화로운 모습으로 남대문거리를 오가는 조선인들이 그림으로 묘사되어 있다.

지막 숨통을 조였다. 그리고 '사법관제司法官制'에 이어 '감옥관제監獄官制'를 발표하고 1909년 11월 1일부터 사법권을 장악하여 재판소와 감옥 등의 일체를 통할統轄함으로써 병합에 앞선 치안 유지 장악에 전전긍긍했다. 이 와중에 10월 26일, 중국 헤이그역에서 이토 히로부미를 총살한 안중근의거가 일어났다. 그러나 일제는 헤이그 특사사건이 일어났을 때도 국면 전환을 꾀하여 광무황제를 폐위시키고 정미7조약을 체결해 한국 지배의 새로운 고지를 차지했듯이 안중근의거가 발발하자 이를 병합의 더없는 기회로 이용하였다.

2) 안중근의거와 '동양평화론'

한국을 강제로 병탄할 방침을 이미 결정하고 합병의 적절한 시기를 고르고 있었던 급진론자들에게 안중근의거는 한국 합병을 단행할 절호의 기회였다.[33] 식민지시절 발행된 일본의 역사서들은 예외없이 안중근의거가 계기가 되어 한국병합이 이루어졌다고 기술하였다. 안중근의거가 한국 병합의 원인을 제공했다고 하는 기술 방향은 전후戰後에 간행된 교과서와 각종 역사서에서도 변함없었다.[34]

---

33 山邊健太郎, 『日韓併合小史』, 岩波書店, 1966, 348쪽. 일본의 대부분의 우익 논객들은 이토는 한국병합 반대파의 최대 중진이었는데, 그가 안중근에 의해 '암살'되면서 일본정치의 흐름이 한번에 한국병합의 방향으로 돌아갔다(針原崇志, 『歷史敎科書を斬る』, 明窓出版, 2006)고 하는 역사인식을 갖고 있다.

34 일본 내에 교과서를 발간하는 大阪書籍, 敎育出版, 淸水書院, 帝國書院, 東京書籍, 日本書籍新社, 日本文敎出版, 扶桑社 등의 출판사 간행 역사교과서들은 다소의 기술 차이가 있다해도 서술이 방향은 대동소이하다.

8차에 거친 공판과정에서 안중근은 이토 히로부미의 죄상을 15가지로 열거했는데,[35] 그중 일본의 불법행위와 경제수탈 등과 함께 교육 부분에서 민족교육 방해, 한국인의 외국유학 금지, 한국사 말살, 교과서 압수조치, 세계를 향해 거짓 선전 등의 죄상을 들고 있다. 그리고 이토가 한국 지배의 논리로 내세웠던 '동양평화'에 대해서는 오히려 그에게 동양평화를 깨뜨린 죄를 물었다.

당시 이토를 비롯해 일본 정치론자들이 내세운 '동양평화론東洋平和論'이란 '탈아론脫亞論'과 서구의 '황화론黃禍論'들을 배경으로 하여 서양제국주의 팽창을 방어하기 위한 논리였지만 동시에 일본이 동양의 패권을 잡기 위한 침략주의를 합리화시키는 논리로서도 이용되었다. 안중근의사는 동양평화론 서문에서 일본이 내세우는 동양평화론과 문명론의 논지가 잘못되었음을 통박하고 사회진화론적 문명관과 팽창주의에 입각한 동양평화론을 비판하였다.

안중근의사는「동양평화론」의 원고를 완성하지 못하고 순국했지만 그의 동양평화론의 골자는 한국과 중국 그리고 일본 3국이 각기 서로 침략하지 말고 독립을 견지하며 서로 상호 부조扶助하면

35　이토 히로부미의 죄상 15개조. 1. 한국의 명성황후를 시해한 죄 2. 한국의 고종황제를 폐위시킨 죄 3. 을사보호5조약과 정미7조약을 강제로 체결한 죄 4. 독립을 요구하는 무고한 한국인들을 학살한 죄 5. 정권을 강제로 빼앗아 통감정치 체제로 바꾼 죄 6. 철도, 광산, 산림과 농지를 강제로 빼앗은 죄 7. 일본이 제일은행권 지폐를 강제로 사용하여 한국의 경제를 교란한 죄 8. 한국군대를 강제로 해산시킨 죄 9. 민족교육을 방해한 죄 10. 한국인들의 외국유학을 금지시키고 식민지화한 죄 11. 한국사를 말살하고 교과서를 압수하여 불태운 죄 12. 한국인이 일본인의 보호를 받고자 한다고 세계에 거짓말을 퍼뜨린 죄 13. 현재 한국과 일본 사이에 전쟁이 끊이지 않는데 한국이 태평 무사한 것처럼 위로 천황을 속인 죄 14. 대륙침략으로 동양평화를 깨뜨린 죄 15. 일본천황의 아버지 태황제(효명천황)를 죽인 죄(안중근의사기념사업회, 『안중근자료집』 5 안중근사건 공판속기록, 2010).

서 근대 문명국가를 건설하여 서세동점의 서구제국주의를 막을 때 비로소 이룩될 수 있다는 호소이다. 안중근의 '문명관'과 '동양평화론'은 이토의 견해와는 완전히 다르다. 안중근의 동양평화론은 안중근 개인의 인식이라기보다 당시 일본의 팽창주의와 침략주의에 저항했던 애국지사들의 일반적인 시대인식이었다고 본다. 한국의 애국지사들의 평화공존적 구국논리가 일본의 패권적 '시대인식'을 배격하고 진정한 동양평화의 길을 보여주고 있는 것이다.[36]

3) 일진회의 '합방' 논리

러일전쟁 당시 일진회는 일제에 의한 한국 민족구원의 논리와 대동합방론大東合邦論에 동조해 일본에 협력하는 길이 민족구원의 길이라 오판하고 일본군을 위한 군사철도 건설과 군수 물자우송 등에 일진회원들을 동원하여 일본군에 협력한 바 있다. 『대동합방론大同合邦論』은 다루이 도키치樽井藤吉에 의해 집필된 책으로, 일본과 한국이 합방하여 대동국을 건설하자는 내용이다.[37] 서양세력의 동

---

36 … 무릇 문명이란 것은 동서양 잘난이 못난이 남녀노소를 물을 것 없이 각각 천부의 성품을 지키고 도덕을 숭상하여 서로 다투는 마음이 없이 제 땅에서 편안히 생업을 즐기면서 같이 태평을 누리는 그것이라. 그런데 오늘의 시대는 그렇지 못하여 이른바 상등 사회의 고등인물들은 의논한다는 것이 경쟁하는 것이요, 연구한다는 것이 사람 죽이는 기계라. 그래서 동서양 육대주에 대포 연기와 탄환 빗발이 끊일 날이 없으니 어찌 개탄할 일이 아닐 것이냐. 이제 동양 대세를 말하면 비참한 현상이 더욱 심하여 참으로 기록하기 어렵다. 이른바 이등박문은 천하대세를 깊이 헤아려 알지 못하고 함부로 잔혹한 정책을 써서 동양 전체가 魚肉之場과 같이 장차 멸망을 면하지 못하게 되었다(「안중근 평화론」, 국가보훈처, 『亞洲第一義俠 安重根』 1, 1991, 94쪽).

37 1885년 일본어본으로 초고를 완성하였고 1893년에 한국과 중국인을 의식하여 한문본 책으로 출간되었다. 1893년 출판 당시에는 모리모토 도기치(森本藤吉)라는 이름으로

양진출을 위기로 인식하고 아시아가 단결하고 통합하여 일본을 맹주로 하는 대아시아 연방국을 실현해야 한다고 주장이 담겼다.

　대동합방론에서 그려진 한국은 정치적, 사회적으로 혼란하고 피폐하며 이름만 자주국일 뿐 오래 전에 자립을 상실한, 나라를 부흥시킬 방책을 가지지 못한 나라 아닌 나라로서 폄하되었다. 한국의 길은 동종동문同種同文의 형제[38]와 같은 일본의 보호와 지도를 받을 때 비로소 자주성을 확립하고 문명의 혜택을 받을 수 있으며 한국과 일본이 대등한 입장에서 합방하여 '대동국'을 수립할 것을 논하였다. 그러면서 이면에서는 영국, 프랑스, 러시아, 터키, 네덜란드, 포르투갈, 스페인 등 강대국들의 속국 모두가 본토 외의 땅인데, 아시아의 황인은 본토 외에 속지를 점령하지 못했다[39]며 열강과 같이 식민지 속국을 거느린 강대국으로 발돋움하기 위해서 일본도 그 영토를 확장하고 국력을 키워야만 한다는 제국주의 야욕과 팽창주의의 의도를 얘기하고 있다. 일본의 대륙 팽창을 위해 한반도는 일본의 통치 아래 들어가야 하고 한반도를 통해서 중국이나 러시아를 포함한 대륙으로 뻗어나갈 수 있음을 강조한 것이다.

나왔다. 모리모토는 다루이(樽井藤吉)가 대의사로 출마할 당시 가문의 몰락으로 납세 자격이 없었기 때문에 임시로 받은 성씨였다고 한다(다케우치 요시미(竹內好), 『일본과 아시아』, 소명출판, 2004, 270쪽).

38　다루이는 한국과 일본의 관계에 대해 "일한 양국의 영토는 입술과 이와 같고 그 세력은 양 수레바퀴와 같은 관계이고, 그 정은 형제와 같으며, 그 의리는 벗의 관계와 같다"며 운명과 같은 관계를 강조하면서 또 한편으로는 빈약하고 문화도 부진한 나라인데다가 청국과 러시아와 접경을 이루고 있어 방어 비용을 감당할 수 없다며 합방을 하게 되면 전적으로 일본에게는 이익이 없으나 한국은 이익이라는 모순된 논리를 펴고 있다(森本藤吉, 『大東合邦論』, 19쪽).

39　위의 책, 71쪽.

결국 다루이가 주창하는 한일간의 대등한 '합방'이라는 명분은 일본의 대륙 진출을 구체화하기 위한 '방책'일 뿐이었다.

대동합방론의 실현은 일진회를 동원한 한일 합방운동으로 나타났다. 일진회와 흑룡회 회원 간에는 대아시아연방 실현의 이론을 공유하기 위해 『대동합방론』을 교재로 사용하였다.[40] 일진회는 열심히 한일합방운동을 전개했지만 통감부와 흑룡회 등 일본인들 간에는 애초에 합방은 염두에 없었다. 따라서 일제에 꼭두각시 노릇을 하는 일진회의 합방운동과 친일행위는 민중의 강한 저항을 불러왔다.

한국을 강점해 식민지화하는 침략의도를 숨기고 끝까지 일본과 대등한 관계에서 나라를 합방하고, 합방한 이후에 일진회에게 한국통치권을 이양한다는 기만술로 통감부와 흑룡회는 일진회의 맹목적 협력을 이끌어내었다. 또한 병합에 반대할 지도 모르는 이완용 내각을 견제하기 위한 카드로도 이용하였다.[41] 이토 히로부미가 사망한 이후 일본 내각에서 병합을 진행해 가고 있는 중에도 일진회는 부지런히 합방청원서를 작성해 한국황제와 한국 내각(총리대신 이완용), 그리고 소네 통감에게 제출하였고 마침내 1909년 12월

---

40 강창일, 「일진회의 '한일합방'운동과 흑룡회」, 『역사비평』 통권 52호, 2000, 220~249쪽.

41 李完用 내각과 정적 관계에 있던 일진회는 大韓協會·西北學會와 제휴해 3파 연합운동을 전개, 이완용 내각을 전복하고자 하였다. 통감부는 일진회를 조종하여 이완용 내각을 견제하고 통감부에 굴복시키고자 하였다. 한편 일진회의 합방운동을 감지한 대한협회는 일진회를 설득해 그들의 합방운동을 저지하고자 연합을 시도했으나 일제의 조종을 받고 있던 일진회의 방향을 돌릴 수 없었고 3단체의 연합운동은 결렬될 수밖에 없었다. 결국 일진회는 단독으로 合邦請願을 감행하였다.

4일에 대국민對國民 합방성명서를 공개한 바 있다. 일진회의 합방청원서에도 일제의 논리가 그대로 수용되었다.[42] 이용구가 제기한 '정합방론政合邦論'은 사실 일진회 내부에서도 통일된 의견은 아니었음에도 일진회 합방론은 일제의 기만적인 정치 이데올로기의 내용을 그대로 수용하였다.[43] 사회진화론에 입각해 열등국 한국은 일등국인 일본과 합방함으로써 비로소 국가와 인민을 보존하고 황실의 번영과 동양평화를 담보한다는 내용이 그것이다.

일진회 고문이며 흑룡회 중심 인물인 우찌다 요헤이內田良平와 다케다 노리유키武田範之가 기안한 것으로 알려진 「합방청원서」에는 한국 황제의 통치권 전부를 일본 황제에게 양도할 것을 주장하고 있다. 그러나 일진회의 합방안은 일본국과 한국 간에 대등한 국가연방 형태이며 합방 이후의 정치체제는 한국 황제와 내각이 존

---

42 '我 황제의 만세 尊崇하는 기초를 확고히 하며, 我 인민의 一等 대우하는 복리를 향유하여 정치와 사회를 益益 발전하기로 주창하여 일대 정치기관을 성립할지면 우리 대한의 보호 열등에 在한 羞恥를 解脫하고 동등 정치에 在한 권리를 획득하는 법률상 政合邦이라 ….' 「일진회 합방성명서」, 1909.12.4.

43 … 여기에 이기는 자는 흥하고 지는 자가 망함은 하늘의 이치요 필연의 형세인 것입니다 … 만일 청·일전쟁 때 대일본제국이 義로써 우리 위급을 구하고, 노·일전쟁 때 대일본제국이 용맹으로써 우리의 어려움을 배제함이 없었다면, 우리 대한 나라의 종묘사직이 무슨 수로 오늘이 있었겠습니까. 우리 대한 나라에 오늘이 있음은 어느 하나도 대일본제국의 도움과 보호에 인하지 않음이 없습니다 … 우리 사직과 백성을 보전하여 영원케 하는 길은 다만 일한 합방을 실행함에 있을 뿐이라 하겠습니다 … 일본은 말하되 우리 한국의 사직과 인민을 보전하며, 동양의 대국적 평화를 담보한다 하였습니다 … 대일본 천황에 의뢰하여 합방을 조성하고 日韓一家, 우리 황실로 하여금 길이 만대의 존영을 누리게 하고, 우리 인민으로 하여금 함께 일등국의 줄에 오르게 하며 … 오늘날 일한합방이란 것이 우리의 사직과 인민을 보전하며 그럼으로써 깊이 동방 안녕의 근거를 굳히고, 아시아 국면의 평화를 보장하며, 세계의 대세에 순응하는 소이인 것입니다 … (一進會長(이용구) 日韓合邦上奏文), 1909.12.4.

속하며 내정內政의 자율성과 독립성을 확보하는 체제였다.[44] 그러나 일진회가 시세에 어두웠든지, 아니면 자신들이 정권을 장악할 욕심에 눈을 감아버렸든지 사실 '정합방국'은 이미 현실성이 없는 논조였다. 오히려 민중은 그간 자행된 일본의 침략적 본질을 간파했기에 설혹 '정합방正合邦'한다 해도 그것은 결국 한국 멸망의 길임을 예상하고 있었다. 그렇기에 합방을 주장하는 일진회는 매국단체일 수밖에 없었다.

일진회에 대한 민족적 분노가 극렬해지자 통감부에서도 일진회의 합방청원서의 내용은 아직은 시기상조라는 이유를 들어 반려하고 발뺌을 하였다. 그러나 합병의 논의를 수면 위로 띄워 여론의 향방을 읽고자 했기에 일진회가 제기한 합방론은 일본이 어떤 정치체제로 한국을 지배통치할 것인가에 대한 논쟁을 촉발시키는 계기가 되었다.[45] 민족적으로 고립된 일진회는 끝까지 대동합방론에 집착했지만 일본인 대륙낭인들과 통감부의 한국 병탄 전략에 정치적으로 철저히 이용당한 꼭두각시에 불과하였다.

일진회를 배후에서 조종한 흑룡회는 '조선문제동지회朝鮮問題同志會'를 부설기관으로 두고 한국 문제에 대한 근본적인 해결방안은 '합방'을 단행하는 것이라는 주장을 펴며 합방운동을 확산시켜 나갔다.[46] 여기에 경성신문 기자단도 동참하였다.[47] 이들 흑룡회 회원

---

44 森田芳夫, 『國史と朝鮮』, 綠旗聯盟, 1940, 119쪽.

45 旭邦生, 「朝鮮合邦論の前途」, 『朝鮮』 27, 1910.5.

46 黑龍會, 『日韓合邦秘史』(下), 200~201·324~326쪽 ; 「日人의 朝鮮問題同志會宣言書」, 『大韓每日申報』 1909.12.11 ; 「兩會決議」 1910.1.20.

47 「京城日本人新聞記者團」, 『大韓每日申報』 1909.12.25.

36 / 일제강점기 한국초등교육의 실태와 그 저항

은 '동양평화 유지', '양국의 행복증진', '한국의 문명화'라는 논리에 한국을 병합해 동양의 화근禍根을 끊어야 한다는 논리를 부가시켜 '병합'의 분위기를 숙성시켰다. 그리고 좀 더 과감하게 한국의 황제가 있는 한 한국인에게 충군애국忠君愛國은 기대할 수 없으므로 병합을 단행해 정권이 한길에서 나오도록 해야만 복종할 것[48]이라는 노골적인 주창을 하였다. 그러나 대동합방론은 일본이 한국을 병탄해 아시아의 패권을 차지하기 위한 방책에 불과했다. 그럼에도 흑룡회는 강제 병합 이후 식민지통치시대에도 한·일간 '합방' 했다고 하는 자기 기만의 태도를 끝내 지속해갔다.[49]

4) 테라우치 통감의 부임과 병합 추진

1910년에 들어오면 합방론은 배척받고 여론의 광장에서도 꼬리를 감추고 사라져갔다. 일본은 병탄작업을 신속히 진행하기 위해 한반도 문제에 대해 강경파인 육군대신 테라우지 마사타케寺內正毅를 1910년 5월 30일에 통감으로 임명하고 병합작업을 본격화하였다. 당시 일반 일본인 간에 논의되고 있는 병합 방법은 대략 3가지였

---

48 林董, 日韓併合論に就て, 『朝鮮』 26, 1910.4.1, 17쪽.

49 흑룡회는 1934년 병합조약 체결 25주년을 기념하면서 도쿄 메이지신궁 앞에 '일한합방기념탑'(1975년경 철거)을 건립하고 동탑 석실에 일본인 60명과 한국인 363명의 합방공로자의 명단을 새겼다. 그리고 1939년 병합 30주년 되는 해에는 '일한합방 30주년 기념회 합방선각지사 위령제'를 개최한 바 있다(흑룡회기념회, 『東亞日報』 1939. 9.26(1)). 이처럼 흑룡회는 '합병' 또는 '병합'이라는 용어를 쓰지 않고 항상 '합방'이라 칭하였다. 우찌다 등 흑룡회 관계 인사들은 병합을 언제나 '합방'이라 회고하고 기록하였다.

다.[50]

첫 번째는 연방식으로, 독일연방이나 미국의 각주 연방과 같은 정체이다.

두 번째는 혼합식으로, 헝가리·오스트리아와 같은 이중국가로, 한 국가가 정치권력을 갖는 정체이다.

세 번째는 속국화로, 영국의 인도 지배나 일본의 유구琉球, 대만臺灣과 같은 속국의 정치이다.

한국 병합 방식을 둘러싸고 분분했지만 실상은 세 번째 방식 외에는 고려하지 않았다. 일제의 논리는 "일한 양국의 행복증진"과 "동양평화로의 길"[51]은 한국을 속국화하는 길밖에 없다는 식으로 전개되었다. 조일수호조규를 체결해 한국을 중국의 속국이 아닌 자주국이라며 한국을 개항시킨 이래 34년 만에 한국을 일본의 속국으로 만들 명분을 고르며 한국에 주둔하고 있는 구미 열강의 외교관들의 여론을 살피고 형세를 관망하였다.[52] 이즈음 한편으로는 한국민은 일등국민인 일본국민과 동등할 수 없기 때문에 공적 참정권을 제한해야 한다는 차별론이 서서히 등장하였다.[53]

통감으로 임명되었으나 테라우치는 한국으로 부임하지 않고 일본에 머무르면서 병합준비위원회를 비밀리에 설치해 병합 실행 방안을 검토하였다. 이 때 한국의 국호, 황실 대우, 한국인민 통치 방

---

50 大内揚三, 「對韓雜感」, 『朝鮮』 27, 1910.5.1, 14쪽.

51 위와 같음.

52 渡邊天倪, 「合邦問題と外交團」, 『朝鮮』 27, 1910.5.1, 38쪽.

53 重德生, 「日韓合邦私見」, 『朝鮮』 27, 1910.5.1, 44쪽.

법, 병합에 필요한 총경비 등등에 관한 여러 안들을 심의했다고 한다. 이같은 준비과정을 거친 후 6월 3일 일본 각의에서는 병합 후 한국에 대한 13개항의 시정방침안施政方針案[54]을 발표하였다. 그 골자는 병합 후 일본 헌법 적용 문제와 한국 지배 형태에 관한 내용이었는데, 병합 후에 한국은 일본 헌법에 의거하여 통치하며, 천황 직예하에 총독이 한국의 정무를 통할하는 것으로 결정하였다. 이로써 그간 한국통치를 둘러싸고 분분했던 '자치'와 '연방' 등의 논의는 완전 종식되기에 이르렀다.

병합 방침과 그 실행 세목이 구체적으로 결정된 후, 테라우치 통감은 6월 23일에 인천으로 입국하였다.[55] 그리고 예정대로 이튿날인 24일에 '한국경찰사무 위탁에 관한 각서'를 교환하고 황궁의 경찰사무를 제외한 모든 한국정부의 경찰사무를 일본정부가 위탁[56]받는다는 조치를 내림으로써 병합에 앞서 치안유지에 반드시 필요한 경찰력을 완전 장악하였다. 이로써 병합체제의 제도적·물리적 통치의 기반을 갖추었다. 반일운동의 기세를 원천봉쇄함으로써 병합의 기반을 안정적으로 구축했다고 판단한 일제는 앞서 병합준비위원회가 의정한 총 21개조의 '병합실행방법세목倂合實行方法細目'

---

54 ① 조선에 당분간 헌법을 시행하지 않고, 大權에 의하여 통치한다. ② 총독은 천황의 직속으로 조선에서의 일체의 정무를 통괄하는 권한을 가진다. ③ 총독에게 대권의 위임에 의해 법률사항에 관한 명령을 발하는 권리를 준다. 단, 본 명령은 별도의 법령 또는 적당한 병칭을 붙인다(金正明, 「倂合後ノ韓國ニ對スル施政方針決定ノ件」, 『日韓外交資料集成』6(下), 1396~1397쪽).

55 黑龍會, 『日韓合邦秘史』(下), 679쪽.

56 金正明, 「韓國警察事務委託ニ關スル覺書」, 『日韓外交資料集成』6(下), 1964, 1397~1398쪽.

을 7월 8일 일본각의에서 통과시켰다. 그러나 이 단계에서는 앞서의 대한정책과는 달리 병합 후 한국에서 일본헌법을 시행하지 않는 것으로 바뀌었다. '합방'하는 것이 아니라 일본에 '병합'하는 것이므로 일본 헌법이 아니 식민지법을 제정해 통치해야 한다는 전제가 깔려 있었던 것이다.

가쓰라 수상은 7월 12일 테라우치 통감에게 보낸 통첩에서 한국에서는 당분간 헌법을 시행하지 않고 대권에 의해 통치하고, 총독은 천황의 직예直隷하에 일체의 정무를 통할하는 권한을 가진다는 방침을 분명히 하였다. 테라우치통감은 병합 관련 사안에 대한 신문 검열을 엄중히 하고 시국에 저촉되는 기사의 발행을 정지시키는 등 언론을 철저히 통제했으며 모든 집회를 금지시켰다. 그리고 위험인물의 거주를 제한 퇴거시킬 수 있는 '주거제한퇴거명령住居制限退去命令'을 내려 병합 반대 소요가 일어나지 않도록 만전을 기하였다.[57]

4. 강제병합 전후의 식민지교육정책

1) 조선총독부 설치 이전 식민지교육의 준비

일제는 이완용 내각이 병합에 반대할 만일의 경우까지를 예상하

---

[57] 釋尾春芿, 『朝鮮併合史』, 朝鮮及滿洲社, 1921, 546~547쪽.

면서 일진회에게는 현 이완용李完用 내각을 실각시키고 일진회에게 새로운 내각을 구성할 권한을 줄 것인양 회유하며 이완용과 일진회 세력을 경쟁시키고 서로를 견제하도록 조종하였다. 이와 같은 일본의 정치작전은 결과적으로 주효하였다. 이완용은 자신의 내각이 몰락할 것을 두려워하며 일본의 각본대로 병합조약에 급히 합의하였다. 일제 통감 테라우치와 대한제국 내각 총리대신 이완용 간에 8월 22일에 통감부가 아닌 통감의 사저私邸 2층 침실에서 「한국병합에 관한 조약」을 은밀히 체결하였다. 이 병합조약의 전문에는 역시 "한국황제폐하와 일본국황제폐하는 양국간의 특수하고 친밀한 관계를 회고回顧하여 상호행복을 증진하며 동양의 평화를 영구히 확보코자 하는 바, 이 목적을 달성"[58]하고자 한다고 하여 '상호 행복 증진과 동양 평화 영구 확보'라는 논리를 앞세우고 있다. 제8조로 구성된 본문에서 한국 황제는 동양평화를 위해 한국의 통치권을 일본 천황에게 양여하고 일본 천황은 이를 수락하여 통치할 것을 협약했다고 공시하였다.

일제는 한국정부와 병합의 담판을 시작한 지 불과 6일 만에 이완용 친일내각과 병합조약을 체결한 것이다. 병합조약을 강제할 당시 통감부는 일체의 정치집회와 옥외 민중집회를 금지시켰고 8월 25일에는 친일단체인 일진회를 포함한 12개 정치단체에 해산명령을 내렸다. 또한 한국에 있는 각국의 영사에게 일본의 한국 병합을 공식적으로 통고하고, 8월 26일에 공포하였다. 그리고 '병합

---

58 「日韓併合ニ關スル條約」.

조약'의 전문은 8월 29일에 『관보』와 호외를 통해 한국인에게 공시되었다.

병합조약에 관해 융희황제가 내린 칙유의 요지에서도 한국의 현상을 만회할 가망이 없고 일본에 양여하는 길이 동양평화를 견고하게 하고 안으로는 민생을 보존하게 하는 길이며, 일본의 문명신정文明新政에 복종하여 행복을 함께 누리는 길[59]이라며 일제가 내세운 병합의 논리대로 '일한日韓 상호 행복증진'과 '동양평화'의 기안적 논리가 그대로 수용되었다.

2) 강제병합 전 민족교육의 탄압

일제의 한국강점 의도는 한국에서 기초되고 시행되었던 일제의 교육정책을 통해서도 그대로 드러난다. 1905년 1월에 일본에서 시데하라 히로시幣原坦가 학부대신 이재극과 용빙傭聘계약을 맺고 학정 참여관으로 한국에 초빙되어 부임하였다. 그는 한국 정부의 초청으로 부임했지만 실제로는 일본정부의 지휘감독을 받는 강력한

---

59 皇帝若朕曰 짐이 否德으로 艱大한 業을 承하여 臨御 이후로 금일에 지하도록 維新政令에 관하여 亟圖하고 備試하여 用力이 未嘗不至로되 由來로 積弱이 成痼하고 疲弊가 極處에 到하여 時日間에 挽回할 施措無望하니 中夜憂慮에 善後할 策이 茫然한지라 此를 任하여 支離益甚하면 終局에 收拾을 부득하기에 自底할진 즉 無寧히 大任을 人에게 托하여 완전할 방법과 革新할 功效를 奏케 함만 不如한 故로 짐이 於是에 瞿然히 內省하고 廓然히 自斷하여 자玆에 한국의 통치권을 종전으로 親信依仰하던 鄰國 大日本皇帝陛下께 양여하여 外으로 동양의 평화를 鞏固케 하고 內으로 八域民生을 保全케 하노리 惟爾大小臣民은 國勢와 時宜를 深察하여 勿爲煩擾하고 各安其業하여 日本帝國文明新政을 服從하여 행복을 共受하라. 짐의 금일 此擧는 爾有衆忘함이 아니라 爾有衆을 救活하자 하는 至意에 亶出함이니 爾臣民 等은 짐의 此意를 克體하라. 융희 4년 8월 29일(國史編纂委員會, 『高宗時代史』 6, 1019쪽).

권한을 갖고 대한제국의 교육행정에 관여했으며 차후 식민지교육의 기본노선을 설정하는 초석을 마련하는 결정적 역할을 담당하였다.[60] 그는 1905년 4월에 재한일본공사관을 경유해 일본정부에 '한국교육에 관한 개혁안'을 제출하였다. 여기서는 '교육개선'이라는 이름 아래 5가지의 기본방침이 제시되었다. 주된 내용은 학제를 간이하게 한다는 것과 유교적인 '선량화평善良和平'한 국민성 함양과 일본어 보급 등이다.[61] 그리고 시행방침으로는 보통학교 초학년부터 필수적으로 일본어를 학습시키고 사범학교를 일본어로 수업하는데 지장이 없도록 개혁할 것과 각지에 산재해 있는 일어학당을 신설하는 보통학교와 합병할 것[62] 등을 결정하였다. 이들 내용을 통해 일제가 병합 전부터 언어동화교육에 중점을 두고 교육개혁을 진행했음을 알 수 있다. 이처럼 교육개혁의 명분을 내세웠으나 실상은 식민지교육의 시행안이었던 것이다. 이같은 건의안에 대해 일본정부가 '시의時宜에 적당適當'[63]하다고 답변한 것에서 식민지교육의 의도를 분명히 엿볼 수 있다. 이 소식이 전해지자 한국

60　계약서 제2조에 의하면 "대한제국학부대신은 교육에 관한 일절의 사항을 幣原但에게 諮詢하고 그 동의를 거친 후 시행할 事"라 하였고, 「內訓」第一에는 "귀관은 本大丞과 재한제국공사의 지휘감독을 받아 학무중 중요한 일에 속한 일은 반드시 미리 제국공사의 동의를 얻어 시행해야 함"이라고 제시되었다(日本外務省, 在韓國日本公使館記錄, 韓國ニ於テ學務顧問招聘ノ件, 1905.1(『日本植民地教育政策史料集成 朝鮮編』63).

61　1) 한일의정서의 취지에 따라 교육개선을 행할 것 2) 한국민으로 하여금 善良和平한 국민성을 함양시킬 것 3) 일본어를 보급할 것 4) 종래의 國教였던 儒教를 파괴하지 않고도 신지식을 일반에게 개발할 것 5) 학제는 煩瑣를 피하고 과정은 簡易하게 할 것 등이었다(幣原但, 『朝鮮教育論』, 六盟館, 1919, 165쪽).

62　日本外務省, 在韓國日本公使館記錄, 幣原但, 『韓國教育改良案』, 1905.4.11.

63　위와 같음, 小村 외무대신이 萩原 임시대리공사편으로 보내온 답서.

의 각 언론들은 일제히 반발하는 논설을 싣고 시데하라를 규탄하였다. 『대한매일신보』는 논설을 통해 초등교육부터 일본어교육을 시키는 것은 일제가 초등교육과정을 장악하고 국가와 민족을 영구히 멸망시키려는 의도라며 반발하였다.[64] 이처럼 한국민의 반발이 강하게 일어나고 교육개혁에 관한 여론이 악화되자 이토 히로부미 통감은 시데하라를 경질시키는 조치로써 한국민의 반발을 무마시키고자 하였다. 미쓰치 추조三土忠造를 새로이 학정 참여관으로, 그리고 일본 내무부 관료출신인 통감부 서기관 다와라 마고이치俵孫一를 학부 촉탁으로 발탁함으로써 조기에 분란을 가라앉히고자 하였다. 그러나 사람이 바뀐다고 해서 식민지 교육정책 입안의 의도가 변한 것은 아니었기에 이들 역시 새로운 식민지형 교육안을 마련하는 데 부심하였으며 그것이 자신의 임무를 다하는 길이라고 인식하였다. 따라서 미쓰치가 고충 끝에 마련한 한국교육개량안 역시도 시데하라의 개혁안과 크게 다르지 않았다. 그의 교육개량안[65] 역시도 식민지교육정책의 기본적인 틀을 제시한 것으로 평가된다.

광무황제가 강제 폐위당하고 한국군대가 해산당하던 1907년 8월 정황에서 다와라는 학부 차관으로 승진하였고 그 아래 문부성

---

64 "夫言語文字는 世界列强의 人民種族이 各其 自立ᄒ는 原素니 各爲人類ᄒ야 不能保有其言文이면 固禽獸之不若일뿐더러 若使幼稚之童으로 不學自國之言文ᄒ고 先習他國之言文이면 自國之思想이 不存ᄒ고 自國之精神이 全鎖ᄒ야 其國家와 其民族이 必永滅乃己니 …"(『大韓每日申報』1906.3.29)

65 첫째, 일본제국 정부의 대한정책에 수반하여 한국을 일본의 보호국으로 만드는데 적당한 교육을 실시할 것 둘째, 한국민에게 선량하고 평화로운 미성을 함양할 것, 셋째 일본어를 보급할 것, 넷째 종래 한국의 국교인 유교를 파괴하지 않으면서 신지식을 개발할 것, 다섯째 학제는 번욕을 피하고 비근하게 할 것 등이었다(권태억, 『한국근대사회와 문화』Ⅱ, 서울대학교출판부, 2005, 222쪽).

관료 출신인 구마모토 시게기치隈本繁吉(병합 후 초대 학무과장을 역임)는 학부 서기관으로 발령받았다. 민족적 저항을 잠재우고 교육개혁의 이름으로 식민지교육 체제를 구축해 간 통감부는 학제개혁의 제일보로 각 학교의 학교령과 그 시행규칙을 새로이 규정해 8월 27일에 발표하였다. 그 내용은 보통학교제도의 도입과 학제과정의 단순화, 실용주의 지향, 그리고 학무의 실무를 일본인에게 맡긴다는 것이다.[66] 그리고 일본인 교원에 의해 교수되는 '간이한 실용적' 교육을 이른바 '모범교육'이라 명명하였다.

이렇게 모범교육이라는 명분 아래 보통학교 교과과정을 편성하고 이어 교과서 편찬 사업에도 착수, 1907년에 국어(한국어)와 일본어 교과서들이 편찬되었다.[67] 가장 먼저 간행된 『보통학교학도용 국어독본』에는 일본 세력을 과시하고 통감정치를 미화하는 내용으로 채워졌다.[68] 그리고 언어동화를 위한 일본어보급과 함께 일

---

66 '學制를 단순히 하고 過程을 단순히 하여 오로지 實用에 適當케 하고 … 그리하여 이들 新學制를 施行함에 있어 依然히 이를 經驗과 素養이 缺乏된 韓國人에게 放任하여 到底히 改善의 實를 거두기 어려움으로 새로이 日本人敎員을 雇聘하여 각 官立學校에 配置하고 學校의 經營과 敎授의 職任을 맡기게 한다 …'(學部編, 『韓國敎育』, 1909.9, 3~4쪽).

67 교과서 편찬 작업은 학정참여관 幣原坦과 교과서편집 촉탁인 와다세 츠네요시(渡瀨常吉), 다카하시 도루(高橋亨) 등에 의하여 추진되다가 신임 학정 참여관으로 부임한 三土忠造에 의하여 진행되었다. 三土忠造는 1906년 3월에 「是正改善第二會協議會」를 개최하고 사무관 다나카 겐코(田中玄黃), 마츠미야 슌이치로(松宮春一郎), 우에무라 마사키(上村正己), 고스키 게지(小彬彦治)와 서기 2명 기수 1명이 동원되어 교과용도서편찬팀을 구성하였다.

68 제6권 2과 「三國과 日本」에서는 일본의 任那支配를 설명하고 있으며, 3과 「軍艦」에서는 일본의 세력을 과시하며 日章旗와 旭日旗를 그려 넣었다. 8권 4과 「滿洲」에서는 만주에서의 일본 기세를 과시하였고, 17과 「統監府」에서는 통감부가 설치되어 한국의 정치를 개선하고 교육을 보급하고 상공업을 발달시켜 한국인민의 안녕행복에 노력했다며 통감통치를 미화하였다.

본적인 도덕이라 일컫는 '충군애국忠君愛國'과 '의용봉공義勇奉公'의 정치적 가치가 아동의 교육목표로 설정되었다.

그러나 한국군대 해산 이후 낙향한 해산군인들에 의해 애국교육운동이 불같이 일어나자, 일제는 한국 경략 과정에 큰 위협[69]으로 받아들이고 사립학교 취체에 적극 나섰다. 사립학교가 잘못되고 위험한 사상을 청년 자제에게 교양해 한국의 전도를 그릇치고 있다고 비난[70]하며 1908년 8월, 전문 17개조의 「사립학교령」을 발포하였다.[71] 1908년 당시 학교가는 4~5천여 교에 달했지만 대부분

---

69 당시 俵孫一 학부차관은 경찰부장회의 석상에서도 다음과 같은 훈시하여 위기감을 표하였다. "… 明治 40年의 日韓協約이후 同協約 締結 結果 各部에 日本人官吏을 任用하였고 다음에 軍隊를 解散하였는데 韓國民의 敎育 必要를 느끼고 있는 이때에 현저히 激發한 解散將校 兵使는 당시 뜻을 學校敎育에 기울여 學校敎員職을 求하고 敎育熱의 勃興에 同伴하여 私立學校 設立에 類類相從하기에 이르러 …(學部, 『韓國敎育ト警察行政』, 1909.9.7, 警察部長會議席上에서 俵孫一次官訓示演說要綱, 2~10쪽).

70 사립학교에서 행하는 교육 내용은 일본과의 '보호관계'에서 벗어나 독립하려는 것이며 위험, 오류의 사상 아래 청년자제를 교양하여 한국의 전도를 그릇되게 하고 비분격월한 정치론을 농하고 편협고루한 애국심을 도발하며 나팔을 불고 큰북을 울리며 병식체조를 일삼음으로써 문화의 진전에 도움되는 바가 없이 부박, 경도한 사상을 訓馳하고 질서를 혼란시키며 興國의 기초를 위태롭게 한다고 평하였다(위와 같음).

71 통감부에서는 사립학교령이 반포하게 된 배경으로 "헛되이 時勢를 憤慨하고 敎育과 政治를 混同하고 不穩危險의 思想을 注入하여 少年子弟의 前途를 그르치고 또한 學校 設立의 美名하에 財産의 爭奪, 寄附金의 强制를 마음대로 하고, 혹은 權勢 掌握의 手段으로 삼는 등의 流弊를 看過할 수 없는 바 …"韓國에서의 私立學校 設立은 … 그 大部分은 基礎는 確立하지 않았고 設備는 不完全을 極했으며, 敎員은 그 人物을 얻지 못했을 뿐 아니라, 敎科書 또한 不適當하여 學校다움의 實을 거두는 것이 매우 적다 … 最近 一般의 敎育熱이 勃興됨과 더불어 각 地方 私立學校의 설립이 계속해서 앞을 다투는 樣相이 되었다. 그러나 그 內容에 있어서는 秋毫도 改善됨이 없을 뿐만 아니라 헛되이 時勢를 憤慨하고 敎育과 政治를 混同하여 不穩危險의 思想을 注入하여 少年子弟의 前途를 그르치고 또한 學校 設立의 美名하에 財産의 爭奪, 寄附金의 强制를 마음대로 하고, 혹은 權勢 掌握의 手段으로 삼는 등의 流弊를 看過할 수 없는 바 있어 이들의 弊害를 矯正하여 善導함과 同時에 學校 監督上의 必要에 비추

의 사립학교는 시설면에서나 재정면에서 제대로 된 수준을 갖추고 있지 못하다[72]는 약점에 주목하여 사립학교 탄압에 합법적 구실로 삼았다.

한편 자주독립과 민족주의를 일깨워주거나 배일적 내용을 담고 있는 민간 발행의 애국교과서들을 교재로 채택해 교육하는 사립학교를 '불온위험사상을 주입'하는 위험한 곳으로 규정하고 사립학교령 반포에 이어 이틀 후인 8월 28일에는 '교과용도서검정규정'[73]을 발포하고 이에 의거하여 애국교과서 취체에 나섰다.[74]

교과서도서검정은 정치·사회·교육 방면으로 나누어 심사하였는데, 특히 정치적 방면에서 "한국과 일본과의 친교를 저의底意하고 비난하는 내용, 혹은 애국심을 고취鼓吹시키는 내용, 배일사상排日思想을 고취하고 또는 한국인으로서 일본인과 기타 외국인에 대하여 악감정을 품고 있는 내용을 불인가"한다는 기준점을 에 의해 '불온도서'로 분류된 교과서에 대해서 그 사용을 불허하였다.[75]

어 …"라고 지적하였다(「私立學校令」勅令 제62호, 1908.8.26).

72 통감부는 3,000원의 기본금 확보를 사립학교의 설립인가 기준으로 적용함으로써 빈약한 재정을 이유로 사립학교를 폐교시키려 했으나 언론의 강한 반발로 이를 철회하고 이후에는 기부금품모집취체규칙(1909.2.27) 및 지방비법(1909.4.1) 등을 공포, 학교 운영 자금을 기부금에 의존했던 사립학교에 재정적 압박을 가함으로써 폐교를 유도하였다.

73 『學部令』 제18호, 1908.8.28.

74 教科用圖書檢定規定, 1908.8.28, 학부령 제16호.

75 검정의 기준점은, (1) 韓國과 일본의 관계와 양국의 친교를 저해하고 또는 비난함이 없는지, (2) 韓國의 국시에 違涙하여 질서와 안녕을 해치고 국리민복을 무시함과 같은 言說이 없는지, (3) 韓國의 고유한 국정에 어긋남과 같은 기사가 없는지 (4) 奇矯하고 誤謬된 애국심을 고취하는 일이 없는지 (5) 배일사상을 고취하고 또는 특히 韓國人으로 하여금 일인과 타외국인에 대하여 악감정을 품게 함과 같은 기사와 어조가 없는

1909년 학부에서 제출한「교과서의 내용에 관한 조사」보고서에 의하면 강제병합 바로 전인 1910년 5월 현재 검정 출원된 117부의 교과서 중에 55부만이 인가되고 나머지는 불인가 조치되었다. 불인가된 교과서는 주로 수신·국어·역사·지리교과서이며 주로 피교육자의 의식 형성에 영향을 주는 과목들이었다. 이렇게 하여 강제병합 직전, 그나마 취체에서 살아남은 사립학교에서는 학부 편찬의 교과서나 학부대신에 의해 검정된 교과서만을 사용하도록 규제되었으며 자주독립의식과 국권회복의 내용을 담은 교과서는 금서로 지정되어 단속의 대상이 되었다.

다음의 〈표 1〉은 1910년을 전후하여 통감부와 조선총독부에 의해 금서로 지정된 도서목록이다.

통감부와 조선총독부가 금서로 지정한 도서들의 대부분은 수신, 국어, 지리 등 민족교육에서 중시했던 교과이며 사립학교가 교과서로 채택하여 사용했던 교재와 애국인물들의 위인전, 외국의 역사, 그밖에 애국정신을 불어넣어주는 방편으로 읽혀졌던 도서들이었다. 이들 도서들은 대부분이 '치안'을 어지럽혔다는 이유로 1909년 7월에 집중 금서로 지정되었다. 강제병합 이후에는 1910년 9월부터 시작하여 11월 16일에 집중 금서로 지정되었으며 강제병합 이전에 간행된 도서들 중에 1913년까지도 일제에 의해 치안

지, (6) 기타 언론이 시사평론에 섭한 일이 없는지'였다.(高橋濱吉, 『朝鮮敎育史考』, 1927, 179쪽).

76 朝鮮總督府警務局, 『朝鮮總督府 禁止單行本目錄』, 1941.1 참조. 『日帝下의 禁書 33卷』, 東亞日報社(1977년 1월호 신동아 별책 부록, 254~276쪽)에 수록된「日帝下 發禁圖書目錄」에 의해 작성됨. 발행연도가 미상인 것은 1910년도 내에 발금조치된

〈표 1〉 강제병합 전 간행 금서禁書 목록[76]

초판발행	제목	책수	저작자	발행자	발금처분일	처분이유
1880.8	軍人須知	1	미상	미상	1913.11.25	치안
1899.9	普通敎科 東國歷史	2	玄采	불명	1910.11.16	치안
1899.12	大韓地誌	2	玄采	廣文社	1910.1.16	치안
1900.6	法國革新戰史	1	澁江 保	황성신문사	1913.6.18	치안
1902	昭義新編	5	미상	미상	1913.3.31	치안
1905.9	埃及近世史	1	張志淵	皇城新聞社	1910.11.16	치안
1905.10	歷史輯略	1	김택영	미상	1913.11.25	치안
1906.6.10	中等敎科 東國史略	2	玄采	玄采	1909.7.10	치안
1906.9	新訂 東國歷史	2	元泳義, 柳瑾	徽文館	1910.11.16	치안
1906.9.29	波蘭末年戰史	1	澁江 保 저 역자 不明	吳榮根·玄公廉	1910.11.16	치안
1906.12.20	初等 小學	4	國民敎育會	國民敎育會	1910.11.16	치안
1907.1.2	高等 小學讀本	2	徽文義塾編輯部	徽文館	1910.11.16	치안
1907.1.3	新小說 愛國婦人傳	1	崇陽山人	金相萬	1912.6.26	치안
1907.5	意太利獨立史	1	金德均	鄭喜鎭	1913.6.18	치안
1907.5.31	美國獨立史	1	玄櫟	吳榮根·玄公廉	1910.11.16	치안
1907.7.10	政治原論	1	安國善	安國善	1913.6.3	치안
1907.7.12	商業 汎論	1	金大熙	미상	1913.7.11	치안
1907.7.15	幼年必讀	2	玄采	玄采	1909.7.10	치안
1907.7.22	比律賓戰史	1	安國善	미상	1913.6.5	치안
1907.7.31	幼年必讀 釋義	2	玄采	玄采	1909.7.10	치안
1907.8.15	國家學綱領	1	伯倫知理 저 安鍾和 역	金相萬	1910.11.16	치안
1907.8.31	高等 小學修身書	1	徽文義塾 편집부	徽文館	1910.11.16	치안

도서만을 수록하였다.

1907.8	政治小說 瑞史建國誌	1	大韓每日申 報社 縛刊		1911.7.10	치안
1907.9.5	國民須知	1	金宇植	金相萬	1910.11.16	치안
1907.9.10	初等 倫理學敎科書	1	安種和	金相萬	1910.11.16	치안
1907.9.20	獨習 日語正則	1	鄭雲復	金相萬	1910.11.16	치안
1907.9.20	二十世紀 朝鮮論	1	金大熙	崔炳玉	1909.7.10	치안
1907.10	政治原論	1	安國善	安國善	1913.6.3	치안
1907.11.10	정치쇼설셔 사건국지		김병현	로익형	1911.7.10	치안
1907.11.21	월남망국사	1	玄采	玄采	1909.7.10	치안
1907.11	演說法方	1	安國善	安國善	1912.2.13	치안
1907.12.10	日本史記	2	玄采	玄采	1913.2.28	치안
1907.12.25	伊太利建國三傑傳	1	申采浩	金相萬	1910.11.16	치안
1908.2	小學漢文讀本	2	元泳羲[義]	元泳義	1910.11.16	치안
1908.2	금수회의록	1	安國善	서울皇城書 籍業組合	1909.7.10	치안
1908.3.5	世界三怪物	1	斯密哥德文 저 卞榮晩 역	廣學書舖	1910.11.16	치안
1908.3	十九世紀歐洲文明 進化論	1	李埰雨	李埰雨	1913.5.5	치안
1908.4.5	녀ㅈ독본	2	張志淵	金相萬	1910.11.16	치안
1908.4.10	飮氷室自由書	1	全恒基	朴基駿	1910.11.16	치안
1908.4	大東歷史略	1	俞星濬	博文書館	1910.11.16	치안
1908.4	사회승람	1	金丙濟	黃天秀	1912.7.1	치안
1908.4	噶蘇士傳	1	梁啓超 著 李輔相 譯	中央書館	1911.11.16	치안
1908.4	華盛頓傳	1	李海朝	高裕相	1911.11.16	치안
1908.5.10	普魯士國厚禮斗益 大王七年戰史	1	俞吉濬	金相萬	1913.7.17	치안
1908.5.11	靑年立志編	1	大垣丈夫 著 劉文相 譯	弘文館	1910.11.16	치안
1908.5.20	乙支文德	1	申采浩	金相萬	1911.11.16	치안
1908.5.30	高等 小學修身書	1	徽文義塾編 輯部	徽文館	1910.11.16	치안

1908.5.30	飮氷室文集	2	梁啓超	上海廣智書局	1910.11.16	치안
1908.5.30	初等小學 修身書	1	柳 瑾	金相萬	1910.11.16	치안
1908.5	中國魂	1	梁啓超	張志淵	1913.6.10	치안
1908.5	國家思想學	1	鄭寅琥	鄭寅琥	1910.11.16	치안
1908.5	民族競爭論	1	劉鎬植	古今書海館	1910.11.16	치안
1908.5	국문과본	1	元泳義	中央書館	1910.11.16	치안
1908.5	國民自由進步論	1	劉鎬植	古今書海館	1910.11.16	치안
1908.6.1	中等 修身敎科書	1	徽文義塾 편집부	徽文館	1910.11.16	치안
1908.6.20	回天奇談	1	玄公廉	玄公廉	1913.2.28	치안
1908.6.25	찬미가	1	尹致昊	金相萬	1912.2.7	치안
1908.6.30	大家論集	1	大垣丈夫 저 劉文相 역	弘文館	1910.11.16	치안
1908.7.5	을지문덕	1	申采浩	金相萬	1911.11.16	치안
1908.7.20	最新 初等小學	1	鄭寅琥	鄭寅琥	1910.11.16	치안
1908.7.20	쇼ᄋ교육	1	任景宰	徽文館	1910.11.16	치안
1908.7.30	우순소리	1	尹致昊	尹致昊	1909.7.10	풍속
1908.7	初等 大韓歷史	1	鄭寅琥	鄭寅琥	1910.11.16	치안
1908.7	婦女獨習	1	姜華錫	李駿求	1910.11.16	치안
1908.7	羅蘭婦人傳	1	大韓每日申報社	博文書館	1912.6.26	치안
1908.8.27	强者의 權利競爭	1	劉文相	義進社	1910.11.16	치안
1908.8	夢見諸葛亮	1	劉元杓	金相萬	1910.11.16	치안
1908.9.5	初等 倫理學敎科書	1	安鍾和	金相萬	1910.11.16	치안
1908.9.20	二十世紀之大慘劇 帝國主義	1	卞榮晩	金相萬	1910.11.16	치안
1908.9	경국미담	2	玄公廉	玄公廉	1913.1.27	풍속
1908.11	男女平權論	1	崔鶴韶	崔翼承	1910.11.16	치안
1908.11	片片奇談警世歌	1	洪鍾隱	普文館	1910.11.16	치안
1908.11.20	鐵世界	1	李海朝	高裕相	1913.7.19	치안
1908.11	新訂 國文捷經	1	韓承坤	金燦斗	1913.7.19	치안
1908.12.15	大韓新地誌	2	張志淵	南章熙	1910.11.16	치안
1909.1.5	最新 高等大韓地誌	1	鄭寅琥	鄭寅琥	1910.11.16	치안
1909.1.10	勞動夜學	1	俞吉濬	俞吉濬	1913.7.19	치안

1909.1.20	幼學字聚	1	尹致昊	金相萬	1913.1.29	치안
1909.1.20	實地應用 作文法	1	崔在學	鄭雲復	1910.11.16	치안
1909.2.15	精選 日語大海	1	朴重華	李鍾楨	1910.11.16	치안
1909.2.20	女子修身教科書	1	盧炳善	盧益亨	1912.12.12	치안
1909.11	國民讀本	1	미상	미상	1913.11.25	치안
1910.2	독립정신	1	이승만	대동서관	1912.2	치안
1910.3	兩義士合傳	1	滄海子	미상	1910.9.6	치안
1910.7.7	愛國同盟團義文	1	미상	미상	1910.10.26	치안
1910.7.30	新小說 自由鐘	1	李海朝	金相萬	1913.7.3	치안
미상	國民小學讀本	1	不明	不明	1910.11.16	치안
미상	勉菴先生文集	6	崔永祚	崔永祚	1909.7.10	치안
미상	勉菴先生文集附錄	4	崔永祚	崔永祚	1909.7.10	치안
미상	準備時代	1	中央總部	普文館	1910.11.16	치안

위반과 풍속 저해의 혐의를 받아 금서로 지정되고 있음을 알 수 있다. 이제 이들 금서로 지정된 도서들은 더 이상 사립학교의 교재로 채택될 수 없었을 뿐만 아니라 시중에서도 완전 사라져갔다.

앞서 살펴보았듯이 일제가 병합 전부터 가장 중시한 교과는 언어동화를 위한 일본어교과였다. 일찍이 1906년 8월에 외국어학교령과 그 시행령[77]을 발표하고 외국어학교를 일본어 중심 교육체제로 통일[78]했던 통감부는 민간에서 운영하던 일본어교육기관들까지도 관립으로 흡수[79]해 정규 교육기관화하며 일본어교육을 확대하

---

77 勅令 제43호, 1906.8.27.

78 '외국어학교는 외국어에 鍊熟하여 실무에 적합할 인재를 양성함으로 목적을 함이라 (제1조), 외국어학교는 관립, 공립, 사립의 3종으로 함이라(제2조)' 그 외에 외국어학교의 설치와 폐지는 학부대신의 인가를 받도록 하고(제3조), 교과용도서는 학부에서 편찬한 것이나 학부대신의 검정을 받은 것을 사용하도록(제6조) 규정하였다(學部編, 『教育法規抄』, 1909.8, 121~123쪽).

79 경성학당은 외국어학교관제 2조에 의거해 1907년 1월 학부가 관할하는 官立漢城第二

였다.[80] 1908년 1월에 각각 존립했던 외국어학교를 관립한성외국어학교로 합병[81]하고 학교장으로는 학무국서기관을 역임한 구마모토隈本繁吉를 임명해 일본어교육 중심 외국어학교로 운영하도록 재편하였다. 이리하여 그 해 4월부터 동 외국어학교에는 다른 외국어과 커리큘럼에도 일본어 과목이 필수과목으로 지정되었다.[82] 그러나 이들 교육기관의 일어과정만으로 만족할 만큼 일본어 숙달자를 배출하지 못하자 그 해 5월에 관립한성외국어학교 속성과 규칙[83]을 마련하였다.[84] 동규칙에 의해 외국어교육의 속성과정이 마련되었지만 일어속성과만이 운영되었다.

통감부는 가능한 한 정규·비정규 교육기관을 가리지 않고 일본어교육기관 모두를 재정적으로 지원하였다.[85] 또한 각 학교 입학시험에 일본어를 필수과목으로 두게 하거나 관료선발 등 여러 선발

日語學校로 개편되었다(學部令 제19호, 1906.6.4). 한편 해외교육회가 창립, 경영했던 평양일어학교는 1907년 4월 1일 학교 재산을 학부에 기증하는 식으로 하여 官立平壤日語學校로 개편되었다(『萬歲報』 1906.11.19). 이후 평양일어학교는 1909년에 官立平壤高等普通學校로 개편되었다.

80 학부 직할학교는 성균관과 보통학교, 官立漢城師範學校, 官立漢城外國語學校, 官立仁川日語學校, 官立平壤日語學校 등인데, 3개교가 일본어교육 학교였다(學部直轄學校及公立學校官制, 『勅令』 55호, 1907.12.13).

81 관립한성외국어학교 안에 일어부, 영어부, 한어부(중국어), 법어부(프랑스어), 덕어부(독일어) 등 5개부로 편제되었다(칙령 제55호로, 1908.1).

82 『皇城新聞』 1908.4.16.

83 官立漢城外國語學校速成科規則(학부령 제12호, 1908.5.11).

84 學部令 제12호, 1908.5.11.

85 정규 교육기관 외에 일본어 전문 속성 야학강습소, 속성야학교, 사립학교 부설 야학교 등등이 있었다.

시험에도 일본어 능력을 우선 시하는 기준을 마련하는 등[86] 다방면에서 일본어능력을 요구하는 사회적 분위기를 조성함으로써 각 교육기관이 일본어교과를 채택하도록 유도하였다.[87]

한편 일본어교육의 무리한 추진으로 인해 반발을 초래하자 야학회와 일본어연구반들을 운영하여 과외학습이라는 우회적인 방법을 동원해 일본어 보급의 저변을 확대시키고자 하는 전략을 구사하기도 하였다.[88] 그러나 미진한 일본어 보급 속도에 만족할 수 없었던 통감부는 한국인의 반발을 무시하고 정규 초등교육과정에서부터 일본어를 필수과목화하는 조치를 단행하였다. 그리고 이어 마련된 보통학교 시행규칙에서 일본어를 쉽게 사용하도록 하는 능력을 키우고 처세상 필요한 지식을 증진시킨다는 이른바 '실용'의 정신을 강조하였다.[89] 일본어교육이 민간에 빠른 속도로 침투해 들어오자 한국민의 위기감도 고조되어 일본어 보급에 따른 비판 여론이 극렬하게 전개되어 일어학교는 그 존재만으로도 친일의 상징이었으며, 의병들의 공격 대상이 되는 등 민족적 반발 또한 만만치 않았다.

이러한 여론 악화에 대해 학부 서기관인 미쓰치三土忠造는 1908

---

86 『大韓每日申報』1906.6.9.

87 개인 私邸에도 일본인 강사를 두고 일본어를 교육하는 곳이 증가했으며 사립학교는 尋常科, 高等科 교과목 중에 日語科를 두도록 하고 고등과 입학 자격 중 하나로 일본어를 해득능력을 요구하였다(私立學校學則記載例, 1908.8.26, 학부고시 제6호).

88 學部學務局, 『學事狀況報告第六回要錄』, 1910.2, 1~10쪽.

89 보통학교령시행규칙 제8조: 일어는 平易한 일어를 了解하며 且使用하는 능력을 득케 하야 處世에 이바지함으로써 要旨로 함.

년 6월 20일 관립보통학교 직원회를 통해 "한국인이 일본어를 아는 것은 일한의 현실, 상업, 통상, 교통 그밖의 점에서 보아 유리"하다고 역설하였다. 그리고 일본어의 "습득은 조선의 번영과 개인적인 영달을 위한 최고 수단이며 한국인으로서 일어를 해독하느냐 아니냐는 생존경쟁상의 문제"[90]라며 일본어 보급을 개인차원의 번영과 영달, 이익이라는 실리를 앞세우고 끝내 식민지동화책의 본질을 감추었다. 그럼에도 민중은 일제에 의한 일본어 보급 현상이 한국을 식민화하고자 하는 과정임을 정확히 진단하고 있었다.

> "일어가 금일 한일관계상 보통교육에서 필수과목인 지위를 갖고 있으며 관공립일반의 학교에서 중요과목으로 교수되고 특히 보통학교의 초년급부터 부과賦課하고 있는데 대해 상하가 현저히 불쾌한 생각을 품고 말하길 한국의 언어를 일본언어로 변경시키려고 하는 것이다 하고, 또한 말하길 한국의 국민성을 감실減失시키려고 기도企圖하는 것이다. 또한 하급의 지방민에 이르러서는 일본어를 수업한 후 이래 일본의 병대兵隊로 만들려고 한다고 말하고, 일본에 납치拉致하여 노동자 또는 노예로 만들려고 한다"고 말한다.[91]

1909년에 와서 새로이 간행된 학부 친일 교과서[92] 중에 일본어

---

90 官立普通學校 職員會에서 三土忠造 學部書記官의 「學科課程 및 敎科書 編纂 趣旨에 關한 說明」, 1908.6.20, 高橋濱吉, 앞의 책, 172~173쪽.

91 學部編, 「學校敎育ノ旣往及現在」, 1909. 12. 28~29쪽.

92 1909년까지 학부가 발행한 교과서는 『國語讀本』 8권, 『日本語讀本』 8권과 『修身』 4권, 『漢文讀本』 4권 등과, 『理科書』 2권, 『圖畵鑑本』 4권, 『褶誌帖』 4권, 『算術書(교

로 편찬된 교과서를 교재로 하여 수업하는 관공립학교에서는 일본인 교사가 한국어 통역자를 왼편에 세우고 일본어로 수업하는 진풍경이 벌어지기도 하였다.[93] 학교교육을 통한 강고한 일본어 보급 방침에도 불구하고 극렬한 배일 저항과 교재 미비 등등의 제반의 이유로 말미암아 통감부는 의도한 만큼 일본어 보급의 성과를 거두지 못하였다.

3) 한국병합과 식민지교육정책

한국통감으로 한국에 부임해 온 육군대신 테라우치 마사타케는 조선총독부 초대 총독(부임 1910.10.1~1916.10.9)에 임명되어 취임한 후 조선총독부 소속관서의 관제를 발표하였다. 당시 교육전담 부서인 내무부 산하 학무국學務局에서는 학교에 관한 모든 사항을 총독에게 보고하도록 되어 있었다.[94] 조선총독부는 한국의 전통 유교를 비판하고 오랫동안 한국인 사상에 깊이 자리잡은 유교적 이데올로기를 대신해 일본의 국체國體와 국민의식으로 대체시키고자 하였다. 한편 한국민의 전통적인 사회교화와 충효관습 등의 봉건적 유재를 그대로 온존시켜 총독정치의 안정화를 꾀하는데 이용하였다. 충忠의 대상은 당연히 한국 황실이 아닌 일본의 천황으로 대치

사용)』 4권이었다(學部編, 『韓國敎育』, 12쪽).

93 『大韓每日申報』 1910.5.12.

94 이명화, 「朝鮮總督府 學務局의 機構變遷과 機能」, 『한국독립운동사연구』 6, 1992, 56쪽.

되었고 초등교육부터 일본 천황의 '충군애국민'을 육성하는 천황주의가 주입되었다.

그리고 일본이 청나라를 비롯한 외세로부터 조선을 독립시키고 중세 이후의 지속된 당파 싸움을 종식시켰으며 또한 정치개혁을 주도하여 한국의 내정을 안정화시켰고 동양평화에 기여했다는 논리가 병합 후에 학교교육을 통해 반복 학습되었다. 그리고 한국민의 '원願'에 의해 한국황제가 일본천황에게 통치권을 양여했기 때문에 병합은 합법적이라는 의식을 심어주고 한국민은 황국의 신민이 되어 행복을 보장받게 되었으며 동양평화의 기초가 견고해졌다고 하였다. 이러한 병합 이데올로기를 식민지지배통치 기간 내내 피교육자에게 주입시켰다.

한국민은 미개한 열등민劣等民, 일본은 문명의 일등국민이라는 구도에서 이제 한국인은 비로서 일본과 동등한 문명의 일등국민으로서 긍지와 자부심을 갖게 되었고 일제는 열등의 한국민을 일본국민과 같은 일등국민으로 들어 올리는 은혜를 베풀은 것으로 대비되었다.[95]

〈표 2〉는 일본 문부성과 조선총독부가 간행한 역사교과서 중에서 한국 병합과 관련한 단원의 내용을 뽑은 것이다. 이들 내용을 분석해 보면, 아래와 같은 도식이 그려진다. 그것은 1) 조선은 폐정과 민심 불안, 그리고 화난의 근원이며 일본의 안전까지도 위협하는 나라이며 2) 동양평화를 영원히 확보하기 위해서 병합은 불

95　隈本有尙,「根本の倂合は敎育に在り」,『朝鮮』31, 1910.9.20, 54쪽.

[표 2] 문부성·조선총독부 간행 역사교과서 병합 관련 내용

간행처	교과서	발행 연도	병합관련 내용	출처
문부성	尋常小學日本歷史 卷二 第17 平和條約と 韓國併合	1911	한국은 우리의 보호 아래 있는 것이 이미 수년에 이르렀지만 일찍이 항상 화난의 근원이었기에 천황은 일한 상호의 행복을 증진하고 동양의 평화를 영원히 확보하기 위해 한국을 병합할 필요를 인정하고 마침내 43년 8월로써 한국황제로부터 그 일절의 통치권을 영구히 양여할 것을 승낙받았다. 이때에 한국을 개편하여 조선으로 칭하고 총독부를 두고 제반의 정무를 통할하기에 이르렀다. 각각에 이르러 우리나라는 점차 국위를 해외에 선양해 마침내 세계열강과 어깨를 나란히 하는 지위에 도달하였다.	95 ~ 96
문부성	尋常小學日本歷史 下卷 第51 明治天皇 七. 韓國併合	1921	한국은 우리의 보호 아래 있는 것이 이미 수년에 이르렀고 정치를 점차 개량했지만 그 나라의 다년간의 폐정은 전혀 제거되기 어렵고 민심 역시 안정되지 못해서 國利民福을 진보하는데 일한 양국을 합하는 수밖에는 방도가 없음이 명백해졌다. 한민 중에도 이를 희망하는 사람들이 적지 않았다. 이때에 한국 황제는 통치의 권한을 천황에게 양여하고 제국의 신정에 의해 점차 국민의 행복을 증진시킬 것을 원하여 천황 또한 그 필요를 인정하셨기 때문에 43년 8월 마침내 한국의 병합을 보기에 이르렀다. 천황은 즉 전에 한국 황실을 왕으로 하고 황족의 예로써 왕가를 대우하셨고 한국을 개편하여 조선으로 칭하고 새로이 총독을 둔 바 제반 정무를 통할시켰다. 이리하여 반도의 백성은 모두 제국의 신민이 되고 마침내 동양 평화의 기초가 보다 견고해졌다.	138 ~ 139
조선 총독부	普通學校 國史 下卷 第51 明治天皇 七. 韓國併合	1922	한국은 우리의 보호 아래 둔 것이 이미 수년에 이르렀고 정치를 개혁했지만 그 나라의 다년간의 폐정은 전부 제거했지만 민심이 안정되지 못해서 國利民福을 진보하는데 일한 양국을 합하는 방도 외에는 없음이 점차 명백해지고 한민 중에도 이를 희망하는 사람들이 적지 않았다. 이때에 한국황제는 통치의 권한을 천황에게 양여하고 제국의 신정에 의해 점차 국민의 행복을 증진시킬 것을 원하여 천황 또한 그 필요를 인정하였기 때문에 43년 8월 마침내 한국의 병합을 보기에 이르렀다. 천황은 즉 전에 한국 황제를 왕으로 하고 황족의 예로써 왕가를 대우하였고 한국을 개편하여 조선으로 칭하고 새로이 총독을 두고서 제반 정무를 통할하게 하였다. 이리하여 반도의 백성은 모두 제국의 신민이 되고 동양평화의 기초가 보다 견고해졌다.	148 ~ 149

조선 총독부	普通學校 國史 下卷 第51 明治天皇 七. 韓國併合	1927	위의 내용과 동일	–
조선 총독부	普通學校 國史 第五十 明治天皇 7. 韓國併合	1932	우리나라는 명치 초기부터 오로지 조선의 행복을 기도하고 먼저 수호조약을 맺어 이를 열국 간에 나오게 하였습니다. 그러나 한국은 독립의 실을 거둘 수 없었고 항상 타국에 입박되어 움직여 동양의 평화를 깨뜨릴까 우리나라는 포츠머스조약에 의해 새로이 한국과 협약을 체결하고 이를 우리 보호국으로 하고 그 외교를 취하게 되었습니 … 그로부터 수년을 경과하여 한국의 정치는 개편되었지만 다년의 폐정은 쉽게 제거되지 않고 민심은 불안을 면치 못하였습니다. 그 위에 미 제국의 세력이 왕성히 동양에 들어왔을 때를 당하여 모두 國利民福을 완성하기 위해 일한 양국이 합하여 하나가 되는 외에는 길이 없었습니다. 원래 내지와 조선과는 신대 이래 가장 친하게 왕래한 사이로 기후, 풍토, 인정, 풍속이 매우 흡사하며 또한 같은 문화를 갖고 있으므로 상호 융합하는 것도 어렵지 않았습니다. 그래서 한국인 중에도 열심히 병합을 희망하여 양국 정부에 청원을 내는 자가 점점 많아졌습니다. 한국 황제도 또한 이를 생각하게 되었고 민의를 받아들여 명치 43년 8월 통치권을 천황에게 이양하기를 희망하여 제국의 신정에 의하여 인민의 행복이 증진할 것을 희망하게 되었습니다. 천황도 또한 병합의 필요를 인정하여서 한국 황제의 희망을 받아들이고 영구히 한국을 병합하게 되었습니다. 전에 한국 황제를 와로 하고 황족의 예로써 왕가를 대우하고 한국을 고쳐 조선으로 칭하고 새로이 총독을 두고 여러 가지 정무를 통치하도록 했습니다. 이 때에 내려진 조선 중에, … 병합조서 소개 … 이때부터 반도의 민은 제국의 신민으로서 황실의 위덕을 숭앙하게 되었고 동양평화의 기초가 보다 견고하게 이루어졌습니다. 이후 교육은 보급되고 교통통신은 열리고 산업은 발달하여 신민의 강복은 증진하여 그칠 바를 몰랐습니다.	138 ~ 139

문부성	小學國史 下卷 제47 明治天皇	1927	명치 37, 38년 전역 후 우리나라는 한국에 대한 다른 나라의 간섭을 완전 배제해 이를 보호하고 그 내정을 개편하였다. 그러나 오랜 기간 동안의 정치상 폐해는 간단히 제거할 수 없고 한국의 인민은 불안한 생활을 보내야 하는 형편이었다. 거기에 한국의 국리민복을 진행하고 동양의 평화를 보전하려해도 한국이 일본과 일체가 되지 않으면 안 된다는 사실이 분명해지면서 한민 중에는 이를 원하는 이들이 적지 않았다. 한국황제도 또한 깊이 이를 바라고 있을 즈음 통치권을 천황에게 양여하겠다는 뜻을 희망하였다. 천황께서는 이들 받아들여 명치 43년 8월 특히 조서를 내리셨으며 이윽고 한국을 개편하여 조선으로 하고 새로이 총독을 두고 정무를 내려주시었다. 예부터 우리나라와 친밀한 관계를 가져온 반도의 인민은 동등한 황국신민이 되어 동양평화의 기초가 대대로 견고해졌다.	144 ~ 145
문부성	初等科 國史(下) 第14 世界のうごき	1932	… 이 사이 우리나라(일본)는 화태의 개발, 관동주 경영에 노력함과 동시에 동아의 안정을 위해 韓의 보호에도 상당히 힘을 썼습니다. 우선 한에 대한 타국의 간섭을 배제시키고 내정의 개혁을 지도하였습니다. 그리하여 한은 더욱더 우리나라에 대한 신뢰가 깊어져 한민 중에는 동양의 평화를 지키기 위하여 일한 양국이 일체가 될 필요가 있다고 생각하는 사람이 점점 많아지게 되었습니다. 한국 황제는 전부터 이를 바래왔으므로 명치 43년(1910) 천황에게 통치권을 양여하게 되었습니다. 명치천황은 이 신청을 받아들여 특히 한국 병합의 조칙을 내리셨고 한국 황제께서도 또한 한민에 대해 일본의 정치에 따르게 해 점점 행복한 생활을 보내도록 일깨워 주셨습니다. 또한 韓이라는 명칭도 朝鮮으로 고치고 새로이 總督이 정무를 담당하게 되었습니다. 고래로 우리나라와 가장 관계가 깊었던 반도인들은 이때에 동등한 황국의 시민이 되었으며 동양평화의 기초가 보다 견고해지게 되었습니다.	146

가피한데, 한국의 황제와 국민들의 청원에 응하여 마침내 병합이
이루어졌고 3) 병합이 이루어짐으로써 한국민의 행복은 증진되고
동양평화가 견고해졌다는 것이다.

일제는 식민지 교육을 통해 한국인에게는 한국의 전통과 민족
문화는 미개하고 열등하여 생존 경쟁에서 도태되고 멸실되어야 할
대상이라 규정하고 열등성·종속성·타율성 등의 역사관을 주입하
였다. 반면 일본국민에게는 일본은 서구 문명과 견주어 뒤떨어지
지 않는 문명국이며 다른 아시아민에 견주어 볼 때 일등국민이라
는 우월감을 불어넣어주었다. 이것은 일본 국민에게 다른 민족에
대한 멸시관과 민족차별 의식을 심어주었다. 식민지 한국인에게
는 통치 기간 내내 내선일체를 내세워 일본동화를 강요하면서 다
른 한편에서는 민족차별을 방치하고 부추김으로써 양국 국민 내면
에 모순적 역사의식과 편견이 자리하게 하는 폐해를 가져왔다.

5. 맺음말

일본에서는 최근까지도 일본·한국간의 '병합조약'은 합법적이며 한
국민의 '원願'에 의해 성립되었기에 식민지지배는 정당하다는 왜곡된
역사인식이 주류를 이루고 있었다. 이 글에서는 한국지배를 정당화
하기 위해 일제가 유포한 병합의 이데올로기와 이들 이데올로기를 이
용한 식민지교육정책이 어떻게 세워졌는가를 살펴보았다. 그리고 '합
방', '합병', 그리고 '병합'의 논의가 강제 '병합'을 전후하여 어떻게 변
화되어 갔는지도 살펴보았다. 한국을 식민지화하는 일에 관여했던 이
들은 치밀한 의도를 갖고 병합이라는 용어를 사용했으나 오늘날에는
한일 양국 모두 당시의 정치적 의도를 무시하고 의식 없이 용어를 혼

용하고 있는 현상은 시정되어야 한다고 본다.

개항 이후 서양 제국주의의 이권 침탈과 정쟁의 혼란한 틈새를 비집고 일제는 '보호'를 구실로 한국의 국권을 침탈하고 국제사회로부터 한국에 대한 '보호국'화를 용인 받아내는 외교적 성과를 거두었다. 한국 병탄 야욕을 노골적으로 드러내는 가운데에서도 식민지 지배 논리를 끊임없이 개발해 대내외적으로 유포한 일본은 청일전쟁과 러일전쟁을 한국의 독립을 지켜주기 위한 대리전쟁이었다고 규정하고 한국통감부의 보호국체제가 한국의 근대화와 문명 이식, 그리고 독립보장과 동양평화, 그리고 문명화를 가져올 것이라고 선전하였다. 그리고 병합에 이르는 과정은 '동양의 평화를 위해 한국을 일본제국의 '보호' 아래 두고 '시정개선'과 '화원禍源의 두절杜絕'에 힘썼지만 만족스런 결과를 얻을 수 없어 결국에 한국 황제와 한국민의 청원을 받아들여 한국 병합을 결정하게 되었다고 기만하였다.

강제병합 전 식민지교육체제를 구축한 일제는 '병합'으로 인해 일한 양국민의 행복이 증진되고 동양의 평화를 영구히 확보하게 되었으며 병합 '시혜施惠'를 입고 일본의 '비호庇護'를 받게 된 한국민은 일본 천황에 대한 '충애의 념念'을 가져야 한다는 천황주의에 입각한 식민지교육을 철저히 시행하였다.

식민지교육을 통해 일제는 항일독립정신을 근절시키고자 한국의 전통과 민족 문화는 미개하고 열등하여 생존경쟁에서 도태되고 멸실되어야 할 대상이라고 가르쳤다. 반면, 일본은 선진과 문명, 동양의 평화를 지키는 모범적 문화를 갖춘 동화同化 대상이라는 병합의 이데올로기를 반복 학습시켜 식민지통치 기간 내내 한국민 의식에 주입하였다.

『皇城新聞』·『大韓每日申報』·『萬歲報』.

『日本植民地敎育政策史料集成(朝鮮篇)』第63卷, 東京: 龍溪書舍.

朝鮮雜誌社, 『朝鮮』·朝鮮及滿洲社, 『朝鮮及滿洲』.

小松綠, 『朝鮮倂合之裏面史』, 中外新論社, 1920.

釋尾春芿, 『朝鮮倂合史』, 朝鮮及滿洲社, 1926.

高橋濱吉, 『朝鮮敎育史考』, 1927.

小森德治, 『明石元二郎』上, 臺灣日日新報社, 1928.

黑龍會, 『日韓合邦秘史』(上)·(下), 黑龍會出版部, 1930(原書房, 1966).

內田良平, 「合邦の回顧と韓國問題」, 『朝鮮統治の回顧と批判』, 朝鮮新聞社, 1936.

倉知鐵吉, 『韓國倂合ノ經緯』, 日本外務省 調査課 第4課, 1939.

今日の朝鮮問題講座(6), 森田芳夫, 『國史と朝鮮』, 綠旗聯盟, 1940

金正明, 『日韓外交資料集成』, 巖南堂書店, 1964.

山邊健太郎, 『日韓倂合小史』, 岩波書店, 1966.

『朝鮮統治史料』4 - 韓日合邦(2). 韓國史料硏究所, 1970.

F. A. McKenzie·신복룡 역, 『대한제국의 비극』, 평민사, 1985.

이광린, 「韓國에 있어서의 萬國公法의 收容과 그 影響」, 『韓國開化思想의 諸問題』, 一潮閣, 1986.

이명화, 「朝鮮總督府 學務局의 機構變遷과 機能」, 『韓國獨立運動史硏究』 6, 1992.

金東明, 『一進會と日本 - 政合邦と倂合』, 『朝鮮史硏究會論文集』31, 1993.

강상규, 「근대일본의 만국공법 수용에 관한 연구」, 『진단학보』87, 진단학회, 1999.

강창일, 「일진회의 '한일합방'운동과 흑룡회」, 『역사비평』 통권 52호, 2000.

海野福壽, 『韓國併合史の硏究』, 岩波書店, 2001.

海野福壽, 『伊藤博文と韓國併合』, 靑木書店, 2004.

권태억, 『한국근대사회와 문화』 Ⅱ, 서울대학교출판부, 2005.

針原崇志, 『歷史敎科書を斬る』, 明窓出版, 2006.

이창훈, 「대한제국기 유럽지역에서 외교관의 구국운동」, 『한국독립운동사연구』 27, 2007.

김용구, 『만국공법』, 小花, 2008.

伊藤之雄·李盛煥, 『伊藤博文と韓國統治』, ミネルヴア書房, 2009.

小川原宏幸, 『伊藤博文の韓國併合構想と朝鮮社會』, 岩波書店, 2010.

韓成敏, 「구라치 데츠키치(倉知鐵吉)의 '한국병합' 계획 입안과 활동」, 『한국근현대사연구』 2010년 가을호.

안중근의사기념사업회, 『안중근자료집』 5, 2010, 안중근사건 공판속기록.

2장

일제강점 초기
한·일 초등학교 교과서의 한국 인식

....

윤소영

1. 머리말

일제강점기 한국의 초등 역사교육이 본격적으로 시작된 것은 제2차 조선교육령(1922. 2) 이후이다. 이러한 사정으로 인하여 그동안 연구의 대상 시기는 주로 1920년대 이후를 중심으로 이루어졌다. 일제강점기의 역사교육 전반을 시야에 넣으면서 식민사관과 역사왜곡 문제를 다룬 연구,[1] 각 시기별 역사교과서의 특징과 변천과정을 논급한 연구[2]가 이루어졌고, 최근에는 교수자 측의 역사인식문제나 보통학교 일선에서의 역사교육 실태 규명으로 연구주제가 확대되고 있는 추세이다.[3] 그런데 아직 연구의 공백으로 남아있는 부분은 1910년 일본의 한국병합 전후에 시작된 식민지 역사교육 형성에 관한 문제이다. 특히 이 시기 역사교육 문제는 일본에서 이미 이루어지고 있던 역사교

1 이명화, 「일제총독부간행 역사교과서와 식민사관」, 『역사비평』 1991년 겨울호 ; 양정현, 「일제강점기 역사교육 이념과 정책 - 1920~30년대 중반 보통학교를 중심으로」, 『국사관논총』 77, 1997 ; 이병담, 「조선총독부 초등학교 『국사』 총독부 초등침략사관과 식민지 아동의 탄생」, 『일어일문학』 27, 2005 ; 김한종, 「조선총독부의 교육정책과 교과서 발행」, 『역사교육연구』 9, 2009.

2 권오현, 『朝鮮總督府下における 歷史敎科書內容史硏究』, 廣島大 博士學位論文, 1999 ; 장신, 「한말일제강점기의 교과서 발행제도와 역사교과서」, 『역사교육』 91, 2004 ; 김경미, 「1940년대 조선의 '국사'교과서와 일본의 국사교과서」, 『한국교육사학』 28권 12호, 2006.

3 권영오, 「칠원공립보통학교를 통해 본 일제강점기 초등교육」, 『역사와 경계』 69, 2008 ; 장신, 「일제하 초등학교 교사의 조선사 인식」, 『정신문화연구』 31권 2호(2008년 여름호).

육과 밀접한 관계를 맺으면서 식민지의 종속적 역사교육의 기초가 준비되는 시기라는 점에서 중요하다.

그동안 한·일 역사교과서 비교의 필요성을 제기한 선행연구로는 권오현, 이병담, 김경미의 연구가 보고되어 있다.[4] 권오현은 통감부 시기부터 1940년대까지 조선총독부의 역사교육 내용의 변천과 특질을 고찰하면서 일본과 식민지 조선의 역사교육 내용을 비교하고 상호 영향을 논급하였지만 1910년 전후는 다루지 않았다. 또한 이병담은 일본 메이지 시대의 역사교육 내용을 개괄적으로 언급한 다음 1930년대 전후의 교과서를 비교하고 있어서 역시 1910년 전후는 누락되었다. 김경미의 연구도 1940년대를 대상으로 하였다.

이 연구는 이와 같은 선행연구를 보완하는 의미에서 1910년 일본의 한국병합 전후 일본 초등교육에서 이루어진 한국사 관련 교육 내용과 동시기 한국의 초등교육에서 이루어진 역사 관련 교육내용을 비교 검토하고자 한다. 이를 통하여 한국사 관련 교육이 당시 일본 소학생의 '제국의식' 형성에 어떻게 이용되었으며 한국에 대한 식민지 역사교육에는 어떻게 작용했는지를 밝히고자 한다.

단 이 시기에 일본에서는 국정교과서 발행과 의무 6년 교육제 실

---

4   권오현, 『朝鮮總督府下における歷史敎科書內容史硏究』; 이병담, 「조선총독부 초등학교 『국사』에 나타난 침략사관과 식민지 아동의 탄생」; 김경미, 「1940년대 조선의 '국사'교과서와 일본의 국사교과서」.

시로 심상소학교 5·6학년부터 『일본역사』가 교육된 반면 한국에서는 4년제 보통학교에서 『국어독본』과 『수신』을 통해 부분적으로 역사교육이 이루어졌다. 따라서 일본 측의 자료는 일본역사 국정교과서와 관련 자료를 분석대상으로 하며, 한국 측 자료는 『보통학교 국어독본』과 『수신』, 그리고 교과서 편찬과 역사교육정책에 관여한 일본인의 역사인식을 통하여 검토하고자 한다.

2. 일본 소학교 역사교과서의 한국 관련 내용

일본의 초등교육은 1886년 소학교령으로 심상소학교 4년과 고등소학교 4년(2년제와 3년제도 병용) 두 단계로 구성되었다. 1899년부터 심상소학교에 2년의 고등과를 부설하는 것이 바람직하다는 의견이 있어서 6년제 교육이 준비되기 시작한다. 1900년에 4년제 의무교육이 개시되다가 1907년에 심상소학교 6년, 고등소학교 2년 또는 3년제 제도가 성립되었고 의무교육 연한은 6년으로 확대되었다. 당시 취학률은 1902년 남녀평균 90%를 넘었고 1909년에는 98%에 달했다.[5]

그 과정에서 1903년 소학교령 개정으로 「소학교의 교과용 도서는 문부성에서 저작권을 갖는다」는 규정이 명시되어 이전의 검정교과서 제도에서 국정교과서제도로 전환하였다. 1904년 4월부터 국어독본, 습자모범書き方手本, 수신, 일본역사, 지리 국정교과서가 사용되었으며

---

5   柿沼肇, 『近代日本の教育史』, 教育史料出版会, 1990, 88~89쪽.

산술과 도화는 1905년부터, 이과는 1910년부터 사용되었다.[6] 국정 교과서 편찬시대의 개막은 거의 100%에 육박하는 취학률이 이루어지는 의무교육 현장에서 『교육칙어』(1899)의 이념에 따른 「국체의 존엄」, 「충군애국」, 「멸사봉공」의 정신이 강제적으로 적용되는 상황의 도래를 의미하였다. 그리하여 이 시기에 일본의 교육계는 천황제 이념이 강화되고 자유로운 교육활동이나 조직적 교육운동은 일어나지 못했다.[7]

소학교령 시행규칙(1907) 제5조의 규정을 보면 일본역사 교육의 목표는 '국체의 대요를 알게 하고 국민으로서의 지조를 양성하는 것'이다. 구체적으로는 '일본 국민이 고래 동일 종족을 유지하고 세계와 비교할 수 없는 존엄한 국체를 구성해왔으므로 본과의 교수에서는 그 기원, 변천, 발달 경로를 잘 설명하고 국체의 대요에 관한 지식을 가르치고 국운의 융성, 문화의 진보, 민족의 번영이 결코 우연이 아님을 알게 하는 것'이라고 하였다.[8] 당시 국정 일본역사 교과서 편찬을 주도한[9] 기타 사다키치北田貞吉[10]는 소학교에서의 일본역사 교육의 목적

---

6   東京書籍株式會社社史編纂委員會, 『近代敎科書の變遷 - 東京書籍70年史』, 1980, 36쪽.

7   柿沼肇, 『近代日本の敎育史』, 90~91쪽.

8   小川正行, 『各科敎授法』, 寶文館, 1911, 158쪽.

9   喜田貞吉는 1909년 여름 일본역사지리학회가 주최한 하기 강습회에서 강연하는 자리에서 역사교과서 편찬 당초부터 신설 교육용도서 조사위원회에 이르기까지 자신이 역사교과서를 기초했나고 밝혔다. 喜田貞吉, 「国定敎科書小學日本歷史に就いて」, 『国史之敎育』, 三省堂, 1910, 321쪽.

10   喜田貞吉(1871~1939) 도쿠시마(德島)県 출신, 역사학자, 고대사, 고고학 전공, 1896년 동경제국대학 졸업, 1909년에 「平城京の研究 · 法隆寺再建論争」으로 문학박사학위 취득, 문부성에서 국정교과서 편찬에 종사, 도쿄제국대학, 도호쿠(東北)제국대학

을 보다 단순화하여 "역사적 사실을 설명하여 선량한 일본국민을 만드는 것"이며 결국 "국체의 대요를 알게 하고 국민으로서의 지조를 키운다면 국사교육의 목적은 달성하는 것"이라고 하였다.[11] 이는 천황주의 교육이념을 만들어낸 초대 문부대신 모리 아리노리森有禮가 천명한 '교육의 목적은 선량한 신민을 양성하는 것'이라고 한 것과 궤를 같이 한다.[12]

최초의 국정 일본역사 교과서인 문부성 저작『소학일본역사』는 총 4권과 수업 연한 3년제의 3학년용이 1책으로 총 5책이 1903년 10월에 발행되었다. 그 후 1907년 소학교제도 개정에 따라 기왕의 고등과 1·2학년의 일본역사가 심상소학교 5·6학년의 일본역사 교재가 되었다. 이에 따라 국정교과서로『심상소학 일본역사 권1』(1909. 9)과 권2(1910. 9), 그리고『고등소학 일본역사』권1, 2(1910)가 발간되었다. 직후에 교과 내용 중「남북조」단원이 문제가 되어 1911년에 각각 수정 교과서가 간행되었다.[13] 메이지유신 이후의 역사를 다룬 교과서로

교수 역임.

11 喜田貞吉,「小學校における歷史科」,『国史之教育』, 三省堂, 1910, 20~22쪽.

12 海門山人,「『森有禮』, 1897(「堀尾輝久」,『天皇制国家と教育』, 青木書店, 1987, 50쪽에서 재인용).

13 1910년 간행『심상소학 일본역사』권1에 "이로부터 요시노 조정을 南朝라 하고 교토의 조정을 北朝라 한다. 이리하여 천하의 소란은 결국 두 황통이 다투는 모습을 보여 전란은 57년이나 계속되었다."는 것을 "이로부터 세상에는 요시노 조정을 남조라 하고 尊氏가 주도하여 교토에 선 것을 북조라 한다."(1911년 수정본)고 고쳤다. 이는〈국체〉의 관점에서 중세시대 천황가가 서로 다투는 모습을 드러내는 것이 교육상 좋지 못하다는 이유였다(東京書籍株式會社社史編纂委員會,『近代教科書の變遷 - 東京書籍70년사』, 318~321쪽).

『고등소학 일본역사』(제3학년용)가 1909년부터 사용되었다.[14] 그 후 국정 역사교과서의 개정은 1920년에『심상소학국사』상권이, 1926년에 하권이 이루어지고,『고등소학국사』는 상권이 1924년에, 하권은 1926년에 간행된다. 이어서 고등과 3학년용의 국사 간행은 1928년이다.[15]

1) 고·중세

애당초 메이지시대 일본의 초등역사교과서는 기전체 형식을 취하여 고대 중세사는 천황의 연대기적 기록 중심으로 단원이 구성되어 있고 근세에는 에도 막부의 역대 장군과 유명 학자 등 인물 중심으로 서술되었다. 특히 고대의 서술에서는 일본의 '임나' 지배설와 신공황후의 '신라 정벌설', 그리고 고구려, 백제도 일본에 복속하여 조공을 바쳤다는 내용이 고대 천황의 위용을 강조하는 예로 빠지지 않았다.[16]

국정역사교과서에서도 기본적으로 이와 같은 관점이 계승되고 있지만 러일전쟁을 거치면서 천황주의와 군국주의적 색채가 한층 강화된 모습을 보였다. 한일관계에 해당되는 부분을 중심으로 검토해 보고자 한다.

첫째, 교육 자료로서 삽화가 중시되었다. 기타 사다키치는 이전

---

14   喜田貞吉,「国定教科書小學日本歷史に就いて」,『国史之教育』, 320~321쪽.

15   東京書籍株式會社社史編纂委員會,『近代教科書の變遷－東京書籍70년사』, 322쪽.

16   好古逸人,『簡易日本歷史談』, 小山廣文堂, 1894, 7~9쪽.

그림 1 문부성,
『심상소학일본역사』
권1, 1909, 11쪽

의 삽화는 양도 적었고 전거가 있는 그림을 인용하였기 때문에 삽화 인물에 활동성이 느껴지지 않아서 흥미를 유발하지 못했다고 지적한다. 그리하여 새 교과서에는 전문성이나 논리보다도 흥미 유발을 중시하여 화가의 상상력으로 그린 그림을 다수 인용하였다고 하였다.[17] 『심상소학 일본역사 권1』의 「신공황후」의 삽화는 '신공황후가 멀리 신라 쪽을 바라보는 모습'이라는 설명이 달려 있다. 그림 1 이 삽화의 교육 목적은,

신공황후가 영명하여 멀리 신라를 정벌하려는 선견先見을 갖고 있었음

17   喜田貞吉, 「国定教科書小學日本歷史に就いて」, 『国史之教育』, 346~347쪽.

그림 2 교육학술연구회, 『繪入日本歷史』, 交盛館, 1908의 신공황후도

을 분명히 알게 하는 것이 목적이다. 이 그림은 화공의 상상화이다. 가장 앞쪽에 서서 오른 손을 들어 멀리 신라 쪽을 바라보는 이가 신공황후이다. 원래 상고시대의 부인은 장발을 하나로 묶고 남은 부분을 뒤로 드리우고 있었으나 이 그림에서 보이는 황후는 남자처럼 미즈라角髮[18]로 묶고 있다. 후방에 무릎을 꿇고 있는 선두의 노인은 다케우치노 수쿠네武內宿禰이다. 교수상 주의점은 (신공황후가) 구마소를 후원하는 것이 신라라고 통찰하셨다는 것, 복장에 주의할 것이며 군의 규율이 올바르다는 점.[19]

---

18 고대의 남자 결발의 하나. 머리를 중앙에서 좌우로 갈라 귓가에 고리처럼 맴.

19 櫛茂策, 「제4장 심상소학 일본역사 권1」, 『国定歴史教科書挿画解説(附・研究法と教授法)』, 開発社, 1912, 229~230쪽.

을 환기시킬 것이 지적되었다. 신공황후의 머리 모양의 변화는 그림 2와 비교해 보면 알 수 있다.

소학교의 어떤 훈도는 '이전에는 신공황후가 바라보는 곳이 가까운데 신 삽화는 신공황후가 멀리 내다보고 남성의 머리모양을 하고 갑옷과 해변의 모습이 다소 다르다'고 비교하였다.[20] 이와 같이 신 국정교과서에는 신공황후의 여성성을 제거하고 용맹스런 남성성으로 표상하였다. 나아가서 '멀리 신라를 내다보는 모습'에서 신라정벌 필요성을 통찰했음을 드러내고자 의도했으며, 그를 보좌하는 다케우치노수쿠네武內宿禰 같은 훌륭한 신하가 있었음을 강조했다. 이를 통하여 일본 고대 천황가가 보여준 진취적인 기상과 뛰어난 통찰력에 대해 경외심을 갖고, 한국지배의 역사적인 맥락을 깨닫도록 의도한 것이다.

두 번째 삽화는 『심상소학 일본역사 권2』의 '도요토미 히데요시 조선정벌군의 출발을 바라본다'이다. 그림 3 이 삽화의 교육적 의도는,

위풍당당한 출정군의 용맹스런 모습을 나타내고 히데요시의 뛰어난 전략雄圖및 우리나라 사람의 무용武勇을 알게 하기 위한 것이 목적이다. 그림은 도요토미 히데요시가 히젠肥前국 나고야 성 아래에서 조선 정벌군의 출발을 바라보는 것으로 화공의 상상화이다. 바위 위에 서서 도포를 입고 왼손에 부채를 들고 있는 것이 히데요시인데 그 기뻐하

---

20 新井訓導, 「小學日本歷史第二次修正につきて」, 『茨城県女子師範學校附属小學校研究報告集』 2卷, 1912, 235~236쪽.

に諭せしが、
之に從は
乃吉は北條
く、意を決し
愛し翌紀元

豊臣秀吉朝鮮征伐の軍を發出の望む

그림 3
문부성,
『심상소학일본역사』
권2, 1910, 26쪽

는 얼굴에는 결의가 엿보인다. 정한군은 모두 15만 8천 700명이고 많은 배가 잇닿아 있고 위풍당당한 의기는 계림팔도를 병탐하려는 기개가 있다. 교수 상 주의점은 이들 선박과 현재의 군대수송선과 비교하는 일, 정토군과 일청·일러 전쟁 때의 출정군과 비교하는 것, 당시 수군과 현재의 해군을 비교하는 것[21]

을 들었다. 즉 '위풍당당'한 출정군, 히데요시의 '결의', '기개'가 강조되었으며 아울러 청일전쟁과 러일전쟁 때의 일본군과 비교함으로써 무용武勇의 역사에 대한 자긍심을 갖도록 하였다. 그리고 이것이

---

21 椡茂策,「제4장 심상소학 일본역사 권2」,『国定歴史教科書插画解説(附·研究法と教授法)』, 80~81쪽.

"신공황후 이래의 대업이었으며 출정의 목적은 명을 치고 일대 제국을 수립하여 황화皇化를 이역에 이르게 하기 위함"이었다고 강조했다.[22] 참고로 이상의 두 삽화는 1922년에 펴낸 총독부간 『보통학교 국사』아동용 상권에 동일하게 인용되고 있다.

둘째, 고대 일본의 한국 지배를 역설하였다. 교과단원 중 「신라정토」를 보면 '오늘날 조선은 일본과 어떤 관계에 놓여있는가'라고 질문을 던져 학생들의 주의를 환기하도록 하고 이어서 임나에 일찍부터 일본인이 살았고 신공황후가 신라를 복속했으며 백제와 고구려도 일본에 복종했다[23]고 가르치도록 하였다. 이를 통해 무엇보다도 "신공황후의 정한征韓으로 황위皇威가 해외로 빛났다"고 강조했다.[24]

그런데 고대에 삼한이 일본에 복속했다고 하면서도 정작 선진문화는 한국으로부터 배웠다는 모순은 어떠한 논리로 설명했을까? 이에 대해서는 "삼한이 중국의 문물을 배워서 일본에 전달하는 매개자였으나 실력에서는 우리 통치를 받았으며" "오늘날은 반대로 문물을 우리에게 배우는 상태이고", "현재 조선이 우리나라의 일부가 되어 인민이 황화皇化를 입고 있는 상황을 설명하여 이것이 우연이 아니"라는 점을 환기시키고 "우리나라의 놀라운 진보를 알게 하라"고 하였다.[25]

즉, 국가 간의 우열은 문화적 요소보다는 무력적 요소에 좌우된다는 논리에 서 있기 때문에 고대 한국에게 일본이 문화를 배웠다는 것

---

22 문부성, 『심상소학 일본역사 권2(교사용)』, 1912, 77쪽.

23 小川正行, 『各科敎授法』, 172~173쪽.

24 문부성, 『심상소학 일본역사 권1(교사용)』, 1912, 23쪽.

25 위의 책, 24쪽.

이 결코 일본 역사의 열등성을 나타내는 것은 아니라는 입장이었다. 오히려 이후의 역사에서 한국은 퇴보한 반면 일본은 점차 발전했다고 대비시키는 논법에서 한국병합의 필연적 요인을 찾았다.

그리하여 일본의 소학교 아동들에 대한 교육방침에서는 한국병합의 역사적 논리를 고대 신공황후의 '신라 정벌'의 '성덕'을 계승한 것으로 설명하고 일본의 소학생으로서 장차 '동양을 지도할 임무'를 깨달아야 함을 훈시하도록 하였다.[26] 이와 같은 인식은 한국을 병합한지 2개월이 지난 1910년 10월에 소학교 생도를 위해 급히 발행되었다는 『조선지리역사(보습용)』[27]라는 교재에도 동일하게 발견된다. 따라서 이러한 인식은 당시 일본인에게 매우 보편적으로 스며들어 있었다는 것을 알 수 있다.

이와 같은 역사교육의 배경에 한국고대사를 연구하던 학자들의 주장이 뒷받침되고 있었음은 물론이다. 고대에 일본이 한국을 지배했다는 근거로 기타 사다키치는 다음과 같이 설명한다. 먼저 "조선에 전하는 역사서는 후세의 편찬물로 고대에 관한 재료가 매우 불비할 뿐 아니라 일찍이 일본에 복속했던 사적을 숨기고 있는 혐의가 있다"[28]고 하여 한국 측 역사서는 인정하지 않는 태도를 취한다. 그리고 한국

---

26 小川正行, 『各科敎授法』, 176쪽.

27 小谷重 편, 『朝鮮地理歷史(보습용)』, 金港堂書籍株式會社, 1910(독립기념관 소장). 서언. 이 책은 가로 14.7cm, 세로 22cm 크기, 전체 40쪽, 1910년 10월 14일 초판, 11월 2일 제3판. 앞부분에는 고종과 순종, 이은 황태자의 사진, 한국 각지 도시 사진, 풍속사진이 게재되어 있고 전국 지리풍속에 대한 소개와 한국역사가 소개되어 있다. 이 책에서 저자 오다니 주(小谷重)는 1911년 3월에 졸업할 소학교 생도가 한국병합에 관한 교육을 받지 못하고 졸업할 것을 염려하여 급히 저술했으며, 아울러 일반국민도 일독해야 할 책이라고 밝혔다.

28 喜田貞吉, 『韓国の倂合と国史』, 三省堂, 1910.11, 33~34쪽.

의 중부 이북은 중국의 영향 하에 있었고 마한·진한·변한은 일본의 영향 하에 있었다고 한다. 그 증거로는 중국의 吳에 보낸 국서에 당시 천황이 '왜, 백제, 신라, 임나, 가라, 진한, 모한 등 7국을 거느리는 안동대장군 왜국 왕'으로 적혀 있는 것을 들었다. 한편 임나에 대해 한국의 사서는 전혀 기록하고 있지 않지만 일본 국사에는 전해지고 있고 최근 발견된 고구려의 호태왕비에도 있고 중국의 사적에도 한군데이지만 보이고 있어서 의심할 여지가 없다고 하였다.[29] 나아가서 신라 초기의 재상인 호공瓠公은 일본에서 건너간 사람이고 신라 건국에는 일본인의 역할이 많았다는 점, 신라의 시조로 전해지는 혁거세의 본성이 박朴인데 이는 신라의 방언에서 호瓠, 즉 표주박을 말하므로 이는 호공과 마찬가지이기 때문에 호 성을 가진 일본인일지 모른다고 하였다. 이와 관련된 일본의 전설은 신무천황의 형인 稻永命이 신라의 국왕이 되었다는 전설이 있고 또한 석씨의 시조인 탈해도 외래인이고 왜국 동북 천리인 다파나 국왕의 아들이라고 하는데 이는 규슈지방이라고 생각된다는 것 등을 들었다.[30]

흥미로운 점은 나중에 발행되는 조선총독부의 『심상소학국사 보충교재』 권1(1920) 2장 「삼한三韓」 단원의 첫머리는 '신라 제1대 왕을 박혁거세라 한다. 그가 즉위한 것은 숭신천황 때이다. 제4대의 왕 석탈해는 일본에서 와서 왕위에 오른 인물이라고 한다.'로 되어 있다. 그리고 『보통학교 국사 상권』(1923)을 보면 제3장 「일본무존日本武尊」과 제4장 「신공황후」 사이에 한국사 부분으로 「박혁거세왕」 단원이 삽

---

29   위의 책, 26~27쪽.
30   위의 책, 36~37쪽.

입되어 있다.[31] 결국 일본에서의 자의적인 고대 한일관계에 대한 인식이 1920년대 발간되는 조선총독부 발행 역사교과서에 계승되었음을 알 수 있다.

2) 근대

근대의 한일관계에 해당하는 삽화는 청일전쟁을 주제로 한 「평양전투」의 삽화와 러일전쟁 당시 '일본해' 해전에 관한 삽화이다. 전자는 "일본 보병의 밀집부대가 청국기병을 사격하는 모습인데 우리 보병은 정예인 무라다총인데 반해 청국기병은 구식 창으로 응했기 때문에 우리 군에 근접하기 전에 인마人馬 모두 멸살되어 버린"[32] 모습을 담았고 후자는 "미증유의 대해전에서 러시아 전함이 전멸한 상황을 목격하게 하는 것"이 교육목표라고 하였다.[33] 근대의 일본인들에게 이 두 전쟁에서의 승리가 얼마나 국민적 자부심을 고취하는 사건이었는지가 여실히 드러난다.

『심상소학 일본역사』의 근대 한일관계 서술의 특징은 첫째, 무엇보다 한국의 '열등성'을 강조하고 이와 비교하여 일본역사의 '진보성'을 '증명'하는 서술형식을 취했다. 『심상소학 일본역사』 2권의 15단원은 「메이지27·8년 전역戰役과 조약개정」이다. 여기에서

---

31 『보통학교 국사 상권』 아동용, 조선총독부, 1923, 15~17쪽.
32 棡茂策, 「제4장 심상소학일본역사 권2」, 『国定歴史教科書挿画解説(附·研究法と教授法)』, 107~109쪽.
33 棡茂策, 위의 책, 110쪽.

는 메이지유신 이래 한일관계가 정리되어 있다. 그 내용은 개항부터 청일전쟁, 삼국간섭까지의 근대 한일관계를 보면 어디까지나 한국은 문제를 일으켜서 동양평화를 어지럽히는 존재이며 이러한 이웃 한국으로 인해 일본은 많은 어려움을 겪었다는 것이다. 한국은 일본에게 잘못을 저질러 놓고 사죄하기 일쑤이고 국내정세는 계속 불안하여 인민은 신음하며 반발하였다는 점, 한편 청국은 한국을 속국시하고 압박했는데 청일전쟁의 승리로 일본은 청국에게 한국 독립을 인정받았다는 것이다.[34]

당시 일본의 소학교 학생이 이와 같은 교과를 배우며 한국에 대해 어떤 생각을 했을까? 이를 유추해 볼 수 있는 자료로 아래를 살펴보고자 한다. 일본고서점에서 구입한 『고등소학 일본역사』 3학년용(1914)인데 세토 겐지로瀨頭謙次郎라는 학생의 사인이 적혀 있고 교과서 안에는 메모와 중요 부분이라고 생각되는 곳에 밑줄이 그어져 있다. 밑줄 친 부분을 표시해 보았다. 이를 보면 이 교과서를 본 학생이 어떤 내용에 주목했는지를 알 수 있을 것 같기 때문이다.

조선반도는 우리나라와 겨우 일의대수 衣帶水일 뿐이라 그 안위는 즉시로 제국의 이해에 관계했다. 우리 국제사건은 태고 이래 피아의 관계에서 생겨난 것이 가장 많다. 반도에 나라를 세운 것이 고래로 적지 않으나 인접한 지방에는 반드시 강국이 일어나 이와 서로 대치하여 독

---

34   문부성, 『심상소학일본역사』 권2, 1910년 9월 20일 발행, 79~84쪽.

립을 유지하는 것이 어려웠다. 혹은 우리나라의 보호를 구하고 혹은 대륙 강국을 통해 국가를 유지하는 것이 보통이었다. 기원 2천 년대 중엽이 되고 이성계가 조선국을 세우면서 대개 500년간 정부는 항상 중국 정부에 의뢰했다. 우리 에도정부와도 교통하여 장군이 교대할 때마다 내빙來聘하기를 정례로 하였다. 그래서 막부도 항상 조선과 우호하여 대마의 번주 종씨로 하여금 대대로 통호의 업무를 담당하게 했다. 그런데 막부에 이르러 양국의 교제가 거의 중단되었다가 유신 초 우리 정부는 종씨로 하여금 왕정복고의 사실을 조선에 알리게 하고 또 여러 번 사절을 파견하여 구호를 수복하고자 했다. 그런데 조선정부는 이에 응하지 않았을 뿐 아니라 우리에 대해 매우 무례했다. 우리나라는 이에 매우 분노하여(중략: 내용은 정한론 - 인용자주) 이어 1875년 우리 군함 운양함이 청국에 가고자 조선 강화도 부근에 정박하여 담수를 구하고자 하니 그 수병이 갑자기 포격했다. 정부는 즉시 구로다를 특명전권변리대신으로, 이노우에를 부전권변리대신으로 하여 조선에 보내 그 불법을 힐난하고 겸하여 수호를 논의하게 했다. 이에 조선정부는 그 죄를 사죄하고 우리 요구에 따라 수호조약을 체결했다. 부산 외에 원산 인천 두 항구를 열 것을 약속했다. 이리하여 방인이 그 나라에 가서 재류하는 자가 많고 양국 관계는 점차 밀접해졌다.[35]

이를 보면 무엇보다도 일본의 학생이 역사적으로 한국을 우호의 나라로 생각할 수 있는 여지가 없다. 오히려 한국은 항상 일본의

---

35 문부성, 『고등소학일본역사』 제3학년용, 1914, 독립기념관 소장본, 47~49쪽.

안위에 위협이 되는 존재였고 이웃나라에 의지하여 살아온 국가이며 일본에 보낸 통신사도 문화 사절이 아니라 일본 장군 교대식에 예를 표하기 위한 사절 파견인 것처럼 생각했음을 알 수 있다. 그리고 1875년 강화도 사건도 한국 측이 불법을 저질렀고 1876년 수호조약에서 한국은 그 불법을 인정하여 사과했다고 보았다. 한 사례에 불과하지만 당시 일본 소학교 아동의 머리에 각인되었을 한국상韓國像이 엿보인다.

이와 같이 일본국정교과서에 나타난 한국 관련 서술은 한국인의 입장에서 보면 대외침략의 역사 그 자체이다. 그런데 당시 소학교 역사 교과서에는 그런 관점은 전혀 보이지 않는다. 당시 기타 사다키치의 논리를 보면 그들의 인식 틀이 무엇이었는지를 엿볼 수 있다.

우리들은 결코 완력으로 그들을 정복하고 그들의 토지를 빼앗은 것이 아니다. 안녕을 유지하고 평화를 기도하는 성심성의에서 한 때의 고통을 인내하고 병사를 동원한 결과, 저절로 이렇게 된 것이다. 그 결과로서 자타 공히 행복을 얻었다. 옛적은 신공황후의 정한, 가까이는 일청 일러전쟁 모두 그러하다. … 우리는 결코 침략적 태도로 이종족에 군림한 자가 아니다. … 대팔주국 안에 있는 인민은 모두 천황의 신민이며 하야토隼人[36]도 아이누도 … 모두 천황의 적자이다. 그 적자 중에 잘 이해하지 못하는 자가 있다면 백성의 부모인 천황은 충분히 이를 깨우

---

36 옛날 규슈남부 사쓰마(薩摩)와 오오스미(大隅)에 살던 종족.

치신다. 그럼에도 듣지 않는다면 할 수 없이 이를 주벌誅伐하신다. 이는 당연한 의무수행이다.[37]

즉, 일본천황은 예부터 안녕과 평화를 기도하기 위해 인내하였지만 주변 인종들이 잘 이해하지 못하여 듣지 않으므로 천황이 이들을 주벌誅伐하여 따르게 한 것이며 이들을 교화시켰다는 것이다. 결국 일본사를 관통하는 대외침략의 모습은 '침략이 아니라' 일본천황이 무지한 인근지역에 대해 '주벌과 교화'를 해 나간 과정이었다고 보았다. 한국도 예외는 아니었다. 이러한 연장선상에서 볼 때 청일전쟁과 러일전쟁에 이르게 된 원인도 모두 '한국 탓'이기 때문에 역시 '주벌과 교화'의 차원이 되는 것이다.

셋째, 한국병합은 강제적인 것이 아니라 평화적으로 한국 황제가 메이지천황에게 병합을 요청했다는 주장이다. 우선 1909년 12월에 작성되어 하달된 「교재의 이동에 관한 국정교과서 사용상의 주의」에서 『소학일본역사』 사용상의 주의에 대해 다음과 같이 교육할 것이 지시되었다.

이 조약(포츠머스 조약 – 인용자주)에 의해 러시아는 우리나라의 한국에서의 우월권을 인정했지만 우리 정부는 일한양국의 이해와 공통의 주의를 확고하게 하고자 1905년 11월 일한협약을 체결하여 통감을 경성에 주둔시켜 우리정부를 대표하여 오로지 외교에 관한 사항을 관리하

---

37   喜田貞吉,「建國の体制」,『国史之教育』, 102~104쪽.

게 했다. 이리하여 우리정부는 신속히 한국의 부강을 도모하고 한국민의 행복 증진을 기약하였고 더욱 1907년 7월 앞선 조약을 확대하여 통감으로 하여금 한국의 시정개선에 관해 모든 것을 지도하도록 하였다. 이보다 앞서 일영동맹을 거듭 강화하여 극동 및 인도 지역에서 전체 안정을 도모하기 위해 공수동맹을 맺고 서로 양국의 이익을 도모할 것을 약속하고 러시아와 만주에서의 피아의 병사를 철수하고 그 땅을 청국에게 환부하였다. 이에 만주에 관한 다년간의 난문제도 해결되고 일청 양국간의 관계는 점점 돈독해졌다. 이어 1907년 6월 우리나라는 프랑스와 협약을 맺어 청국의 독립 및 영토 보전을 꾀할 것을 약속하고 7월에는 일러 양국 간에 평화 및 선린관계를 공고히 하고 동시에 극동 안녕을 확실히 하기 위해 일로협약을 체결하였다. 1908년 11월에는 미합중국과도 외교문서를 교환하여 점점 동양평화를 유지하는 데에 노력했다.[38]

당시 한국에서 일어난 을사조약에 대한 반대, 고종 양위의 강제성, 해산군인의 항거, 의병의 일제에 대한 항거와 같은 문제는 전혀 언급되지 않고 통감이 한국의 발전을 도모하는 정치와 개혁을 했으며 각국과도 동양평화를 유지하기 위한 제반 외교관계를 완수했다고 하였다.

이후 1910년 8월 한국병합 후 1910년 12월에 펴낸 「국정교과서 사용상의 주의」(문부대신 관방도서과)에는 한국병합에 대해 다음

---

38 문부대신 관방도서과, 「教材の異動に関する国定教科書使用上の注意」, 1909.12, 23~24쪽.

과 같이 지도하도록 명시했다.

> 소학일본역사 권2 및 권3 및 신제 고등소학교 제3학년용 소학일본역사의 교재상 다음 한국병합에 관한 사항의 대의大意를 덧붙여 가르쳐야 한다.
> 우리 천황폐하는 한국이 항상 화란의 연원인 것을 살펴서 일한 상호의 행복을 증진하고 동양의 평화를 영원히 확보하기 위해 한국을 병합할 필요를 인정하고 결국 이해 8월에 한국 황제가 일절의 통치권을 영구히 양여한다는 것을 승낙하셨다. 이에 한국을 고쳐 조선이라 하고 총독부를 두고 제반 정무를 통솔하게 이르렀다.[39]

라고 하여 한국병합이 한국인의 많은 반대를 무릅쓰고 이루어진 것이 아니라 한국 황제가 통치권을 일본 천황에게 평화적으로 양여한 것이라고 하였다. 이와 같은 내용은 『고등일본역사』 2권의 「한국병합」에도 비슷하다.[40] 이 무렵 사용된 국정교과서 『심상소학 일본역사 권2』(1910. 9)의 마지막 단원인 17과는 「평화극복과 전후 경영」이라는 표제인데 위의 내용 전문이 그대로 인용되어 있다. 그리고 나서

> 이리하여 우리나라는 점차 국위를 해외에 선양하고 마침내 세계열강

---

39 문부대신 관방도서과, 「国定教科書使用上の注意」, 1910.12, 42쪽.

40 역사연구회, 『국정고등소학일본역사문답』, 田中宋榮堂, 1911, 85쪽. 이 책은 『고등소학일본역사』 1, 2권에 토대하여 문답식으로 정리한 참고서이며 저자는 다카하시 기하치로(高橋喜八郎)이다.

과 어깨를 견주는 지위에 달했다. 이는 원래 우리 천황폐하의 성덕과 국민이 자신의 몸을 잊고 의용을 공☆에 봉헌했기 때문이지만 역시 우리 만세일계 천황이 대대로 인자하게 임하셔서 항상 어심☆☆을 국리민복의 증진에 두고 국민 역시 대대로 마음을 하나로 하여 충군애국정신을 발휘한 결과에 틀림없다.[41]

고 하였다. 사실 청일전쟁과 러일전쟁은 많은 민간인에 대한 학살이 이뤄지고 중국과 러시아 뿐 아니라 일본의 사상자도 매우 많았다. 그러나 이러한 전쟁의 참혹함은 은폐된 채 천황의 '성덕'과 일본 국민의 '의용봉공 정신', 그리고 '강국' 일본의 위용만이 강조되었다.

일본의 한국병합 직후 소년용 도서로 출판된『우리 조선』은 서문에 '일본과 같은 색의 땅이 지도 위에 늘어나는 것을 보는 것은 실로 유쾌한 일'이라고 지적하고 한국은 역사적으로 독립국을 유지한 적이 한 번도 없고 러시아의 위협 때문에 러일전쟁은 일본에게 불가피한 선택이었으며 '한국병합'으로 동양의 평화가 이루어지게 되었다고 하였다.[42]

한국병합 직후 출판된 기타 사다기치의『한국의 병합과 국사韓国の併合と国史』는 '한국은 마침내 우리나라에 병합되었다'는 구절로 시작된다. 서문에는 '한국병합'으로 '불쌍한 조선인'을 '구제'하게 되었으며 이는 천황의 은혜이며 한국 황제도 병합을 인정하여 조

---

41 문부성,『심상소학일본역사』권2 아동용, 1910년 9월 20일 발행, 97~98쪽.

42 少年用図書刊行会,『わが朝鮮』, 榊原文盛堂, 1911, 2~4쪽.

약은 한일 간에 평화롭게 이루어졌음을 역설했다.[43] 또한 이는 고대 일본의 한국지배에서 연원한 당연한 귀결이라고 서슴없이 단정했다.[44]

3. 한국 보통학교 교과서의 한국 관련 기술

통감부 시절 교과서 편찬을 주도한 인물은 학정 참여관 미쓰치 추조三土忠造이다. 1906년 4월부터 6월 20일까지 일본을 방문 중이던 이토 히로부미 통감은 초대 학정참여관 시데하라 다이라幣原坦는 교관으로서는 적임이지만 교과서 저술가로서는 부적임이라고 하여 해임하고 후임에 미쓰치 추조를 임명했다.[45] 당시 미쓰치는 동경고등사범학교 교수이자 이미 일본에서 『중등 국문전』을 비롯한 교과서 편찬을 한 경력을 갖고 있었다. 이 무렵 미쓰치는 미국·영국·독일 유학에서 돌아온 지 얼마 안 되는 상황이었지만 이토의 강력한 권유에 응하여 한국행을 결정했다.[46] 이후 1908년 4월 중의원 선거를 위해 사임하기까지 미쓰치는 교과서 편찬 주임으로 교과서 편찬을 주도하고 학과

43 喜田貞吉, 『韓国の併合と歴史』, 1~7쪽.

44 위의 책, 48~49쪽.

45 「韓国施政改善に関する協議会第六回会議録」, 1906년 6월 25일, 국사편찬위원회 편, 『통감부문서』 1, 183쪽.

46 稻葉繼雄, 「三土忠造と韓国教育」, 『旧韓国の教育と日本人』, 九州大學出版會, 1999, 180~181쪽.

과정 제정에 참여했다.[47] 그리하여 1909년까지 수신서 4책, 국어독본 8책, 일어독본 8책, 한문독본 4책, 이과서 2책, 도화독본 4책, 습자첩 4책, 산술서 4책 등 보통학교 교과서가 완성되었다.[48]

그러나 지리 및 역사교과는 독본의 내용 중에 교수하기로 하고 별도의 교과서를 편찬하지 않았다. 그 이유에 대해 1908년 6월 20일 관립보통학교 직원회의에서 미쓰치는 다음과 같이 해명하고 있다. 즉, 학부의 회의에서도 지리 역사와 이과를 교수해야 함이 주장되었으나 자신은 기본적으로 4개년에 불과한 초등교육에서는 학과목의 수를 줄여야 한다는 입장이며 당면한 과제는 될 수 있는 한 수업 연한을 짧게 하고 경비를 절약하여 다수의 학교를 설치하여 교육을 보급하는 일이 급선무라는 점, 일본에서도 4개년 정도의 심상소학교에서는 별도로 지리 역사 교과를 가르치지 않고 국어 교과에서 다루고 있다는 점, 한국의 국어독본에도 기본적으로 알아야 하는 역사적 사실을 다루고 있는 점, 한국에서도 장차 수업 연한이 6년 혹은 8년으로 연장된 다음에는 지리 역사를 독립해서 가르쳐야 한다고 설명했다.[49]

그렇다면 이러한 과정을 거쳐 편찬된 교과서에 한국사 관련 서술이 어떠한지를 살펴보자. 분석대상은 학부에서 1906년에 편찬한 보통학교용 『국어독본』(국한문혼용)[50]과 학부 편찬 『일어독본』, 1911년

47　高橋濱吉, 『朝鮮敎育史考』, 제국지방행정학회 조선본부 발행, 1927, 167쪽 ; 『식민지조선교육정책사료집성』 27권, 龍溪書舍, 영인본.

48　위의 책, 165~166쪽.

49　위의 책, 168~171쪽.

50　이 자료는 『한국개화기교과서총서』 6권(아세아문화사, 1977)에 수록되어 있지만 『보통학교 학도용 국어독본』 권7은 누락되어 있어서 분석대상으로 삼지 못했다.

부터 사용된 『보통학교 학도용 국어독본』(일본어)[51]이다. 이를 분석 대상으로 삼은 이유는 역사교육이 본격적으로 행해지기 전이었던 이 시기에 역사 관련 내용을 가장 많이 담고 있는 교과서가 『국어독본』[52]이며 일본의 한국병합 후 사용된 『국어독본』은 학부편찬 『일어독본』이 저본이기 때문이다.

1) 통감부 시기

먼저 학부 편찬 『국어독본』은 총 8권이며 4년 과정에서 매년 두 권씩 학습하도록 구성되어 있다. 학부 『국어독본』은 1907년 9월부터 사용되었다. 이 교과서의 당시 한국 관련 서술을 요약하면 다음과 같다.

---

51 조선총독부, 『보통학교 학도용 국어독본』 1~8권, 1911년 3월 15일 발행, 1913년 6판, 국립중앙도서관 소장본.

52 보통학교령 시행규칙 제7조 5항은 "역사는 본국역사로 하고 국초부터 현재에 이르기까지의 사적의 대요를 교수한다. … 지리역사는 특별한 시간을 정하지 않고 국어독본 및 일어독본의 내용을 교수하고 이에 관한 독본의 교재에 관해서는 반복하여 자세히 설명하여 학도의 기억을 명확하게 하도록 노력해야 한다"고 되어 있다(高橋濱吉, 『朝鮮敎育史考』, 204~205쪽).

교과 권명	단원 명	내 용
권1	31과	우리나라 국기는 태극팔괘, 일본국기는 해를, 청국국기는 용을 그렸다. ※ 삼국의 국기 삽화 인용
권3	3과 영조대왕 인덕	
권3	18과 개국기원절	7월 16일은 태조고황제가 즉위하고 우리나라의 기초를 정한 날로 개국기원절. 광무1년 금상 황제폐하는 국호를 대한이라 개칭. 황제위에 오름.
권4	4과 한국지세	동해에는 울릉도 밖에 도서가 없고 동남해와 황해에는 무수한 도서가 있다. 대륙과 접속한 육지를 반도라 하는데 우리 대한국은 반도국이다. ※삽입지도: 동해에 울릉도가 표시되어 있고 일본해라고 적음
권4	13과 문덕대승	고구려 을지문덕이 수나라 군대가 공격해왔을 때 대승을 거둔 것
권4	14과 아국의 북경北境	압록강과 두만강 백두산이 북쪽 경계이다.
권4	제15과 한성	한성의 일명은 경성이다. 대한제국 황제폐하의 도읍지이다. 황제폐하는 창덕궁에 계신다. 남산기슭은 일본인의 거주지인데 현재 한성에서 가장 번화한 곳이다.
권4	16과 건원절	3월 25일은 건원절이다. 황제폐하가 탄생하신 날로 집집마다 국기를 달고 학교와 관아는 휴업한다. 한성에서는 아국 대관과 많은 외국인이 예궐하여 대황제폐하를 알현하고 공경하여 축하한다.
권5	1과 고대조선	사승史乘에 전하길 왕검이란 사람이 태백산 신단수 밑에 강생하여 국인이 존봉하여 왕으로 삼았는데 단군이라 칭한다. 그 국호를 조선이라 했지만 연대를 상세히 전하는 문헌은 없다. 3천 년 전에 기자가 중국에서 도래하여 조선왕이 되어 평양에 살았다. 당시 조선은 한강이북과 만주남부를 점유하고 한강 이남에는 타국이 있었다.
권5	7과 삼한	옛날 한강 이남에 마한, 진한, 변한 삼국이 있으니 이를 삼한이라 칭한다. 이 삼국이 일어난 것이 언제인지는 미상이다. 삼한은 국경이 일본과 근접하여 인민의 교통이 빈번하고 서로 귀화한 자가 적지 않았다. 진한의 왕자 일창이 왕위를 동생에게 물려주고 일본에 귀화했다. 옛날 풍속을 비교하면 삼한과 일본은 서로 닮은 점이 많다.
권5	9과 정치 기관	우리 대한국의 정체는 군주 정체이다. 궁내부는 황실의 일만 관리하는 관청인데 일반정치에 관여함이 없다. 전국13도에 관찰사를 두었다.

권5	12과 삼국의 기원	삼국 중 가장먼저 일어난 것은 신라다. 신라의 시조는 박혁거세이다. ※ 한국 지도 삽입. 남부 중앙에 임나(任那)라고 명기.
권5	22과 지나의 관계	고구려는 지나(支那)의 침략을 받은 것이 한 두 번이 아니다. 백제나 신라도 지나의 능모(凌侮)를 받았다. 삼국이 중국의 침해를 입어 혹은 책봉과 납공을 언약하여 속국과 같은 관계가 있었으나 실은 독립의 태도를 견지한 고로 지나와 항쟁이 자주 일어났다.
권6	제1과 명군의 영단	세종대왕
권6	2과 삼국과 일본	삼국시대에 이르러 일본과 교통이 더욱 빈번하여 서로 귀화하는 자가 점차 증가했다. 그중 고위 고관으로 임명된 자도 적지 않았다. 일본사기에 전하길 가야가 있었는데 일본에 사신을 보내 진장(鎭將)이 되길 청하여 일본이 가납하고 임나(任那)라 고쳤다. 그 후 임나는 신라의 침략을 받아 일본에 구원을 청하여 신공황후가 대군을 이끌고 신라와 싸웠다. (하략)
권6	10과 유교와 불교	고구려에 유교 불교 전래
권8	제17과 통감부	러일전쟁 후 일본이 아국과 협의하여 경성에 통감이라 칭하는 대관을 두었다. 통감은 한국 정치를 개선하고 교육을 보급하고 농상공업을 발달케하여 한국 인민의 안녕 행복을 꾀하고 한국에 재류한 일본인을 감독하는 것이 임무이다. 통감부가 설치된 후 한국의 정치교육농상공업은 점차 발전하였다. 형세로서 수십 년을 경과하면 한국은 전혀 면목을 일신하게 될 것이다.
권8	23과 세계의 강국	오늘날 세계의 강국은 영국, 프랑스, 독일, 러시아, 일본, 미국의 6개국이다.

이와 같이 학부 편찬 『국어독본』에 당시 대한제국의 전제 정체와 관련된 기술, 한국사에 관련된 서술은 적지 않은 편이다. 아울러 표에서 생략하였으나 지리 관련 단원도 각 도별 형세를 포함하여 소개되어 있어서 지리 역사 관련 내용을 『국어독본』이 수용하고자 한 점은 인정된다. 그렇다면 좀 더 내용을 검토해보기로 하겠다.

대한제국과 관련된 내용은 태극기, 개국기원절, 건원절, 전제정체, 수도 한성에 대한 내용이 있다. 역사에 관련된 내용은 주로 고대사에 집중되어 있는데 단군에 대해 적고 있지만 연대를 전하는 정확한 문헌이 없다고 하여 의심스럽다는 생각을 표명했다. 고대 삼국 중 가장 먼저 일어난 나라가 신라이며 신라의 시조가 박혁거세임을 명시하였다. 이는 이미 살펴본 기타 사다키치의 언설이나 이후 편찬되는 『보통학교 국사』 교과 내용과의 관련에서 주의할 필요가 있다. 그러나 아직 박혁거세를 일본과의 관련에서 설명하는 글귀는 없다.

한편 역사적으로 한국은 중국으로부터 괴롭힘을 당했다고 적어 결국 일본의 도움으로 그 굴레에서 벗어나게 되었음을 암시하고자 했다. 한국인이 고대사에서 인정하지 않는 임나任那의 존재를 명시했다. 그리고 신공황후가 대군을 이끌고 와서 신라와 싸웠다고 적어 같은 시기에 일본 소학교의 역사교과서의 '복속'이라는 표현보다는 완화되어 있다. 삼국시대에 일본과 교통이 빈번했다고만 하고 고대 삼국이 일본에 지배를 받았다는 내용도 적혀 있지 않다. 그리고 근대에는 일본의 도움으로 독립국이 되었으며 통감정치는 한국을 발전시키고 있다는 논법을 폈다. 마지막 단원에는 현재 세계강국을 6개국이라 하고 동양에서 유일하게 일본을 포함시켜 일본이 강국의 반열에 들어있음을 과시하고 있다.

전체적으로 대한제국정부가 아직 건재한 상황이기 때문에 그러한 점을 반영할 수밖에 없는 교과내용이다. 그러나 짧은 문단 안에 일본 역사교과서에 보인 한일관계의 관점을 드러내고 있었다. 즉 단군을 인정하지 않는 점, 한국이 역사적으로 중국의 속국인 모습을 노정했다는 내용, 한국 남부는 일본과 교류가 빈번했고 한국이 인정하지 않는 임나와 신공황후의 존재를 명시한 점, 통감정치를 옹호한 점 등이다.

2) 일본의 한국병합 직후

1908년 미쓰치가 귀국한 후, 그 후임을 맡은 이는 오다 쇼고小田省吾[53]이다. 그는 일본의 한국병합 후에도 학무국 편집과장으로 교과용 도서 사무를 담당했다.[54] 주지하는 바와 같이 한국병합 후 식민통치의 근본방침은 '동화정책'으로 제시되었다. 이는 무엇보다도 교육현장에서 이뤄져야 할 중요한 과제였지만 한국사를 연구한 역사학자들 사이에도 동화에 대한 위구심은 존재했다. 시라토리 구라키치는 다음과 같이 우려했다

> 우리 국민은 역사적 관계상 시종 다른 문화를 모방하여 왔다. 그런데 이번 병합에 임하여 유럽의 훌륭한 국민처럼 일약 타국 인민을 동화시킬 수 있을지는 의문이다. 왜냐하면 일본 사람은 종래 오로지 자신이

---

53 小田省吾(1871~1953) 1896년 도쿄제국대학 국사학과 입학. 『國史眼』의 저자 중 한 명인 호시노 히사시(星野恒), 『조선사』를 쓴 하야시 다이스케(林泰輔), 루드비히 리스, 미학자인 고이즈미 야쿠모(小泉八雲, Patrick Lafcadio Hearn 1850~1904)에게 배웠다. 학무국 편집과장으로 교원강습회 지도를 했으며 1915년부터 조선반도사 편찬위원회에 관여하였고 1921년부터 학무국 조사과장, 경성제국대학 교수 역임.

54 小田省吾, 「朝鮮教育の回顧」, 『朝鮮の回顧』, 近沢書店, 1945, 118쪽.

제자라는 위치에 있었던 경험뿐이므로 무슨 일이던지 제자라는 생각을 잃지 않는다. … 종래는 비록 배우기만 하려고 열심이었으나 앞으로는 다른 이를 가르치지 않으면 안 된다. … 과연 우리 국민은 교사를 잘 수행할 수 있을까. … 조선인을 동화시킬 수 있을까. 우리 국민이 타 국민을 동화시킨다는 것은 신경험이다.[55]

시라토리는 이 의문의 답으로서 일단, 문화의 측면에서 보면 조선문화는 중국문화의 아류이며 독창적인 것은 한글뿐이고 이것도 부인용으로 사대부의 문화는 아니니 문화상 그들을 동화하는 것은 용이하다고 내다봤다. 그러나 정치면에서 보면 한국은 역사적으로 타국의 침략을 받았으나 타국에게 완전히 지배당한 적은 없는 '훌륭한 역사를 갖고 있어서' 이를 정책적으로 수행해나가는 것은 쉽지 않을 것으로 내다봤다.[56]

일본에서 최초로 근대역사학의 방법론에 입각하여 『조선통사』를 저술한 하야시 다이스케林泰輔도 경주 첨성대, 석굴암, 고려의 도자기, 해인사 대장경판, '이조'의 경성 공원 안의 십삼층탑, '이조'의 동활자의 우수함을 지적하고 "조선인을 열등하고 나태하고 어찌할 도리가 없는 인민이라고 간주할 수는 없으며", "메이지 우리 문명의 기초가 구문명에 있던 것을 생각하여 충분히 조선의 구문명을 연구하고 우리의 신문명으로 가르쳐야 할 것"이라고 역설

55 白鳥庫吉, 「日本は果して朝鮮を感化し得べきか」, 『教育時論』 915, 1910년 9월 15일 ; 『近代日本のアジア教育認識』 資料編 第一卷, 龍溪書舍, 188~190쪽.

56 白鳥庫吉, 위의 글, 191쪽.

했다.[57]

이러한 우려에 대해 당시 학무국장인 세키야 데사부로^{関屋貞三}^郎[58]는 '우리 국의 입장에서는 동화가 가능하다고 확신하고 그 방침 하에 모든 경영을 할 수밖에 없다'[59]고 하여 교육현장에서 '동화교육'을 실천할 것임을 강조했다. 그러나 실제로 동화 가능성에 대한 의심은 학무국 내에서도 제시되었다.

즉 한국병합 직후 구마모토 시게기치^{隈本繁吉}가 제시한 「교화의 견서」에는 "동화^{Japanization}란 조선인으로 하여금 일본민족의 언어 풍속 습관 등을 채용 모방하게 하고 일본민족의 충군애국정신을 체득하게 하는 것을 말한다"고 정의하고 그러나 실제로 한국민족을 동화시켜 일본민족과 똑같이 충량한 신민으로 만드는 것은 기대하기 어렵다고 지적한다. "일본인의 충군애국정신은 세계에서 매우 특수하여 조선인이 이를 체득하기 어렵다"는 것이 그 이유이다. 단지 "일면 적당한 교육상 시설에서 일본어를 보급하고 그들의 덕성을 함양하고 생업에 관한 지식과 기능을 계발 습득하게 하면 아무리 완고한 조선인들이라고 해도 일본제국에 귀복하는 마음을 갖게 될 것이며 제국의 순량한 신민이 될 수 있을 것"이라고 하였고 동화의 목표는 "(조선인을) 일본민족에 대해 항상 종속적인 지위

---

57 林泰輔「朝鮮人は日本文明と同化の能力あり」,『朝鮮』45, 1911년 11월 ;『雑誌にみる近代日本の朝鮮認識』5, 緑蔭書房, 1999, 215쪽.

58 1875~1950. 도치기(栃木) 출신, 도쿄제국대 법과 졸업, 내무성 입사, 1900년 대만총독부 참사관, 1910년 조선총독부 내무부 학무국장, 1919년 시즈오카 현 지사, 1921년 궁내성 차관 역임.

59 「朝鮮人同化論と名士」,『朝鮮』45, 1911 ;『雑誌にみる近代日本の朝鮮認識』5, 1999, 緑蔭書房, 206쪽.

에 서게 하면 족하다"고 하였다.[60]

이러한 문제가 제기되는 가운데 한국병합 초기에 보통학교 교육은 일본에서와 같이 신공황후에게 기원하는 병합의 논리를 적극적으로 적용하는 방식은 보류되었다. 과거에 일본과 한국 사이에 일어난 역사적 사실 중에 왜구, 임진왜란 등의 내용처럼 '내지인'과 '조선인' 사이의 감정을 해치는 사항은 피해야 하며, 임진란의 의사義士를 빌어 의용을 설명할 경우에는 다른 예로 대신할 것이며 종종 지리서에서 거론된 임진왜란의 유적은 현재 교통, 산업에 관한 사항을 설명하여 대신하라고 하였다.[61] 일단 양국의 분쟁이 있었던 역사적 사실은 회피하도록 한 것이다. 그러면서도 이제 일본제국으로 편입된 한국의 현 실상을 정확히 숙지시켜야 함이 강조되었다.

당시 총독부 교육당국이 무엇에 역점을 두고자 했는지는 한국병합 직후의 교과서 교수 방침을 통해 살펴볼 수 있다. 즉, 이 무렵 교과서는 대한제국 학부에서 편찬한 보통학교용 교과서를 임시적으로 사용할 수밖에 없었기 때문에 이를 어떠한 방식으로 수정하여 교수해야 하는지의 지침이야말로 병합 초기 교육의 방향을 보여주고 있다고 생각된다. 그것은 다음의 네 항목으로 요약된다.

첫째, 병합이 된 이상 대한제국은 더 이상 존재하지 않으며 '조선'이라는 새 명칭에 익숙해져야 함이 역설되었다. 즉 학부가 간행

---

60 隈本繁吉,「敎化意見書」1910년 9월 8일,『식민지조선교육정책사료집성－별집 幣原坦·隈本繁吉關係文書』69, 34～35쪽.

61 내무부 학무국,『구 학부 편찬 보통학교용 교과서 및 구 학부검정 및 인가 교과용 도서에 관한 교수상 주의 및 자구 정정표』, 1910.10, 14～15쪽.

한 역사 지리 독본 등에는 "조선 태조가 창업하고 국호를 조선이라고 정하고 이어 전 태황제(고종 – 필자) 광무 원년에 대한으로 개칭했다는 내용이 많지만 이러한 사항을 교수할 때는 해당 국호는 메이지 43년(1910) 8월 29일 칙령 제318호로 폐지되고 조선으로 칭하기로 결정했음을 알려야 한다."[62]고 하였다.

둘째, 일본을 '내지'라고 부르도록 하였다. 그리고 조선과 내지, 대만, 가라후토樺太를 합해서 비로소 '일본'임을 주지시키도록 하였다. 이 경우 조선은 국명이 아니라 지방명을 의미하는 것이다. 아울러 지도에도 일본과 같은 흑색으로 조선을 색칠할 것도 지적하였다.[63] 이 외에 축제일에 관한 건, 새로운 제도의 대요 등은 당면해서 교수할 필요가 있고 반드시 주의를 기울여서 해당 교과에 한정하지 않고 수시로 반복하여 교수해도 된다고 언급했다.

『국어독본』 권1 제31과 1절에 '우리나라 국기는 태극과 팔괘를 그렷더라'를 삭제하고 제2절을 '우리나라 국기에는 해를 그렷더라'로 고친다고 수정부분을 지시하고 이제부터 조선의 국기가 일장기임을 주지시키도록 했다. 그리고 종래 일어를 국어라고 하고 종래의 국어를 조선어로 고쳐 부르도록 했다.[64]

셋째, 앞으로 조선인이 받들 황실은 '대일본 천황 폐하, 황후 폐하와 황족'이며 '일본국 천황께서는'이라고 하여 경칭을 사용하지 않는 경우가 있는데 반드시 '폐하'라는 경칭을 부가하여 '일본국 천

---

62 위의 책, 11~12쪽.

63 위의 책, 1~3쪽.

64 위의 책, 例言.

황 폐하께옵서는'이라고 정정 교수해야 함이 지적되었다.[65] 그리고 전 한국 황제는 왕(순종), 황태자는 왕세자(이은), 태황제는 태왕(고종)으로 불러 각각 '창덕궁 이왕 전하', '왕세자 이은 전하', '덕수궁 이태왕 전하'로 불러야 함을 가르치도록 하였다. 이러한 호칭 교육을 통해 일본 천황에 예속된 대한제국 황실의 위계성이 학생들에게 그대로 체득되도록 의도했다.

넷째, 한국병합에 대해서는 일본은 한국을 돕고 동양평화를 유지하기 위해 두 전쟁을 수행한 것이며 한국병합은 순종황제의 용단으로 평화적으로 '합의에 의해' 이루어졌음을 주지시키도록 하였다.[66]

이와 같은 사항이 일본의 한국병합 직후 사용된 『보통학교 수신서』에 어떻게 표현되었는지를 살펴보자. 『보통학교 수신서』 2권 제23과는 「축일, 대축일」이라고 하여 축일은 신년, 기원절, 천장절, 천장절 축일이 있는데 이날 국민은 집집마다 국기 즉 일장기를 달아야 한다고 하였다.[67] 3권 교과 제24과는 「우리나라 국체」라고 하여 '아주 오랜 옛날에 아마데라스 오미카미天照大神는 대일본제국은 천지가 존재하는 한 아마데라스 오미카미의 자손이 다스릴 나라라고 말씀하셨'으며, '그 신칙神勅대로' 일본은 천황이 다스려왔다고 하였다.[68] 또한 『보통학교 수신서』 4권 제1과 「대일본제

---

65 위의 책, 11쪽.

66 위의 책, 3~4쪽.

67 조선총독부 편찬, 『보통학교 수신서』 권2, 교사용, 1914, 94쪽.

68 조선총독부 편찬, 『보통학교 수신서』 권3, 교사용, 1916, 134쪽.

국」에서는 일본의 국체와 국세가 발전한 모습에 대해 소개했다. 즉 '신무천황은 천조대신의 5대손으로 일본을 세웠고, 일본은 자고로 한 번도 외국과 전쟁하여 진적이 없으며 특히 러일전쟁에서 승리하여 세계강국이 되었다고 피력했다.[69] 한편 메이지천황이 반포한 「교육칙어」에 대해 3단원에 걸쳐 자세히 그 의미를 되새기도록 편성했다.[70]

즉 역사교과가 별도로 없었지만 병합 이후 한국의 아동들이 일본제국의 '신민'으로서 일본의 만세일계의 역사적 전통을 숙지하고 천황에 대한 존숭심을 갖고 그 은혜에 감사해야 하며 일본국기가 '우리나라 국기'라는 점, 그리고 일본은 전쟁에 진 직이 없는 강성한 나라라는 점이 강조되었다.

한편 조선총독부 발행 『국어독본』은 어떠했는지 학부편찬 『일어독본』과의 차이점에 주의하면서 개관해 보도록 하겠다.

---

69 조선총독부 편찬, 『보통학교 수신서』 권4, 교사용, 1917, 1~4쪽.
70 위의 책, 159~190쪽.

권명	조선총독부편 보통학교 학도용 국어독본(1911)		학부편찬 일어독본(1908)	
	단원명	내용	단원명	내용
5	3과 조선	조선의 기후와 복식	3과 한국	한국의 기후와 복식
5	19과 섬과 반도	우리나라의 지도. 내지와 조선 외에 대만과 가라후토, 그 외 많은 작은 섬을 합하여 일본이다. 내지는 옛적 조선과 연결. ※ 대일본제국약도 게재: 조선, 혼슈, 시코쿠, 규슈, 홋카이도, 가라후토, 치시마, 유구, 대만 명칭이 적힘.	19과 섬과 반도	'여기에 있는 것은 한국이다'로 시작. ※ 개별 표시가 없는 동아시아 지도 인용
6	9과 문명국의 어린이	조선에서는 타인의 집의 과일을 따거나 길에서 대변을 보는 자가 있다. 부끄러운 일이 아니겠는가.	9과 독일의 어린이	내용은 동일
7	3과 우리나라 (我國)	이 지도를 보시오. 검은 곳이 우리나라, 흰 곳이 다른 나라이다(가라후토, 일본본토와 조선, 대만을 포함하여 검정색으로 칠한 지도 게재). ※ 학부편찬 『일어독본』 4, 5과 삭제(4과: 내지의 부현 5과: 신바시 스테이션)	3과 일본	이 지도를 보시오. 검은 곳이 우리나라, 흰 곳이 다른 나라이다. (한국을 제외한 가라후토, 대만을 포함하여 검정색으로 칠한 지도 게재) ※ 제4과 「조선과 일본과의 교통」제5과 「일본과 지나와의 교통」: 일본이 고대에 조선과 중국으로부터 문화를 배웠다는 내용
7	12과 동경	동경은 우리나라의 수도.	14과 동경	동경은 일본의 수도
8	3과 천진조약	조선은 예부터 청국의 속국의 모습, 30년 전 처음 우리나라가 조선은 청국의 속국이 아니라고 했다. 천진조약은 우리나라와 청국이 조선에 병대를 두지 않기로 하고 난폭한 행위를 하는 자가 있으면 서로 알려서 병대를 보내기로 약속한 조약	3과 천진조약	내용은 좌와 같고 '조선'이 '한국'으로 되어 있음.

8	4과 청일전쟁	조선에는 학문은 동양의 학문만으로 족하다. 서양의 학문은 나라에 좋지 못하다는 사람이 많았다. 지금부터 십수 년 전 조선에서 외국인을 몰아내려고 했을 때 청국은 조선을 속국시하였지만 일본은 전쟁에서 이겨 조선이 청국의 속국이 아니라는 것을 인정받았다.	4과 청일전쟁	좌와 같음
8	5과 이웃나라	우리나라는 작은 나라이지만 일찍부터 신학문을 해서 강한 나라가 되었다. 우리나라 해군은 한층 강하여 일청전쟁에서는 청국의 군함을 완전히 격침시키고 포획했다. 일러전쟁에서도 러시아의 많은 군함을 포획했고 격침시켰다.	5과 이웃나라	한국은 러시아와 지나처럼 큰 나라와 일본처럼 강한 나라 사이에 위치한다. 일본은 작은 나라이지만 일찍부터 신학문을 해서 강한 나라가 되었다.
8	15과 일로전쟁	러시아는 청국에게 여순을 25년간 빌렸고 포대를 만들고 군함을 모으고 만주에 군대를 보내고 조선의 남쪽에서도 군함이 들어갈 수 있는 항구를 만들고자 했다. 그렇게 되면 만주도 조선도 러시아 것이 되고 우리나라도 점점 위험해지므로 우리나라는 할 수 없이 러시아와 전쟁을 하게 되었다. 우리나라와 같이 작은 나라가 큰 러시아를 이긴 것을 보고 세계는 놀랐다.	15과 일로전쟁	좌와 같음
8	16과 일로전쟁 후의 일본	조선은 고래로 외침을 받아 힘이 없고 평안한 때가 없었다. 그 때문에 동양에서 전쟁이 자주 일어났다. 메이지천황은 동양평화를 위해 청일 러일전쟁을 불사하여 결국 동양의 평화를 이루었다. 조선은 중병에 걸린 환자처럼 기력을 회복하는 것이 어려웠다. 전 한국 황제는 한국을 메이지천황에게 의탁했다. 그래서 1910년 8월 조선은 대일본제국의 일부가 되었다.	16과 운이 좋은 사람	러일전쟁 때 총탄을 피해 극적으로 살아난 두 병사의 일화

그림 4
『보통학교 학도용 국어독본』
권5, 1911, 45쪽.

기본적으로 한국병합 직후 사용된 『국어독본』은 학부 편찬 『일
어독본』을 저본으로 하여 대부분의 내용이 동일하다. 그러나 위의
표에서 알 수 있듯이 몇 가지 차이점이 존재한다.

첫째, 지도를 통해 시각적으로 조선이 일본이 되었음을 확실하
게 보여주고자 의도했다. 동아시아 지도에서 '조선'이라는 명칭은
있지만 '일본'이라는 명칭은 보이지 않는 것이 그것이다(그림 4).
즉, 조선과 함께 청일전쟁과 러일전쟁을 통해 영토를 확장한 지역
전체를 포함하여 '대일본제국'이라고 명시한 것이다.

둘째, 일본이 강국임을 주지시키고 한국은 약국이며 비문명적

이라는 주장을 폈다. 즉, 8권의 5과 「이웃나라」를 보면 학부편찬 『일어독본』에는 한국이 영토가 큰 나라인 중국과 러시아, 그리고 강한 나라인 일본의 사이에 있다고 하여 일본이 강국임을 강조하였다. 일본이 강국이 될 수 있었던 이유는 '영토는 작지만 일찍부터 신학문을 했기 때문'이며(총독부 편『국어독본』 8권 5과), 한국은 구학문에만 매달렸고(8권 4과 「청일전쟁」) 그래서 '중병에 걸린 환자처럼 회생불가능 상태'(8권 16과)가 되었다고 대비시켰다. 또한 한국의 어린이와 문명국의 어린이의 생활태도를 대비시켜 한국 어린이의 비문명성을 지적했다. 그리하여 일본의 지배를 받게 된 것은 어디까지나 '한국이 무능한 탓'이라는 논리를 폈다.

셋째, 학부 편찬『일어독본』 7권 4과와 5과의 고대 일본의 문화는 조선의 힘입은 바 크다는 내용이 삭제되었다.

일본은 섬나라이므로 조선이나 지나보다 늦게 개명되었다. … 조선이 먼저 중국에게 배우고 다시 일본을 가르쳤다. … 그 당시 조선은 일본보다 더 개명했으므로 일본에서도 조선인을 고용하여 여러 가지를 배웠다. 처음 일본에 가서 일본인에게 한학을 가르친 사람은 왕인이다. 그 때 일본의 천자天子는 나라(奈良)라는 곳 가까이 살았는데 조선의 학자나 직공도 대개 그곳으로 갔다. 조선인이 가서 여러 가지 집 등을 세워 나라는 점점 훌륭한 도시가 되었다.[71]

---

71 학부편찬,『보통학교 학도용 일어독본』제7권, 1908년 3월 1일 발행, 1910년 8월 20일 4판, 12~15쪽.

원래 이러한 내용은 동 시기 일본에서의 역사교육 내용과 달라 이채를 띠는 부분이었다. 아마도 통감부 시대 보호정치라는 미명 하에 한국인의 환심을 사기 위한 의도였다고 보인다. 한국병합 후 총독부 편『국어독본』에는 결국 이것이 삭제된 것이다.

넷째, 일본의 한국병합의 필연성을 상세하게 주지시키고자 하였다. 총독부 편찬『국어독본』 8권에는 새로운 내용으로서 16과에 「일로전쟁 후의 일본」이라는 단원이 추가되었다. 일본의 한국병합은 한국의 전 황제가 대세를 통찰하고 한국통치권 전반을 일본 메이지천황에게 위탁한 것이라고 주장했다. 이는 한국병합의 과정을 미화 선전하기 위한 편성이었다.[72]

이와 같이 총독부 편『국어독본』을 살펴보았을 때 학부 편찬『국어독본』과의 큰 차이점은 역사 관련 서술이 모두 빠진 것이다.

---

72 『보통학교 학도용 국어독본』, 권8, 조선총독부, 1911년 3월 초판, 1913년 1월 6판, 66~70쪽. 원문을 번역하면 다음과 같다. 내지와 조선은 인종도 같고 태고 적부터 교통하고 있어서 脣齒의 관계에 있었다. 조선은 항상 서쪽과 북쪽 나라로부터 괴롭힘을 당하여 힘이 없고 평안한 때가 적었다. 그 때문에 동양에 자주 전쟁이 일어났다. 메이지천황은 항상 동양평화를 확립하는 문제를 걱정하여 조선을 내지와 같이 안전하게 해야 한다고 생각했다. 그래서 우리나라는 조선을 위해서 청국이나 러시아와 두 번이나 전쟁을 하여 많은 사람이 죽고 많은 돈을 썼다. 그렇지만 그 때문에 조선뿐 아니라 만주도 평화를 이루었다. 이는 오로지 메이지천황의 덕분이다. 그리고 나서 한 때 조선은 일본의 보호를 받아 정치를 개선하게 되어 일본이 통감을 조선에 두고 지도하게 했다. 그런데 조선에서는 몇 백 년 동안 정치가 느슨했기 때문에 마치 오랫동안 중병을 앓고 자고 있는 사람이 쉽게 건강체가 될 가능성이 없는 모습과도 같았다. 그래서 조선이 이 상태로는 다시 동양의 평화가 깨지는 근원이 되지 않으리라는 보장이 없었다. 전 한국 황제는 일찍이 이 점을 알고 만민행복을 위해 조선을 대일본제국에 병합하여 영구히 안녕을 보존하고 동양평화를 굳게 하는 수밖에 방법이 없다고 생각했다. 그래서 명치천황에게 이 일을 부탁했는데 천황은 이를 승낙하여 1910년 8월부터 조선은 대일본제국의 일부가 되었다. 그와 동시에 한국이라고 부르던 것을 조선으로 고치고 총독이 천황의 명을 받아 이 반도를 통치하게 되었다.

역사교육이 회피된 이유에 대해 일반적으로 조선에서는 애당초 고등교육을 하지 않고 초등교육과 실업교육 위주였고 보통학교 연한이 4년으로 짧았기 때문에 역사교과 편성이 현실적으로 어려웠다는 점이 지적되고 있다.[73]

그러나 역사교과가 없던 통감부 시절의 교육에서도 『국어독본』에 다소의 역사 기술이 있었던 점을 감안하면 강제병합 후 이러한 내용이 전혀 보이지 않는다는 것은 의문이다. 그 이유 중에는 미쓰치 추조가 한국병합 직후 "일본제국의 신민이 되고 일본의 영토가 된 이상 조선의 역사를 별도로 가르칠 필요가 없다"[74]고 한 점도 한 요인일 것이다. 그러나 무엇보다도 기무라 시즈오木村靜雄[75]가 "수업연한이 4년인 학교에서 교과 배열상 실제로 곤란하였다는 이유 외에 국민교육의 이상理想에서 생각할 때 조선사를 어떻게 다룰 것인가라는 큰 문제가 그 안에 놓여 있어서 당국에 확고한 신념과 준비가 없었다"[76]는 지적이 보다 직접적인 이유로 생각된다.

무엇보다도 역사교육에서 고대사 교육이 가장 난제였다. 오다 쇼고는 이러한 사정에 대해,

73   권오현, 『朝鮮總督府下における歷史教科書內容史硏究』, 19～22쪽.

74   「朝鮮人の教育」, 『教育界』 9卷 12号, 金港堂, 1910.10.3(石松慶子, 「통감부치하 대한제국의 수신교과서·국어독본 분석」, 연세대학교 사학과 석사학위논문, 2003, 27쪽에서 재인용).

75   1909년 일본에서 조선총독부 관료모집에 응모하여 1910년 경주군 주사로 부임하였다. 이후 경주고적보존회를 조직하여 경주 고적 발굴과 유지, 연구에 힘썼다. 저서에 『신라구도 경주지』(1912) 등이 있다. 윤소영, 「식민통치 표상공간 경주와 투어리즘」, 『동양학』 45, 2009, 165쪽.

76   木村靜雄, 「朝鮮史の出発点」, 『朝鮮及満州』 178, 1922, 34쪽.

내지에서 온 정치가와 역사가는 자주 이렇게 말한다. 조선은 옛적에 우리나라에 복속하고 있었으니 일한합병은 수천 년의 옛날로 돌아가는 것이며 실로 감사한 일이다. 옛날부터 이런 관계였으니 이렇게 되는 것이 당연하다고. 그러나 조선의 역사에는 이러한, 일본에 복속했다는 것이 적혀있지 않다. 따라서 조선인은 오래전의 이야기이지만 신공황후의 이야기에 대해서「그건 일본 역사에 적혀 있는 하나의 소설이다」고 말했다. 게다가 이렇게 말한 이는 훌륭한 지식계급의 사람이다. 또 많은 조선인이 역사를 써서 총독부에 허가를 요청했으나 한사람도 고대에 복속했다고 것은 쓰지 않았다.[77]

고 하여 일본 측이 고대에 한반도를 지배했다는 주장을 한국의 지식인은 믿지 않고 그런 주장을 하는 한국인은 한 명도 없다고 토로하여 역사교육이 쉽지 않음을 전한 바 있다. 즉, 일본과는 달리 단군을 인정하고 임나와 신공황후의 신라정벌설이나 고대 일본의 삼국 지배를 부정하는 한국인에게 그와 상반되는 고대사 내용을 교과에 담는 것을 주저하지 않을 수 없던 것이다. 이는 위에서 언급한 것처럼 병합 초기의 교육방침이 양국의 분쟁 등의 역사적 사실은 실제교육에서 회피하라는 지시내용과도 일치한다.

그런데 여기서 감안하지 않으면 안 되는 사항은 당시 보통학교 취학률은 극히 미미했다는 점이다. 1910년대 공립보통학교 취학률은 5% 내외이기 때문에[78] 일본의 한국병합을 상찬한 교과 내용

---

77 小田省吾,「教科書編纂上より見たる取扱上の注意」,『朝鮮教育』, 1922, 19~20쪽.
78 佐野通夫,『日本植民地敎育の展開と朝鮮民衆の對應』, 社會評論社, 2006, 143쪽.

이 학생들에게 즉시로 큰 영향을 끼치지는 못했을 것이다. 이와 달리 동 시기에 거의 100%에 이르는 취학률을 보이는 일본의 경우, 그들이 받았던 역사교육 내용은 그들의 한국인식에 치명적인 영향을 끼칠 수밖에 없었다. 위에서 살펴본 초등역사교육을 받은 일본인들이 한국인에 대해 긍정적인 인식 혹은 우호 감정을 갖거나 역사적으로 개항 이후 일본이 한국의 국권을 침해했으며 한국인의 맹렬한 저항을 탄압하고 강제로 한국을 병합한 것이라고 생각할 리가 없었다. 일제강점기 일본인의 한국인에 대한 편견과 차별문제의 기원에는 바로 그들이 받았던 역사교육이 존재하고 있었다.

4. 맺음말

근대 일본의 소학교 국정 역사교과서는 천황주의 이념 일색이 되었다. '만세일계'의 전통을 가진다는 천황의 신성성과 권위를 확보하기 위해 고대의 천황에 얽힌 신화를 실제 상황인 것처럼 확대 해석하고 고대 일본이 신라 고구려 백제 위에 군림하는 국가였다고 주장했다. 그러한 논리에 도움이 되는 한국과 중국 측 사서는 채용하고 그렇지 않은 내용은 신뢰할 수 없다는 이유를 들어 배척했다. 그리고 신공황후의 '신라정벌설'에서부터 임진왜란과 청일전쟁, 러일전쟁, 그리고 한국 강제병합을 연결 지으며 이를 일본의 역사적 진화발전과정이라고 설명했다.

반면 한국이 일본의 지배를 받게 된 것은 고대 이래 역사발전이

정체되고 신학문을 게을리 하고 구습에 안주한 결과라고 단정했다. 1910년 한국병합은 일본에게는 세계 6대강국의 반열에 드는 쾌거이자 고대일본의 한국지배의 역사에서 기원한 필연적 결과이며 더욱이 '만세일계'의 천황의 '황은皇恩'이라고 교육되었다.

이와 같은 역사인식이 통설로 강화되는 과정에는 국정 역사교과서 편찬에 관여한 기타 사다키치와 같은 역사학자가 있었다. 그는 일본의 과거 주변지역에 대한 침략과정을 침략으로 보지 않고 천황의 '주벌誅罰'과 '교화'의 과정이라고 단정했다. 결국 일본 소학교 학생에 대한 한국사 관련 교육내용은 일본 천황의 위대성과 패권주의적 발전의 정당성을 증명하기 위한 필요불가결 요소로 이용되었다.

이와 같은 일본에서의 초등역사교과서 내용이 통감부 시절에 『국어독본』을 통해 일부분 나타났다. 신공황후, 임나의 존재를 부분적이나마 명시하였고 일본은 한국이 원인이 되어 청일전쟁과 러일전쟁을 한 것이며 이를 통해 한국의 독립을 지지했고 이후 통감부를 설치하여 대한제국을 문명으로 지도하고 있다고 강조했다.

한편 1910년 일본의 한국병합 후 과거의 『일어독본』을 수정한 『국어독본』과 『수신』을 통해 한국이 일본의 식민지가 될 수밖에 없던 필연적인 요인을 한국의 내적 '무능'으로 돌린 언설과 '일한병합'에 감사해야 한다는 내용, 병합은 전 한국황제가 일본 메이지천황에게 평화적으로 통치권을 양도한 것이라는 점, 그리고 이제 '조선'은 일본제국이라고 강변한 내용이 교수되었다. 그리고 대한제국시대에 일부분이나마 게재된 역사관련 내용은 교과서에서 사라졌다. 이렇게 부분적이었던 역사관련 내용마저 제외시킨 이유는 병합 후 한국인에 대한 역사교육이 더 이상 필요 없다는 논리도 제기되었지만, 무엇보다도 일본의 고대한일관계사 인식과 한국의 인식에는 근본적인 괴리가 있다는 점, 그리고 강제병합 후의 한국 측의 반발을 자극하지 않고자 한 의도가 영향을 끼친 것으로 보인다.

　나아가서 이 시기의 역사교육을 수용자의 측면에서 고려할 때 취학률이 미미했던 한국의 경우와 달리 소학교 취학률 98%에 달하는 일본의 경우가 더욱 큰 문제를 양산하고 있었음을 지적하고자 한다. 즉 일본의 한국병합 전후에 이미 일본에서는 자국 중심적이고 자의적으로 왜곡된 한국사 관련 내용이 역사적 사실인양 소학교 학생을 대상으로 철저하게 교수되고 있었다. 바로 그러한 교육을 받은 일본인들에게 부정적인 한국인식이 각인되는 것은 당연하다. 아무리 '내선일체'를 부르짖더라도 일제강점기 내내 상존한 일본인의 한국인 차별의식의 기원에는 이와 같은 왜곡된 역사교육이 가로놓여 있었다.

『教育時論』, 『朝鮮』, 『朝鮮教育』.

好古逸人, 『簡易日本歷史談』, 小山廣文堂, 1894.

문부대신 관방도서과, 「敎材の異動に関する国定教科書使用上の注意」, 1909.

문부성, 『심상소학 일본역사 권1(교사용)』, 1912.

문부성, 『심상소학일본역사』 권2, 1910년 9월 20일.

문부성, 『심상소학 일본역사 권2(교사용)』, 1912.

문부성, 『고등소학일본역사』 제3학년용, 1914.

小谷重편, 『朝鮮地理歷史(보습용)』, 金港堂書籍株式會社, 1910.

역사연구회, 『국정고등소학일본역사문답』, 田中宋榮堂, 1911.

喜田貞吉, 『国史之教育』, 三省堂, 1910.

喜田貞吉, 『韓国の併合と国史』, 三省堂, 1910.

小川正行, 『各科敎授法』, 寶文館, 1911.

少年用図書刊行会, 『わが朝鮮』, 榊原文盛堂, 1911.

椚茂策, 『国定歴史教科書插画解説(附·研究法と教授法)』, 開発社, 1912.

『茨城県女子師範學校附属小學校研究報告集』 2卷, 1912.

내무부 학무국, 『구 학부 편찬 보통학교용 교과서 및 구 학부검정 및 인가 교과용 도서에 관한 교수상 주의 및 자구 정정표』, 1910.10.

학부편찬, 『보통학교 학도용 일어독본』, 1908년 3월 1일 발행, 1910년 8월 20일 4판.

『보통학교 학도용 국어독본』, 조선총독부, 1911년 3월 초판, 1913년 1월 6판.

조선총독부편찬, 『보통학교 수신서』 권2, 교사용, 1914.

조선총독부편찬, 『보통학교 수신서』 권3, 교사용, 1916.

조선총독부편찬, 『보통학교 수신서』 권4, 교사용, 1917.

『식민지조선교육정책사료집성』 27권, 龍溪書舍, 영인본.

『식민지조선교육정책사료집성 – 별집 幣原坦·隈本繁吉關係文書』 69.

小田省吾, 「朝鮮敎育の回顧」, 『朝鮮の回顧』, 近沢書店, 1945.

『近代日本のアジア敎育認識』資料編 第一巻, 龍渓書舎.

『雑誌にみる近代日本の朝鮮認識』5, 緑蔭書房, 1999.

東京書籍株式會社社史編纂委員會, 『近代敎科書の變遷－東京書籍70年史』, 1980.

柿沼肇, 『近代日本の敎育史』, 敎育史料出版会, 1990.

稲葉繼雄, 『旧韓国の敎育と日本人』, 九州大學出版會, 1999.

佐野通夫, 『日本植民地敎育の展開と朝鮮民衆の對應』, 社會評論社, 2006.

권오현, 『朝鮮總督府下における歴史敎科書内容史硏究』, 廣島大 博士學位論文, 1999.

石松慶子, 「통감부치하 대한제국의 수신교과서·국어독본 분석」, 연세대학교 사학과 석사학위논문, 2003.

이명화, 「일제총독부간행 역사교과서와 식민사관」, 『역사비평』1991년 겨울호.

양정현, 「일제강점기 역사교육 이념과 정책－1920~30년대 중반 보통학교를 중심으로」, 『국사관논총』77, 1997.

이병담, 「조선총독부 초등학교『국사』총독부 초등침략사관과 식민지 아동의 탄생」, 『일어일문학』27, 2005.

장신, 「한말 일제강점기의 교과서 발행제도와 역사교과서」, 『역사교육』91, 2004.

김경미, 「1940년대 조선의 '국사'교과서와 일본의 국사교과서」, 『한국교육사학』 28권 12호, 2006.

김한종, 「조선총독부의 교육정책과 교과서 발행」, 『역사교육연구』9, 2009.

윤소영, 「식민통치 표상 공간 경주와 투어리즘」, 『동양학』45, 2009.

3장

일제강점 초기
개량서당의 기능과 성격

....

김형목

1. 머리말

일제는 식민지화를 위한 기초작업으로 시정개선施政改善을 핑계 삼아 식민교육정책 추진에 힘을 기울였다. 「사립학교령」·「조선교육령」 등은 식민교육정책 근간이나 다름없었다.[1] 취지는 '시세時勢와 민도民度에 적합한' 저급한 보통교육 보급이었다. 궁극적인 의도는 식민정책에 순응·복종하는 '충량忠良한 황국신민 육성'에 있었다. 일본어 교육과 실업교육 강조는 이러한 목적에서 비롯되었다. 그런데 일제 의도와 달리, 삼면일교제三面一校制조차 제대로 시행할 수 없었던 공립보통학교의 절대적인 부족은 만성적인 입학난을 초래하고 말았다.

을사늑약 이후 계몽론자·개신유학자와 일부 지방관 등은 시세변화에 부응하여 사립학교설립운동과 야학운동을 주도하였다. 지방자치제 일환으로 시행된 '의무교육'은 이를 추진하는 주요한 기반이었다. '강제병합' 직전까지 설립된 6,000여 사립학교와 1,000여 야학은 당시 고조된 교육열과 사회적인 분위기를 반증한다.[2] 이러한 노력도 「사립학교령」·「기부금품모집취체규칙」·「학회령」 등 각종 법령 시

1   안기성, 1982 『한국근대교육법제연구』, 고려대출판부, 1982, 136~138쪽 ; 정재철, 『일제의 대한국식민주의교육정책사』, 일지사, 1985, 제5장 참조 ; 윤건차(심성보외 역), 『한국근대교육의 사상과 운동』, 청사, 1987, 319~322쪽.
2   김형목, 『1910년 전후 야학운동의 실태와 기능』, 중앙대박사학위논문, 1987, 264~306쪽 ; 김형목, 「야학운동의 의의와 연구동향」, 『사학연구』 66, 2002, 176~178쪽.

행으로 점차 침체상태에 직면하지 않을 수 없었다. 특히 계몽자강론자 중 상당수는 식민체제에 포섭·동화됨으로써 민족운동전선에서 이탈되어 나갔다. 일진회·대한협회·서북학회의 통합논의는 당시 분위기를 상징적으로 보여준다. 근대교육에 대한 부정적인 인식은 이러한 배경과 무관하지 않다.[3] 이는 지육智育보다 민족정신·민족의식과 상무정신 등을 강조한 덕육德育과 체육을 중시하는 계기로 작용하였다.

식민당국자는 부족한 보통교육기관 확충을 위한 대안으로 서당 개량화에 착수하였다. 이는 경사經史 위주의 교과목에서 벗어나 한글·산술·일본어 등을 추가하는 동시에 암송 위주의 교수법에서 탈피하는 계기였다. 일부 계몽론자들도 '민족교육'을 위한 방편으로 '서당개량운동'을 추진하였다. 이처럼 개량서당은 '상이한' 배경에서 대두되었다.[4] 1920년대 초반까지 서당의 학령아동 수용은 근대교육기관을 압도할 정도였다. 식민당국자는 「서당규칙書堂規則」을 내세워 탄압하

---

3   계봉우, 「學校의 弊害」『태극학보』 1, 1906, 18쪽 ; 『황성신문』 1908년 8월 30일 논설 「勸讀論語說」 ; 申采浩, 「同化의 悲觀」, 『丹齋申采浩全集(별집)』, 단재신채호전집간행위원회, 1972, 150쪽.

4   우용제, 「조선후기 서당교육의 양면성」, 『한국근대초등교육연구』, 교육과학사, 6~16쪽. 조선후기 서당교육 성격도 양면성을 지닌다. 교육은 지배이데올로기를 심화시키는 유효한 수단이나 현실모순을 인식하는 가운데 지배체제에 저항하는 요인이었다. 일제강점기 개량서당은 물론 강습소·야학 등 사설 교육기관도 역시 이러한 범주에서 크게 벗어나지 않았다. 제국주의 열강이 일찍부터 주목한 의무교육은 '서구중심주의' 가치관을 인식·확산시키는데 이바지하였다. 세계화·정보화시대인 오늘날에도 이러한 속성에서 크게 탈피하지 못한 실정이다.

는 동시에 미풍양속을 구실로 권장하는 등 통제·회유를 병행하였다.[5] 이는 저들의 궁극적인 의도가 무엇인가를 보여준다.

지금까지 개량서당에 관한 연구는 대체로 민족교육기관과 식민교육기관이라는 상반된 관점에서 진행되었다. 전자는 한국인의 주체적인 입장에서 교과과정을 통한 민족의식 고취는 물론 입학난 완화에 크게 이바지하였다는 논리이다.[6] 이는 3·1운동 당시 서당 재학생이나 졸업생 참여를 대표적인 사례로 제시한다. 이처럼 '내재적 발전론'에 입각한 인식은 아직까지 학계에서 널리 통용되고 있다. 반면 후자는 일본어를 가르치는 등 동화교육同化敎育의 일환임을 주장하였다.[7] 이는 현상적인 사실에만 주목한 '단순한' 역사인식에 불과하다. 식민교육과 대립·갈등이 곧 '민족교육'은 아니며, 더욱이 일본어를 교수한 사실에만 주목하여 언어동화교육으로 규정도 설득력이 없다. 교육운동을 포함한 문화계몽운동은 일방적인 수용이 아니라 '저항과 순

---

5 『조선일보』1925년 12월 6일 「成川靑年의 書堂改革運動」, 1932년 1월 15일 「認可 없다고 書堂 解散命令, 그들 문맹아동은 거리에 방황, 咸南 新昌경찰이」, 1933년 8월 20일 「郡內 三十餘 全部에 閉鎭命令, 龜城郡當局의 此處事」; 한기언, 「제도적 동화정책과 민족주의 교육이념의 저항」, 『일제의 문화침탈사』, 현음사, 1970, 45~49쪽; 이광호·전명기, 「식민지교육과 민족교육」, 『한국사』 14, 한길사, 1993, 216~225쪽.

6 조동걸, 「1910년대 民族敎育과 그 評價上의 問題」, 『한국학보』 6, 1977, 118~129쪽; 이진석, 「日帝下의 改良書堂에 關한 硏究(1 - 5)」, 『교육연구』 104 - 108, 1977; 盧榮澤, 「書堂敎育」, 『日帝下 民衆敎育運動史』, 탐구당 1979; 李恒宰, 「日帝의 書堂敎育政策에 關한 硏究」, 중앙대석사학위논문, 1987; 이문원, 「서당의 민족교육」, 『한민족독립운동사』 2, 국사편찬위원회; 南富熙, 「3·1運動과 儒敎界의 性格 - 書堂 參加와 관련하여 - 」, 『慶大史論』 3, 경남대사학회, 1987; 강영심, 「1910년대 일제의 무단통치와 비밀결사투쟁」, 『한국독립운동사사전』 1, 1996, 288~289쪽; 朴鍾善, 「日帝 强占期(1920~1930年代) 朝鮮人의 書堂改良運動」, 『역사교육』 71, 2002.

7 박래봉, 「日帝統治下 書堂敎育의 具體相(1, 2) - 전라북도를 중심으로 - 」, 『한』 3 - 12·14, 한국학연구원, 1974; 박래봉, 「日帝統治下의 書堂敎育의 實態 - 濟州道 1」, 『한국교육사학』 6, 한국교육사학회, 1982.

응'의 양면성을 지니기 때문이다.

이 글은 일제강점 초기 개량서당 기능과 성격 이해에 중점을 두었다. 우선 개량서당 출현 배경을 식민교육과 '민족교육' 시행이라는 양면적인 입장에서 살펴보았다. 통감부 이래 일제는 부족한 초등교육기관 대안으로 서당 개량화에 주목하였다. 이는 일어보급과 밀접한 관련 속에서 이루어졌다. 서당과 관련된 각종 법령 시행은 이를 반증한다. 반면 일부 계몽론자들은 '민족교육' 일환으로 서당 개량화에 노력을 아끼지 않았다. 자강운동기自强運動期[8] 이래 고조된 교육열은 만성적인 입학난을 초래하는 요인이었다. 학령아동 구제를 위한 노력은 야학·강습소 운영과 더불어 '서당개량운동'으로 이어졌다. 마지막으로 개량서당의 근대교육사상 위치를 규명하였다. 이러한 과정이 일제강점 초기 교육운동을 포함한 문화운동 이해에 조금이나마 이바지하기를 바란다.

2. 일어보급과 개량서당

1) 일어보급과 친일세력 육성

개항 이래 일본인 개인이나 각종 사회단체는 본국의 묵인·협조하에 친일세력 육성을 위한 다양한 활동을 전개하였다. 일본정부 주

---

8   김형목, 「자강운동기 한성부민회의 의무교육 시행과 성격」, 『중앙사론』 9, 중앙사학연구회, 1997, 61쪽.

도인 차관 제공과 인적 교류 등은 대표적인 경우이다. 일어를 중심으로 하는 근대교육기관 운영은 이러한 의도와 맞물려 추진되었다.[9] 동아동문회·대일본해외교육회·대곡파본원사·일본거류민단 등은 이를 주도한 단체이었다. 경성학당·삼남학당은 당시를 대표하는 일어학교였다.[10] 일부 관리들은 일어학교 설립·운영을 지원하고 나섰다. 전주의 삼남학당은 관찰사 이완용 지원에 의하여 운영되었다고 해도 과언이 아니다.

이러한 학교는 일본인들의 한국에서 활동영역 확대와 더불어 지방으로 확산되었다. 주요 개항장은 물론 내륙지방에까지 일본상품은 유통되고 있었다. 일본 상인이나 종교인 등은 한국침략을 위한 '의도'를 숨긴 채로 각지에 정착하기 시작하였다. 이들은 현지 주민과 대립·갈등을 최소화하기 위한 다양한 활동을 펼쳤다. 이리하

---

9   『독립신문』1899년 1월 9일 잡보 「교사 청빙」; 강동진, 『일제의 한국침략정책사』, 한길사, 1980, 3장 참조; 윤건차, 『한국근대교육의 사상과 운동』, 198~206쪽.

10 『독립신문』1896년 9월 8일 잡보, 1897년 4월 15일 논설, 1899년 6월 16일 잡보 「졸업례식」, 9월 19일 잡보 「해외교휵」, 10월 6일 잡보 「츄긔운동」, 10월 10일 잡보 「일어학도」, 11월 4일 잡보 「전주학교 신설」; 『황성신문』1899년 4월 1일 별보 「日本時事新報의 韓民子弟의 敎育論을 抄出ᄒ노라」, 11월 16일 잡보 「東亞同文會支部」와 「日本人의 三南學堂」; 윤건차, 『한국근대교육의 사상과 운동』, 206~213쪽.
당시 신문 등은 일본인이나 일부 지식층에 의한 일어학교 설립·운영에 대하여 별다른 거부감을 보이지 않았다. 이는 근대교육 시행 사실에만 중요한 의미를 부여하는 인식에서 비롯되었다. 특히 『독립신문』에 나타난 입장은 주도세력의 현실인식을 여과없이 보여준다. 이들은 러시아에 적대적인 반면 일본이나 미국·서구 열강에 대해 '우호적인' 입장이었다[박노자·허동현 지음, 『열강의 소용돌이에서 살아남기』, 푸른역사, 2005, 24~28쪽]. 사회진화론에 경도되거나 매몰된 이들은 제국주의 본질을 제대로 간파하지 못하였다. 심지어 이들은 침략·수탈을 은폐한 선교활동을 근대문명 '시혜자'로서 인식할 정도였다. 친일파의 상징인 李完用도 이러한 범주에 속하는 '대표적인' 인물 중 하나였다(박영석, 「이완용연구」, 『국사관논총』 32, 국사편찬위원회, 1992; 임대식, 「이완용의 변신과정과 재산축적」, 『역사비평』 22, 1993; 윤덕한, 『이완용 평전 – 애국과 매국의 두 얼굴 –』, 중심, 1993, 참조).

여 1900년 2월 현재 일어학교는 동래 부산학원, 대구 달성학교, 안성 안성학교 등 무려 11개교에 달하였다.[11] 고조된 배일감정과 달리 일어에 대한 관심은 점차 고조되는 분위기였다. 일본인 거류지가 형성된 주요 도시는 바로 일어학교 소재지라 해도 과언이 아니었다. 각지에 설립된 일어학교는 이를 그대로 보여준다.[12] 이처럼 일어는 시무책=부국강병을 위한 주요한 수단 중 하나로서 부각되었다.

러일전쟁 발발과 더불어 일어에 대한 관심은 더욱 확산되기에 이르렀다. 침략 강화와 더불어 친일세력은 중앙정계나 지방에서 영향력을 발휘하기 시작하였다. 일진회는 1905년 8월 현재 일어를 중심으로 하는 사립학교 34개교를 운영할 정도로 일어에 대한 관심 조성에 앞장섰다. 한·일 양국의 유대강화라는 명분과 달리 궁극적인 의도는 친일세력 육성이었다.[13] 그런데 상당수 한국인은 이

---

11 『황성신문』1899년 5월 23일 잡보「北靑設校」, 9월 20일 잡보「校舍請借」, 12월 26
    일 잡보「安城日語學校」, 1900년 2월 5일 잡보「京鄕學校」;『독립신문』1899년 6월
    24일 잡보「동문회 어학」, 10월 4일 잡보「평양 일어학교」, 10월 27일 잡보「의쥬학
    당」, 11월 16일 잡보「동아동문회 지회」.
    1895~1900년까지 국내에 34개 일어학교가 설립되었다는 주장도 있다. 설립주체는
    조선정부 2, 동아동문회 3, 대일본해외교육회 2, 동본원사 4, 민간단체 17개 등이었다
    (渡部學,「近代韓國における敎育の展開」,『韓國と臺灣の敎育開發』, 아시아경제연
    구소, 1972, 40~41쪽). 그런데 사료상 파악되는 학교는 10여 개교에 불과할 정도이
    다. 일어학교 실태는 물론 이에 대한 당시 한국인의 반응·인식 등은 앞으로 밝혀야할
    주요한 과제이다. 다만 일본어에 편중된 현상은 일제 침략과 이에 부응한 친일세력 성
    장이라는 점에서 주의해야 한다.
12 김형목,「내한세국기 인천지역 근대교육 주체와 성격」,『인천학연구』3, 인천학연구
    원, 2004, 93~94쪽.
13 『황성신문』1905년 10월 5일 잡보「一進設校數」, 1906년 4월 4일 잡보「善山民擾」,
    1908년 1월 26일 잡보「金海朝陽」;『大韓每日申報』1906년 8월 3일 잡보「仁校卒
    業式」, 1908년 9월 18일 잡보「李郡守興學」;『매일신보』1910년 9월 28일 잡보「會

를 무비판적으로 수용하거나 분위기에 편승하였다. 이에 일어학교
는 점차 제도권 교육기관으로 발전(?)하는 계기를 맞았다. '모범학
교'지정에 의한 공립보통학교로 승격과 운영비 지원 등은 이를 반
증한다.[14]

  통감부는 일어 능통자를 우대하는 등 일어보급에 본격적으로 착
수하였다. 이러한 상황은 관립외국어학교 학생 중 일어 전공자를
증가시켰다. 사실상 외국어학교는 일어를 전문적으로 가르치는 일
어학교나 마찬가지였다. 나아가 사립학교에도 일본인 교사에 의한
일어교육을 강요하기에 이르렀다.[15] 이는 고문정치顧問政治에 의한

校附設」.
일진회의 文明化 논리는 조직 초기에 거의 무비판적으로 수용되었다. 일진회원은 지
방관의 불법적인 수탈에 저항하는 농민운동을 주도하거나 계몽단체 지회원과 함께
사립학교를 설립하는 등 근대교육을 주도하였다(김도형, 『대한제국기의 정치사상연
구』, 지식산업사, 1994, 161쪽 ; 김형목, 「기호흥학회 경기도 지회 현황과 성격」『중
앙사론』12·13, 중앙사학연구회, 1999, 60쪽). 이들에게 근대교육은 문명화와 직결
되는 문제로서 인식되었다. 친일세력을 중심으로 각지에 설립된 사립학교는 주민들
의 호응·지원으로 교세를 확대할 수 있었다(김형목, 「한말 충북지방의 사립학교설립
운동」, 『한국근현대사연구』23, 2002, 178~179쪽). 특히 지회원들은 지역사회 신문
화운동을 주도하였다. 1906년을 전후하여 사립학교설립운동에 이들도 적극적으로 참
여하는 상황이었다. 이는 계몽운동가와 친일파 구분을 어렵게 하는 요인이다. 그런 만
큼 일진회에 대한 부정 일변도인 평가는 반드시 재고되어야 한다(이용창, 『東學·天道
敎團의 民會設立運動과 정치세력화 연구(1896~1906)』, 중앙대박사학위논문, 2004,
164~177쪽). 즉 초기 상황이나 지회원 등에 관하여 새로운 시각에서 접근할 필요가
있다. 물론 근대화론·문명화론에 입각한 평가는 반드시 '경계해야'할 대상이다.

14 『매일신보』1913년 4월 10일「第二普校의 認可」; 정재철, 「교육정책」, 『한민족독립
운동사』5, 269~278쪽 ; 김형목, 「대한제국기 인천지역 근대교육 주체와 성격」, 『인
천학연구』3, 86쪽.

15 손인수, 「일제 식민지 교육정책의 성격」, 『일제하의 교육이념과 그 운동』, 한국정신문
화연구원, 1986, 85~89쪽 ; 이성연, 『열강의 식민지 언어정책에 관한 연구』, 전남대
박사학위논문, 1988, 95~112쪽 ; 고천선자, 『일제시대 보통학교체제의 형성』, 서울
대박사학위논문, 1996, 36~40쪽.

교육행정 장악과 더불어 더욱 강화되었다.

일어 능통자에 대한 우대책은 이러한 상황 속에서 급속하게 진행되었다.[16] '일본어만능시대'는 당시를 지배하는 사회적인 분위기였다. 유창한 일어 사용, 일본식 정장으로 상징되는 하이칼라 신사나 양장한 신여성은 질시가 아닌 '부러움'의 대상이었다.[17] 심지어 이들은 명사로서 추앙되는 등 커다란 인식의 변화를 초래하였다. 더욱이 왜곡된 일제의 가치관·문화 등은 우리 생활 속에 급속하게 파급됨으로써 민중층마저 점차 정체성을 상실하고 말았다. 일본식 문화·생활양식·음식 등은 주변에서 너무나 쉽게 접하는 동시에 거부감을 느끼지 않는 상황이었다.[18]

초등교육기관조차도 일본인 교사에 의한 교육을 계획·권장하는 상황이었다.[19] 이는 교육내용을 비롯한 모든 부분에서 심각한 문제점을 드러내지 않을 수 없었다. 학생들 중 극히 일부를 제외한 대부분은 학습내용마저 제대로 이해할 수 없었다. 일어에 의한 수업은 학생들로 하여금 학업에 대한 흥미를 크게 반감시켰다. 그런 만큼 교육적인 성과는 미미한 수준에서 논의될 정도였다. 더욱

---

16 『매일신보』1912년 2월 28일 「北部의 語學試驗」;李姸淑, 『國語という思想-近代日本の言語認識』, 岩波書店, 1996;安田敏郎, 『植民地のなかの'國語學'』, 三元社, 1998.

17 박성진, 「일제 초기 '조선물산공진회' 연구」, 『식민지 조선과 매일신보, 1910년대』, 신서원, 2003, 84~94쪽.

18 김진송, 『서울에 딴스홀을 許하라』, 현실문화연구, 1999, 152~156쪽.

19 『大韓每日申報』1908년 2월 7일 잡보「日師云聘」, 2월 15일 논설「韓國教育界의 悲觀」, 4월 8일 잡보「日去日來」;『대한매일신보』1908년 2월 7일 잡보「교스고빙」;윤완, 『조선 통감부시기 민립사학의 교육구국활동에 관한 연구』, 단국대박사학위논문, 1997, 35~37쪽.

이 일본인 교사들은 교과목과 관계없이 일본인과 일본 문화·역사의 우수성을 지나치게 강조하였다.[20] 반면 한국 역사·문화 등은 식민사관植民史觀에 입각하여 왜곡·폄하하는데 주저하지 않았다. 교육현장은 저들의 식민지화를 위한 '전초기지'나 다름없었다. 이에 학생들은 한국인이라는 사실에 대하여 스스로를 비하하는 등 자괴심을 갖는 동시에 부지불식간 일본에 대한 '환상'을 갖게 되었다.[21] 식민당국자는 이러한 상황에 편승하여 '철저하게' 저들의 목적을 관철시켜 나갔다. 각종 교육관련 법령은 '침략을 가장한 미사여구'에 불과할 뿐이었다. 실상과 너무나 동떨어진 교육은 식민지형 인간을 양성하는 현장이었다.

일제는 야학을 일어보급기관으로 활용하는데 주저하지 않았다. 무단통치 강화는 곧바로 '계몽야학'마저 식민교육체제 내로 흡수하기에 이르렀다.[22] 국어강습회는 관변의 보호·지원 속에서 광범하게 운영되는 계기를 맞았다. 고조된 교육열과 달리 초등교육기관은 절대적으로 부족한 상황과 무관하지 않았다.[23] 더욱이 관청이나 일본인 등이 설립한 국어강습회는 이와 같은 규제 대상이 아니었다. 부·군·경찰서나 관·공립학교 등이 주최한 국어강습회는 관청

20 김형목, 『1910년 전후 야학운동의 실태와 기능』, 137~138쪽.
21 『대한매일신보』 1910년 5월 12일 논설 「교육계의 흔 가지 형편」 ; 『大韓每日申報』 1910년 5월 12일 논설 「教育界 觀察의 壹斑」.
22 『매일신보』 1912년 12월 24일 「職工夜學開設, 寺內總督의 眞意」 ; 김형목, 「1920년대 전반기 경기도 야학운동의 실태와 기능」, 178쪽.
23 박성의, 「일제하의 언어·문자정책」, 『일제의 문화침탈사』, 현음사, 1970, 286~287쪽 ; 김형목, 「1910년대 야학의 실태와 성격 변화」, 『국사관논총』 94, 2000, 178~187쪽.

이나 학교의 부수적인 사업으로 인정하였기 때문이다.[24] 이러한 가운데 한국인에게 '기초적인' 지식만 보급하는 개량서당·야학만이 시행·장려되었다. 지방비 보조금이나 행정적인 편의 제공 등은 국어강습회를 더욱 활성화시켰다.[25] 이제 일어는 '단순한' 어학 수용 차원을 벗어나 근대적인 '상징'이나 다름없었다.

> 경기도청에셔 최근 관내에 국어야학회를 설립ᄒ 수를 조사ᄒ얏는디 전문으로 설립홈이 이십이처오 각공사립학교에 부설ᄒ 수가 이십오 처이라는디 현금 입학수업ᄒ 는 학원이 일천칠백이십칠명이라 발전의 희망이 有ᄒ다ᄒ야 該道廳에셔는 극력찬성ᄒ다더라.[26]

'강제병합'을 단행한 지 불과 10여 개월만에 경기도 관내 국어야학회는 47개소나 운영되고 있었다. 공·사립학교 부설은 25개이고, 독립된 국어강습회도 무려 22개소에 달하였다. 수용된 인원은 1,727명에 달할 만큼 대단한 성황을 이루었다. 이는 당시 도내에 신설된 공립보통학교가 극소수에 불과한 사실을 통하여 엿볼 수 있다. 경기도청은 지방비를 보조하는 등 적극적인 지원에 나섰다. 이와 더불어 주민들 호응도 운영자들조차 전혀 예상하지 못할 정

---

24 조선총독부학무국학무과, 『現行朝鮮教育法規』, 1942, 728~729쪽 ; 『매일신보』 1911년 2월 23일 잡보「國語敎授의 通牒」, 1914년 2월 24일 學校歷訪「私立中東夜學(典洞): 國語, 英語, 漢語, 漢文 算術 五人 專門夜學」.

25 『매일신보』 1911년 8월 26일 잡보「敎監講習會終了」, 8월 27일 잡보「講習會閉會式」과「檜垣長官의 訓諭」, 8월 30일 잡보「校監會議諮問事項」, 1915년 3월 31일 지방통신「경상남도, 國語奬勵寄附(道內)」.

26 『매일신보』 1911년 6월 30일 잡보「京畿管內의 國語夜學會數」.

도로 대단한 분위기였다.[27] 일어는 근대학문을 이해하는 요체로서 나아가 자신의 사회적인 지위를 보장하는 주요한 수단으로 인식되기에 이르렀다.

관청의 적극적인 탄압은 없었으나 1910년대 '계몽야학'의 전반적인 부진은 이러한 원인에서 찾을 수 있다.[28] 더욱이 계몽론자들의 민족운동전선에서 대거 일탈은 직접적인 탄압의 필요성을 반감시켰다. 「사설학술강습회에 관한 건」은 난립하는 사설교육기관 정비와 아울러 국어강습회의 '합리적인' 운영을 위하여 제정하였다.[29] 설립·인가에 대한 도장관에게 부여된 무제한적인 재량권은 이를 반증한다. 이리하여 1910년대 야학운동은 국내 민족해방운동 침체와 더불어 사실상 '공백기'나 마찬가지였다. 단지 일어보급을 위한 방편으로 국어강습회는 한글이나 초보적인 한문·산술 등을 가르치는 정도였다.[30]

한편 상당수 계몽론자들은 식민교육정책 내로 점차 동화·흡수되었다. 이들은 근대교육을 구실로 일어 위주의 야학·강습소·개량서당 등을 운영함으로써 부분적이나마 동화정책에 편승하였

---

27 『매일신보』 1912년 1월 27일 「各地片言一括」, 8월 7일 사설 「朝鮮人의 忠誠」, 8월 25일 「三溪校의 復興, 두교수의 의무로 삼계학교가 유지」, 1914년 3월 20일 사설 「老學生의 美擧」, 1915년 3월 22일 지방통신 「황해도, 國語講習(海州)」.

28 김형목, 「1910년대 야학의 실태와 성격 변화」, 176쪽.

29 『관보』 1913년 1월 15일과 『매일신보』 1913년 1월 17일 「私設學術講習會에 關한 件」; 조선총독부학무국학무과, 728쪽; 국사편찬위원회, 『日帝侵略下韓國三十六年史』 2, 탐구당, 1969, 17쪽.

30 김형목, 「1910년대 야학의 실태와 성격 변화」, 190쪽.

다.[31] 이들은 '근대교육=문명화'라는 인식에서 크게 벗어나지 못하였다. 이러한 논리에 포섭된 이들은 점차 사회적인 영향력을 발휘하기 시작하였다.[32] 가치관 혼돈과 정체성을 상실한 '불행한' 한국사회는 모순·혼란을 끊임없이 재생산하는 상황이었다. 서구지향에서 일본지향적인 가치관은 점차 일상사로 파급되었다. 이리하여 문명화는 대부분 지식인에게 별다른 거부감 없이 수용되고 말았다.[33]

식민정책의 원활한 수행을 위한 방편으로, 일제는 한국인 관리들에게 기초적인 일어 해득력을 요구하였다. 일어를 제대로 해독하지 못하는 관리는 면직되는 등 불이익을 감수해야만 하는 상황에 직면하고 말았다.[34] 각 관청을 중심으로 조직된 국어강습회는 이를 반증한다. 반면 일인 관리들도 한글을 익히려는 분위기였다.[35] 한국인은 일본인에게 한글, 반면 일본인은 한국인에게 일어

---

31   김형목, 「1906~1910년 서울지역 야학운동이 전개 양상과 실태」, 『향토서울』 59, 1999, 184~185쪽.

32   한기언, 「일제의 동화정책과 한민족의 교육적 저항」, 『일제의 문화침탈사』, 현음사, 1970, 111~118쪽 ; 한명근, 「대한제국말기 국시유세단에 대한 일고찰」, 『한국민족운동사연구』 15, 1997, 149~153쪽.

33   김진두, 『1910년대 매일신보의 성격에 관한 연구 - 사설 내용분석을 중심으로 -』, 중앙대박사학위논문, 1997, 66~101쪽 ; 정상우, 「1910년대 일제의 지배논리와 지식인층의 인식 - '일선동조론'과 '문명화론'을 중심으로 -」, 『한국사론』 40, 서울대, 2001, 221~227쪽.

34   『매일신보』 1910년 9월 7일 잡보 「恨不語學」, 9월 13일 잡보 「國文習讀」.

35   『매일신보』 1912년 6월 27일 「全州語學會 盛況, 전주부의 어학회 성황」.
이는 1921년 훈령 제28호인 「朝鮮總督府及 所屬官署職員朝鮮語奬勵規程」으로 규정되었다. 즉 일제는 일인 관리에 대한 한글 사용을 장려한 반면 한국인 관리에게는 일어 상용화를 요구하였다. 예상과 달리 일본인 관리에 대한 성과는 미미한 수준에서 크게 벗어나지 못하고 말았다. 식민정책 강화와 더불어 일본어 상용화는 강력하게 추진

를 가르치는 '진풍경'도 도처에 벌어졌다. 이는 특정지역에 한정된 현상이 아니었다. 관공서·학교 등이 소재한 곳에는 보편적인 현상이었다.[36]

1913년 1월 하순부터 『매일신보』는 일어 회화에 필요한 간편한 문장을 연속 게재하였다. 일어의 지방으로 확산은 이러한 배경 속에서 급속하게 이루어질 수 있었다.[37] 교사나 학생 중 일어 우수자에 대한 시상과 하급관리로 특별채용은 이를 반증한다. 『매일신보』는 일어 습득을 위한 분발을 촉구하고 나섰다. 이리하여 개량서당과 국어강습회 졸업식장·운동회 등은 일어보급을 위한 현장이었다. 일어보급을 선도한 사람은 '모범적인' 인물로서 칭송하는 등 이들을 격려하는 분위기였다.[38] 이러한 칭송은 결코 일회성으로 그치지 않았다. 오늘날 '일그러진' 교육자상은 이러한 역사적인 배경과 무관하지 않았다. 더욱이 순종·순응을 강조하는 사회질서에 대한 맹목적인 복종도 마찬가지였다.[39]

우리 일상사에 잔존한 일어는 이러한 '비극적인' 상황과 결코 무관하지 않다. '일어만능시대'는 식민지라는 현실 속에서 급속하게

되는 등 한글 사용의 필요성이 반감되었기 때문이다.

36 『매일신보』1913년 7월 23일 경남통신 「國語研究의 必要」; 김형목, 『1910년 전후 야학운동의 실태와 기능』, 162~163쪽.

37 『매일신보』1914년 10월 8일 「安城郡守의 新聞熱心」, 1916년 10월 3일 사설 「社會教育과 新聞紙」.

38 『매일신보』1912년 3월 12일 「龍仁郡의 曙光」, 6월 8일 「模範補助員의 美擧, 모범호 만호 보조원의 장호 일」, 7월 7일 논설 「教育界의 模範人」, 11월 22일 「稱譽藉藉의 梁氏」, 1915년 4월 25일 「朝鮮人教育界에 對호 好實例(一), 小杉彦治氏」.

39 『매일신보』1912년 3월 9일 사설 「公共心」, 3월 12일 사설 「善政의 意義」, 3월 14일 사설 「虛榮心을 戒홈」.

확산되어 나갔다. 그럼에도 별다른 저항감이나 거부감 등은 일상 사에서 쉽게 찾아볼 수 없었다. 일본인 관리·실업가 등이 운영한 국어강습회 성행은 이러한 분위기를 반증하는 '대표적인' 경우였다.[40] 일부 정부 고관이나 원로 대신들조차도 일어교육에 전념하는 상황이었다. 이는 개인적인 문제로 그치지 않고, 각계 각층으로 파급되는 등 전반적인 분위기였다.[41]

2) 개량서당의 양면성

일제강점과 더불어 서당과 사숙 등도 일어보급을 위한 교육기관으로 전환되고 말았다.[42] 통감부 시기부터 진행된 사숙·의숙 등에 대한 관리·감독은 이러한 의도와 무관하지 않다.

> … 使學童으로 唯其 精力을 도로ᄒ고 세월을 徒銷ᄒᆷ에 終ᄒ니 此ᄂᆫ 利케ᄒ고 世를 益케ᄒᄂᆫ 所以의 道가 아니라 或者 書堂廢止의 議를 唱ᄒᆷ도 蓋亦 無괴나 然ᄒ나 서당은 신교육의 보급을 隨ᄒ야 不廢 自廢ᄒᆯ에 歸ᄒᆯ지라 唯現今 我國 교육상 시설이 尚未完全ᄒᆫ 時에 다수의 서당을 일시폐지ᄒ면 허다의 아동으로 忽然히 其修學의 途를 실

40 『매일신보』 1912년 7월 27일 「山田 所長의 熱誠, 산면 소장의 열심」.

41 『매일신보』 1910년 9월 21일 학계보 「上流人士의 日語研究」, 1913년 7월 15일 평남 통신 「中和夜學會開設」, 1916년 12월 5일 「五十歲의 學生, 국어보급학관의 오십여 세된 학싱」.

42 『매일신보』 1912년 2월 17일 사설 「私塾과 普通學」; 김형목, 『1910년 전후 야학운동의 실태와 기능』, 185~193쪽.

흐는 결과가 생흐리니 …[43]

서당은 오직 한문만을 가르치는 등 새로운 문명사회에 별다른 도움이 되지 않는다. 신교육 보급은 서당과 같은 전통교육기관을 자연스럽게 폐지할 수밖에 없다. 그런데 근대교육기관이 미비하므로 당분간 유보하여야 한다. 이러한 교육기관은 교수방법이나 수업기간 단축 등 일부 운영방침을 정비하는 방향에서 유지해야할 필요성을 제기하였다. 다만 "서당은 덕성 함양과 지식계발 등 근대교육기관으로서 별다른 역할은 기대하기 어렵다"는 논리였다.

학무위원회 조직과 더불어 제기된 사숙폐지론私塾廢止論은 이러한 상황을 보여준다. 제도권 교육기관에 대한 입학 강요는 이를 반증한다.[44] 김해군수 양홍묵梁弘默은 읍내외 서당을 모두 개량서당으로 전환하였다. 그는 각 면을 단위로 5명씩을 선발하여 사립학교로 전학시키는 등 근대교육에 노력을 기울였다. 한성부윤 장헌식張憲植도 학무위원회 조직 훈령에서 이러한 의도를 밝혔다.[45] 이는 개량서당을 근대교육기관으로 활용하려는 의도에서 크게 벗어나지 않았다. 의숙·사숙·강습소 등의 통폐합에 의한 공립보통학교로 전환은 이러한 사실을 반증한다.

'강제병합' 이후 삼면일교제三面一校制에 입각한 공립보통학교 체

---

43 『관보』1908년 9월 1일 「書堂管理에 關한 件」.

44 『대한매일신보』1908년 4월 7일 잡보 「ᄉ숙폐지」.

45 『황성신문』1907년 10월 11일 잡보 「金海興學」;『大韓每日申報』1908년 4월 7일 잡보 「名譽委員」과 「학령調査」.

제는 초등교육기관의 절대적인 부족을 초래하였다(〈표 1〉과 〈표 2〉 비교 참조). 그런데 예산 부족으로 대대적인 공교육기관 증설은 사실상 불가능한 상황이었다.[46] 3·1운동 이후에야 일면일교제 시행을 위한 계획 수립과 2부제 시행은 공립보통학교의 심각한 부족 현상을 반증한다. 만성적인 초등교육기관 부족은 일제강점기 전 기간동안 비정규 사설교육기관에 의하여 겨우 충당되었다. 야학·강습소·개량서당·간이학교 등은 대표적인 비정규 교육기관이었다.

서당은 미풍양속 권장을 구실로 일부 장려되었다. 민풍개선民風改善을 핑계로 조직한 교풍회矯風會·양풍회良風會 등은 식민정책을 지지하는 기반이나 다름없었다.[47] 일제는 서당의 보수성을 최대한 활용하는 등 한국사회 근대화를 저지하는데 주저하지 않았다. 1918년 반포된「서당규칙」은 이를 반증한다. 주요 내용은 일본어를 가르치는 대신 한글이나 한국사는 교과목에서 제외시켰다.[48] 또한 서당 설립인가와 폐쇄에 관한 권한은 지방관에게 전권으로 부여되었다. 감독관은 교사에 대한 지도·감시·감독 등 자의적인 권

---

46 정재철,『일제의 대한국식민주의교육정책사』, 300~304쪽.

47 『매일신보』1913년 7월 10일 평남통신「民風改善의 奬勵」, 1915년 5월 30일 지방통신「전라북도, 良風會 普及計(道內)」, 6월 3일「矯風會員의 活動」, 1919년 7월 23일 사설「矯風會設立」; 박찬승,『한국근대정치사상사연구』, 역사비평사, 128~131쪽. 1915년 5월 현재 전북 두내에 조직된 양풍회는 74개소, 지회는 94개소였다. 도장관은 각 마을 단위로 양풍회 조직에 관한 훈령을 내렸다. 다른 지역도 이와 비슷한 상황이었다. 일제는 보수적인 지방유지층을 자신들의 협력자로서 지원하는 가운데 민족구성원 간 갈등을 조장하였다. 이는 상호간 불신감을 증폭시킴으로써 민족해방운동 역량을 반감시키는 요인이었다.

48 『관보』1918년 2월 21일「서당규칙」.

한을 '무소불위無所不爲'로 행사할 수 있었다. 식민당국자는 서당을 초등교육기관으로 활용과 아울러 탄압을 위한 다양한 방안을 강구하였다.[49]

'개량서당'은 시대변화에 부응하여 '민족교육'을 실시한 측면도 있었다. 창가·한국사·국어교육 등을 통한 애국심 고취는 이를 반증한다.[50] 교사들은 운동회·원족회·학예회 등 단체활동을 통하여 심신단련은 물론 민족의식·독립정신을 일깨웠다. 경기도 수원의 백남운은 북양리서당을 설립한 후 학생들에게 애국하는 길을 가르치다가 주재소의 간섭과 탄압을 받았다. 1918년 이강년은 독주울서당을 개설하여 한학과 대한역사 등을 가르쳤다. 일제는 설립자의 불온한 사상을 문제로 삼아 1931년 강제로 폐쇄시켰다.[51] 장단 윤복영도 국망을 전후하여 서당을 개설하여 문맹퇴치와 민족의식 고취에 노력을 기울였다. 그는 만주로 이주한 이후 독립운동기지 건설과 동포자제의 교육에 노력을 아끼지 않았다.[52]

일부 서당생도와 교사들은 3·1운동을 주동하는 등 민족해방운동에 동참하고 나섰다. 이는 전체 서당 중 소수에 불과하지만, 역사적인 의미는 대단히 크다. 이들은 3·1운동의 지방으로 확산을

---

49 『매일신보』 1912년 3월 14일 「牙山의 書堂講習會」, 1913년 4월 20일 「最近의 平南, 書堂敎師의 召集」, 1917년 1월 19일 「全州에셔, 書堂改善問題」, 2월 7일 「平康, 書堂의 改良」.

50 『매일신보』 1912년 5월 4일 「有志者의 事竟成, 교육에 열심ᄒᄂ 신ᄉ」; 노영택, 『일제하 민중교육운동사』, 123~126쪽.

51 오영섭, 「유교의 항일민족운동」, 『일제하 경기도지역 종교계의 민족문화운동』, 경기문화재단, 2001, 46쪽.

52 경기도청, 『경기인물지』 상, 1992, 1015~1016쪽.

도모한 주도층이나 다름없기 때문이다. 일부 지역은 서당 출신자나 생도들에 의하여 만세시위운동이 추진되었다.[53] 더욱이 중앙과 달리 지방에서는 일제의 만행에 폭력적으로 저항하는 등 견고한 투쟁력을 발휘하였다.

물론 3·1운동 이전 대다수 서당은 전근대적인 교육기관의 성격에서 크게 탈피하지 못하고 있었다.[54] 즉 서당의 수적인 증가는 있었으나 교과목 구성이나 교수법 등은 크게 진전되지 않았다. 교사 대부분은 전통교육을 이수한 인물에 불과하였기 때문이다.[55] 그러나 이들의 국가의식·민족의식은 '대단히' 투철한 입장이었다. 이러한 한계는 문화운동 확산과 더불어 모순된 현실을 자각하는 가운데 점차 극복되어 나갔다. 서당정책은 식민지 전 기간동안 회유와 탄압을 병행하고 있었다. 교사들은 이를 적절하게 활용하는가 하면 동시에 포섭되는 등 끊임없는 '발전과 동요'를 거듭하는 상황이었다.

3. 향학열 고조와 학령아동 구제

3·1운동 이후 식민정책은 헌병경찰제도에서 '문화정치'로 전환되었

---

53 이지원, 「경기도 지방의 3·1운동」, 『3·1민족해방운동 연구』, 청년사, 1989, 326~327쪽.

54 김형목, 『1910년 전후 야학운동의 실태와 기능』, 190~193쪽.

55 김성학, 『서구교육학 도입의 기원과 전개』, 문음사, 1996, 292~309쪽.

다. 이는 민족분열책이라는 고도의 '기만성'을 내포하지만, 활동가들에게 보다 확대된 영역을 제공하는 계기였다. 다양한 외래 사조 유입으로 '개조'라는 개념이 널리 풍미하였다. 이에 부응한 개인·가정·사회 개조 등은 시급한 문제로서 부각되었다. 대부분 활동가는 개조에 의한 시대변화를 모색하기에 이르렀다.[56] 천도교·개신교와 동아일보 계열 인사들은 이러한 분위기를 주도하는 중심세력이었다.

조선청년연합회는 지역 단위로 조직된 청년단체의 고립·분산적인 활동을 지양하고 통일전선적인 입장을 강조하였다.[57] 사회주의 이념의 유입에 따른 치열한 '사상투쟁'은 노동·농민운동 현장과 접목되면서 점차 현실모순의 타개를 위한 대안을 강구하기에 이르렀다. 민족해방운동을 추진하는 과정에서 나타난 시급한 현안은 문맹퇴치였고, 그런 만큼 이념적인 이질성에도 각종 사회단체는 이를 타파하기 위한 활동에 노력하였다.[58] 각지에 조직된 청년단체는 시세 변화에 부응하는 활동으로 근대교육의 중요성을 강조하는 등 자강운동自强運動 이후 교육열을 고조시켰다. 각 단체는 사립학교에 대한 지원뿐만 아니라 개량서당·강습소·야학을 운영하는 등 교육운동을 실질적으로 주도하였다. 생활개선·풍속개량과 아울러 마을문고·신문잡지종람소 등의 운영은 이를 반증한다.

이에 중등교육기관은 물론 초등교육마저 만성적인 입학난에 직

---

56 김형목, 「1920년대 전반기 경기도 야학운동의 실태와 기능」, 『한국독립운동사연구』 13, 1999, 103~104쪽.

57 『동아일보』 1920년 7월 15~18일 「朝鮮靑年聯合會期成會 ; 各地 靑年團體의 加入을 歡迎」, 1920년 8월 17일 기서 「朝鮮靑年聯合會에게 希望」.

58 최근식, 「일제시대 야학운동의 규모와 성격」, 『사총』 47, 고려대, 1997, 168~170쪽.

면하지 않을 수 없었다.[59] 초등교육기관은 신입생을 선발하는 등 '진 풍경'을 연출하였다. 그런데 공립보통학교는 학령아동 중 지원자의 20%마저 수용할 수 없었다.[60] 학습회學習會(일명 이부제 수업 - 필자)와 강습소(회)·사숙·개량서당 등의 설립으로 이들을 수용하는 방안이 강구되었다. 이는 근본적인 해결책이 아니라 미봉책에 불과할 뿐이었 다. 가장 현실적인 대안은 바로 의무교육이었기 때문이다. 각지에 조 직된 입학난구제대책위원회는 당시 사회문제로서 대두된 입학난의 심각성을 보여준다.[61]

경성부는 입학난 완화책으로 「공립보통학교학습회公立普通學校學習會」 을 마련한 후 이부제 수업을 실시하였다.[62] 이는 곧 지방으로 파급· 시행되었지만, 교사의 월급이나 경상비 등은 여전히 등록금에 의존 함으로써 별다른 성과를 거둘 수 없었다. 보통학교의 만성적인 입학 난은 식민교육정책 전반에 대한 불신을 초래하였다. 이에 공립보통학 교를 3면1교제에서 1면1교제로 전환하는 「조선교육령」 개정을 모색 하기에 이르렀다.[63] 이는 '선언적인' 의미에 불과하였고, 실제로 일제 가 패망할 때까지 전혀 실현되지 못하였다. 1930년대 간이학교의 신 설과 야학 관제화는 식민교육정책의 본질과 한계를 분명하게 보여준

59　『조선일보』1921년 4월 13~14일 사설 「入校치 못혼 靑年과 兒童에게」, 1923년 3월 30일 「入學難과 學父兄不平」.

60　김형목, 「1920년대 전반기 경기도 야학운동의 실태와 기능」, 105~106쪽.

61　『동아일보』1922년 3월 26~27일 논설 「入學難을 如何히할가, 當局의 責任」, 1922 년 4월 13일 「入學難을 救濟키 爲하야, 금일 텬도교당에서 방침을 의론」.

62　『매일신보』1922년 5월 17일 「二部敎授遂實施」 ; 『동아일보』1922년 5월 17일 「普 校內에 學習會」.

63　『매일신보』1923년 3월 21일 「各道 入學難緩和 一面一校制 硏究中」.

다.[64]

교육열에 부응한 선각자들은 조선교육협회·조선여자교육협회 등을 조직한 후 순회강연단을 편성·운영하였다. 이상재李商在·유근柳瑾·한규설韓圭卨 등이 중심이 된 조선교육협회는 조선총독부에 의무교육의 조속한 실시와 한글교육 강화 등을 건의하는 한편 주민 부담에 의한 교육기관의 설립을 촉구하고 나섰다.[65] 특히 한국인 교사에 의한 초등교육 시행은 이들의 주요한 건의안이었다. 그러나 식민당국자는 이러한 요구안에 대하여 전혀 심의조차 하지 않았다. 다만 군·면 단위나 교회 등을 중심으로 조직된 청년단체는 사설교육기관을 설립하는 등 이에 부응하고 나섰다.

새로운 시대 변화에 부응하여 이른바 신여성의 사회적인 활동도 활성화되었다. 조선여자교육협회는 가정부인들의 각성을 촉구하는 동시에 문맹퇴치를 위한 다양한 활동을 전개하였다. 취지에 따라 3대로 편성된 강연단은 전국 70여 곳을 순회하는 등 여성들의 각성을 촉구하는데 앞장섰다. 이들은 여성교육 뿐만 아니라 여성의 사회적인 역할을 강조하는 등 새로운 인간관계에 입각한 여성들의 자각을 촉구하고 나섰다.[66] 이 단체는 직접 2개소의 여자야학을 설립·운영하였다. 특히 토요일은 강연회·토론회·시사회를 개최하는 등 참여의식

---

64 『동아일보』 1938년 1월 1일(新年號 其四) 「轉換期의 敎育朝鮮」, 2월 22일(조) 「百七十 夜學에 三千餘名 受講; 農閑期에 成人敎育－－安城 農民夜學 狀況－－」, 1939년 1월 5일 「夜學 大擴充 計劃; 五十六萬部落에 設置」.

65 『동아일보』 1920년 4월 23일 「朝鮮敎育에 對하야(四)－－義務敎育을 施行하라－－」.

66 김형목, 「1920년대 전반기 서울지역 야학운동의 분화·발전과 성격」, 『중앙우수논문집』 2, 중앙대대학원, 2000, 66~68쪽.

을 유발시켰다.[67] 이러한 활동은 상급 학교 재학생들로 하여금 귀향활
동을 촉진시키는 계기였다.

경기도의 야학·사설강습회는 1922년 4월부터 1924년 8월말 현재
까지 346개소나 설립되었다.[68] 그런데 입학난은 전혀 해소되지 않고
오히려 심화되는 양상마저 보였다. 문화운동 확산과 더불어 고조된
교육열은 지속되었기 때문이다. 경기도 당국자는 사설강습소에 대한
지방비 보조로 이를 해결하고자 하였다.

경긔도에서는 보통학교입학난 구제의 목뎍으로 특슈교육긔관을 신설
하는 각디방의 강습회나 쏘는 모모 야학회 등 칠십삼개소에 대하야
빅 원내지 삼십원의 범위로 경긔도디방비 중에서 총익 오천원을 각기
보조흔 다더라.[69]

이는 지방비로 사설강습소·개량서당 등에 보조금을 지급하여 입
학난을 완화시키려는 술책에 불과할 뿐이었다. 물론 일부 개량서당·
강습소 등은 공립학교나 간이학교로 승격시켜 식민지교육을 강화하
는 기반으로 삼았다.[70]

---

67 『동아일보』 1920년 4월 23일 「女子夜學會: 녀자교육회 주최로 종교 례배당안에서」,
 1921년 5월 19일 「地下室에서 一星霜: 돌이 도라오자 회관까지 생겨 오늘밤 청년회
 에서 긔념강연」과 5월 21일 「四十歲婦人의 讀本朗讀: 녀자교육회의 돌잡이 만흔인상
 과 성황으로」.

68 『동아일보』 1924년 9월 20일 「畿內學術講習: 三百四十六個所」.

69 『매일신보』 1925년 3월 1일 「京畿各夜學에 五千圓補助: 경기도에서」.

70 1908년 설립된 시흥군 西面 所下里(현 광명시 소하동) 국문야학교(일명 私立雲陽義
 塾)는 1923년 서면공립학교(『동아일보』 1923년 10월 6일 「學校期成會場에서 會衆을

명망가나 청년단체는 주민들의 동참을 통한 개량서당·야학 설립 등으로 입학난을 비롯한 문맹퇴치 문제 해결책을 모색하였다. 개량서당은 단순한 문맹퇴치의 차원을 넘어 학령아동을 구제하는 방향으로 분화·발전하는 계기를 맞았다. 이는 재래식 한문서당에 대한 비판으로 이어졌다.

> 현대교육에 부적응한 한문서당을 철폐치 아니하며 개량도 아니하며 반히 반면으로 유교를 장려함과 如함은 조선인 識者의 其意를 解하기에 困苦한 바이라 …(중략)… 한문서당을 철폐할 방침을 취하야 一面一校制의 실시할 때까지 이의 응급개선을 위할 事.[71]

이는 시급히 한문서당을 철폐하는 대신 개량서당을 근대교육을 위한 완충지대로서 인식하는 부분이다. 즉 사립학교 설립을 통한 근대교육이 불가능할 경우에 대비하는 문제였다. 각 동리마다 개량서당을 설립하자는 논리는 이를 반영한다.[72]

이는 개조운동을 주도한 1920년대 초반 천도교계를 대변하는 논리였다. 더욱이 실력양성론자의 대부분은 이러한 입장에서 크게 벗어나지 않았다. 서당개량은 결국 합법적인 영역 내에서 학령아동에 대

感激식힌 乞人, 시흥 서면 인사의 교육열, 이만여원을 어렵지 안케), 안성군 三竹面 三竹教育會가 설립한 德山學院은 죽산공립학교(『동아일보』 1923년 7월 3일 「德山學院設置認可」, 1924년 2월 21일 「德山學院近況」, 11월 5일 「德山學院曙光, 普校로 昇格할터」)로 각각 승격되었다.

71 『동아일보』 1921년 5월 4일.
72 김기전, 「農村改善에 關한 圖案」, 『개벽』 6, 1920, 17쪽.

한 교육기회 확대로 이어졌다.[73] 문화운동의 대변지 역할을 담당한 『동아일보』는 이러한 논리를 적극적으로 지지하고 나섰다. 청년회나 교육회 등에 대한 공유재산이나 독지가의 의연금에 대한 격려와 청년단체 활동에 대한 지속적인 보도는 이를 반증한다. 이러한 논리는 1930년대 후반에도 그대로 지속되고 있었다.[74] 결국 일본어 상용화에 의한 언어동화정책은 민족말살정책으로 귀결되었다. 내선일체內鮮一體나 동조동근론同祖同根論에 입각한 '차별화'된 동화정책도 스스로 모순성을 드러내고 말았다.[75]

4. 개량서당의 성격

통감부는 일찍부터 서당·사숙 등을 일본어를 가르치는 개량서당으로 전환을 모색하였다. 이는 부족한 초등교육기관 대안으로 이를 활용하려는 의도였다.[76] 결국 서당에 대한 온존책은 이러한 입장에서 비롯되었다.

各私塾에 대ᄒ야 시행통칙을 학부에서 제정ᄒ얏ᄂᄃᆡ 서당부근에 보

---

73 朴達成, 「時急히 解決할 朝鮮의 二大問題」, 『開闢』 1, 1920, 24~29쪽.

74 『동아일보』 1937년 6월 9일 「書堂敎育을 積極 刷新하라」.

75 김형목, 「1910년대 동화정책과 사립경성유치원」, 『한국민족운동사연구』 28, 2001, 118~119쪽.

76 『관보』 1908년 9월 1일과 14일 ; 송병기외, 「書堂管理에 관한 件」, 『韓末近代法令資料集』 Ⅶ, 국회도서관, 1971, 294쪽.

통학교가 有ㅎ면 子弟로 ㅎ야곰 입학케ㅎ며 학교가 遠在ㅎ야 입학ㅎ
기가 난처ㅎ 경우이면 私塾을 仍在ㅎ되 국문일과정을 添入敎育케ㅎ
며 학동들이 자조지모로 학습ㅎ면 위생급 工夫上에도 방해가 됨으로
학교의 예를 依ㅎ야 교수시간을 지정ㅎ얏다더라.[77]

학부는 모든 학령아동에게 의무적인 보통학교 입학을 규정하였다.
다만 근대교육기관이 없는 경우에만 서당의 존속과 아동들의 입학을
허용하는 정도였다. 특히 교수방법이나 교과목 등은 보통학교에 준한
편성을 권장하였다. 이는 초기 야학운동에 대한 방관적인 입장과 마
찬가지로 서당에 대한 저들의 입장을 보여준다.[78] 의무교육 시행은 외
형적인 '선언'에 불과할 뿐이었다. 오히려 교육행정이나 교육정책 등
은 통감부에 의하여 철저하게 장악된 상황을 의미한다. 이처럼 식민
지화를 위한 기본적인 계획은 통감부 시기부터 차질없이 진행되고 있
었다.

당시 서당은 숫적인 면에서 근대교육기관을 훨씬 압도하는 상황이
었다. 6,000여 사립학교는 「사립학교령」·「기부금품모집취체규칙」
등에 의하여 통·폐합되었기 때문이다. 반면 서당이나 야학의 변질된
형태인 국어강습회는 장려·지원되고 있었다. 1910년대 서당 수를 정
리하면 〈표 1〉과 같다.

---

77 『皇城新聞』1908년 8월 29일 잡보「私塾通則」.

78 『매일신보』1910년 9월 14일 논설「同化의 方法」, 1912년 5월 11일「日鮮同化의 方
法」; 김형목, 『1910년 전후 야학운동의 실태와 기능』, 190~192쪽.

연도	서당 수	직원 수			생도 수		
		남	여	계	남	여	계
1911	16,540	16,711	–	16,711	141,034	570	141,504
1912	18,238	18,435	–	18,435	168,728	349	169,077
1913	20,268	20,807	–	20,807	195,298	391	195,689
1914	21,358	21,570	–	21,570	203,864	297	204,161
1915	23,441	23,674	–	23,674	229,023	522	229,550
1916	25,468	25,831	–	25,831	258,614	917	259,531
1917	24,294	24,507	13	24,520	264,023	812	264,835
1918	23,369	23,590	23	23,613	260,146	829	260,975

출전 : 「朝鮮諸學校一覽」, 『朝鮮總督府統計年報』 각년도.

〈표 1〉에 나타난 바처럼, 1910년대 서당수는 지속적으로 증가하는 추세였다. 즉 1911년 16,540개에서 1918년 23,369개소로 증가를 거듭하였다. 생도 수도 141,504명에서 260,975명으로 거의 80%나 늘어났다. 직원수 역시 서당 수와 생도수에 비례하여 지속적인 증가 추세를 보였다. 이러한 원인은 근대교육기관 부족과 식민당국의 끊임없는 지원·후원에서 비롯되었다. 반면 여학생 수용은 570명에서 829명으로 크게 진전되지 않았다. 이는 당시까지 향촌사회에 잔존한 강고한 남녀차별의 인습을 극명하게 보여준다.[79] 아울러 개량서당의 진면목은 이를 통하여 부분적이나마 엿볼 수 있다.

사립학교에 대한 탄압도 이를 초래하는 주요한 요인 중 하나였다. 당시 보통학교 현황을 정리하면 〈표 2〉와 같다.

---

[79] 김형목, 「한말·1910년대 여자야학의 성격」, 『중앙사론』 14, 한국중앙사학회, 2000, 46쪽.

〈표 2〉 1910년대 초등교육기관 현황

연 도	관립보통학교			공립보통학교			사립보통학교		
	학교	학급	학생	학교	학급	학 생	학 교	학 급	학 생
1912	2	10	407	328	1,034	42,200	25	71	2,031
1913	2	10	449	351	1,208	49,731	18	51	1,646
1914	2	13	484	381	1,333	56,925	22	62	1,988
1915	2	13	496	397	1,403	61,733	16	51	1,625
1916	2	13	525	416	1,555	71,708	16	45	1,342
1917	2	13	514	441	1,708	81,845	16	59	1,924
1918	2	13	509	462	1,832	84,306	20	80	2,890

출전 : 「朝鮮諸學校一覽」, 『朝鮮總督府統計年報』 각년도.

〈표 2〉에서 알 수 있듯이, 공립보통학교는 1912년 328개교에서 1918년 462개교로 대폭 증가하였다. 학생수도 42,200명에서 84,306명으로 거의 2배나 증가하는 양상이었다. 사립학교는 수적인 감소에도 수용력은 증가하였다. 그러나 인구당 취학률은 이러한 증가 추세가 무의미하다는 사실을 반영한다. 물론 취학률은 1912년 2.1%에서 3.7%로 증가하였다. 곧 학령아동 취학문제는 3·1운동 이후 문화운동의 활성화와 더불어 만성적인 사회문제로서 크게 부각되었을 뿐이다. 연원은 자강운동기는 물론 이미 1910년대에도 내재되어 있었다.

한편 대부분 연구자는 개량서당 출현 배경을 "서당 운영자들이 시세변화를 절감"한 인식 변화에서 찾았다.[80] 이러한 지적은 부분적으로 적절한 일면을 지닌다. 특히 개신유학자 중 일부는 교육구국운동의 일환으로 개량서당 운영에 노력하였다. 그런데 지금까지 연구는

---

80 『대한매일신보』 1908년 9월 29일 잡보 「보성학교설립」 ; 『매일신보』 1919년 5월 14일 「書堂을 普校로 變更, 좀 발면된 되에는 공립학교로 승격」.

실상에 대한 구체적인 근거를 제대로 제시하지 못하는 실정이다. 이는 개량서당에 대한 선입견에서 비롯되었다. 곧 교육 내용의 질적인 측면보다 교과목 구성 등에 나타난 사실에만 지나치게 주목하였다.[81] 전체적인 양상은 이러한 의도하에 진행되지 않았다. 일제의 각급 교육기관에 대한 조사 목적은 이를 식민교육기관으로 전환·활용에 있었다. 서당 역시 이러한 의도에서 크게 벗어나지 않았다.

> 보통학교 내용 개혁의 일단으로 조선의 최저급 교육기관되ᄂ 서당과 보통학교간의 연락을 保케ᄒ 기로 目下 당국에서 협의중이라ᄂᄃ 원래 서당과 如ᄒ 자ᄂ 종일토록 한문서적을 誦讀ᄒ ᄂ 이외에ᄂ 하등 교재를 與치 안이ᄒ야 현대의 시세에ᄂ 극히 적당치 못ᄒ 자인즉 其運命이 永久키 難ᄒ리라더라.[82]

보통학교에 대한 교육개혁은 서당을 활용하는 방안으로 이어졌다. 교육당국자는 경사와 암기 위주인 서당을 시대변화에 부응할 수 없는 교육기관이라고 인식하고 있었다. 일제는 교과과정 변화를 통하여 일어보급을 위한 교육기관으로 활용할 계획이었다.[83] 이처럼 국어강습회와 개량서당은 1910년대 일어보급을 위한 최하부 식민교육기관이나 다름없었다. 심지어 일부 서당 운영자는 스스로 식민교육정책 내

81 『大韓每日申報』1909년 11월 13일 잡보「書堂何多」;『대한매일신보』1909년 11월 13일 잡보「셔당과 학교」.

82 『매일신보』1910년 12월 7일「書堂과 普通學校」.

83 『매일신보』1912년 1월 1일「朝鮮敎育令 精神, 學務局長 關屋貞三郎氏談」.

로 포섭·동화되고 있었다.[84] 이른바 '순회강연회'는 이러한 사실을 분명히 보여준다. 서당·사숙과 관련된 주요한 내용은 다음과 같다.

갑. 국어급 산술의 초보를 수흠에 至케ᄒ기 爲ᄒ야 보통학교 졸업정도의 人을 數個所의 書房이 공동으로 雇入케홀 事.

을. 書房敎師로 ᄒ야곰 국어급 산술을 연구케홀 事.

병. 교수법의 일반 특히 한문, 작문, 습자의 교수법을 知케홀 事.

정. 교과서의 개선에 關ᄒ야 지도홀 事.

무. 사립학교가 皆無ᄒ 府面의 書房은 其一二를 拔ᄒ야 사립학교정도로 발달케홈을 기도홀 事.

사. 各 書房의 酒掃淸潔에 關ᄒ야 대개선을 기도홀 事.[85]

즉 보통학교 졸업생을 파견하여 서당을 관리하는 한편 일어·산술·한문·작문·습자 등을 중심으로 근대교육을 시행하려는 의도였다. 특히 서당교사에 대한 일본어·산술에 대한 연구와 교과서 개선책은 일제의 의도를 보여주는 부분이다. 이는 식민교육기관으로서 서당에 주목한 사실을 반영한다. 곧 삼면일교제三面一校制를 실현하려는 하나의 수단이 곧 서당에 대한 활용이었다. 사립학교가 없는 지역에 한정하여 서당교육을 인정한 사실은 의미하는 바가 크다.

경기도청에서는 관내 사립학교급 사숙생도에게 대ᄒ야 국어급 수신과

---

84 『매일신보』 1912년 1월 25일 「敎育勅語와 書房」.

85 『매일신보』 1911년 8월 27일 잡보 「檜垣長官의 訓諭」.

를 균일케ᄒᆞ며 又ᄂᆞ 교수방법을 지도ᄒᆞ기 위ᄒᆞ야 작년 秋期브터 순
회교사를 배치ᄒᆞ고 열심시행ᄒᆞᆫ 결과로 성적이 양호ᄒᆞ얏스나 부득이
ᄒᆞᆫ 사고를 依ᄒᆞ야 수원 양주 양군을 제ᄒᆞᆫ 외에ᄂᆞᆫ 순회교수를 폐지ᄒᆞ
얏다가 수에 更히 계속실시ᄒᆞ기로 결의ᄒᆞᆫ 고로 각부윤 군수에게 통첩
ᄒᆞ고 사립학교급 서당소재의 위치와 교사의 氏名을 정사수보ᄒᆞ라 ᄒᆞ
얏다더라[86]

경기도청은 사립학교 생도는 물론 사숙 생도에게 일본어와 수신과
목을 교육받도록 규정하였다. 이를 위해 사숙 등에 '순회교사'를 배치
하는 등 통일적인 교육체제를 구축하기에 이르렀다. 원래 계획은 군
마다 최소한 5개 국어강습소 운영이었다. 교육기간은 1개월에 5일 이
상으로 규정하였다.[87] 부윤·군수 등은 이를 식민교육체제 내로 흡수
하는 주체였다. 또 이러한 취지에 벗어난 서당은 통제·감독하는 등
관리대상이었다.

서당에 대한 유화적인 정책은 1920년대 후반을 기점으로 점차 변
화되었다. 1929년 개정된 「서당규칙개정에 관한 건」은 강경책을 위
한 법령이나 다름없었다.[88] 주요 내용은 개량서당을 학교·강습회와
철저하게 구분·통제하려는 의도에서 비롯되었다. 다만 국민도덕에
한하여 보통학교와 같이 교수하라는 내용이었다. 이러한 취지에 따라
개량서당은 간이학교로 전환되거나 일어보급을 위한 강습소와 같은

---

86 『매일신보』1912년 5월 12일 「巡回敎師配置의 成績」.

87 『매일신보』1912년 1월 27일 「巡廻敎師와 書堂」.

88 『관보』1929년 6월 17일 「서당규칙개정에 관한 건」.

성격으로 변질되는 계기를 맞았다.

　이처럼 개량서당은 시세변화에 부응한 민족교육기관과 부족한 교육기관을 보조하는 식민교육기관의 성격을 지닌다. 그런데 전자는 극소수에 불과하고, 대부분은 후자에 속한다. 식민당국자의 지속적인 서당 개량화를 위한 노력은 이러한 상황과 무관하지 않다. 그런 만큼 개량서당에 대한 평가도 교육내용, 운영자와 교사진 성격, 민족해방운동과 관련성 등 다양한 입장에서 파악할 필요성을 더욱 느낀다.

5. 맺음말

개항 이래 일제는 친일세력 육성을 위한 여러 방안을 강구하였다. 일어보급은 주요한 방편 중 하나였다. 각지에 설립한 일어학교는 이를 그대로 보여준다. 일진회는 일찍부터 각지에 일어를 중심으로 가르치는 일어학교를 설립·운영하였다. 1910년 8월경 67개교나 운영될 정도로 일어는 널리 보급되었다. 고조된 배일감정과 달리, 대다수 한국인은 별다른 거부감없이 이에 동조하는 상황이었다.

　'을사늑약' 이후 일제는 일어보급에 노력을 한층 기울였다. 초등교육기관은 일본어 수업시간을 확대하는 반면 한글은 대폭적으로 축소시켰다. 관·공립학교는 물론 사립 초등교육기관마저도 일본인 교사를 파견하는 등 전방위적인 활동을 펼쳤다. 이는 '단순한' 어학 보급에만 그치지 않고 친일세력을 육성하는 문제로 귀결되었다. 서당 개량화도 이러한 상황과 맞물려 널리 진행되었다. 식민교육정책은 개량서당을 출현시키는 주요한 요인 중 하나였다. 일제의 언어동화정책은 당시 상황을 극명하게 보여준다. 언어를 통한 식민정책은 이러한 가운데 착착 진행되는 계기를 맞았다.

물론 일부 선각자는 식민교육에 대한 대응책으로 개량서당을 운영하였다. 이는 소수에 불과할 뿐이었다. 대다수 서당은 경사를 위주로 한 재래서당의 운영방식에서 크게 벗어나지 못하였다. 교사진·교수방법·교과과정·교육시설 등에서 이와 같은 사실을 엿볼 수 있다. 더욱이 1910년대 국어강습회나 서당 활용에 대한 식민당국자 인식 등도 개량서당 기능이나 성격을 어느 정도 보여준다. '저항과 복종'은 문화계몽운동이 지닌 속성이자 한계로 지적될 수 있다. 대부분 개량서당도 이러한 성격에서 결코 벗어날 수 없었다. 오히려 식민교육정책을 지원하거나 보조하는 등 '민족교육'은 구호에 그치고 말았다. 이는 일부 현상이 아니라 전반적인 분위기나 다름없었다.

3·1운동 이후 문화운동 확산과 더불어 개량서당은 입학난 구제를 위한 초등교육기관으로 활용되었다. 사회개조와 더불어 제기된 실력양성론은 교육만능주의와 직결되는 분위기였다. 향학열 고조는 국내 민족해방운동을 진전시키는 기반 확대로 이어지는 긍정적인 측면과 아울러 '학벌만능주의'로 이어지는 등 부정적인 양면성을 지닌다. 합법적인 영역 내에서 모색된 이러한 논리는 1920년대 문화운동과 직결되어 나갔다. 그런 만큼 식민교육정책에 대한 저항 주체로서 개량서당은 일정한 한계를 지닐 수밖에 없었다. 오히려 개량서당은 식민교육기관이라는 성격을 보다 강하게 내포하고 있다.

이처럼 개량서당은 민족교육기관과 식민교육기관으로서 양면성을 보여준다. 우리에게 드리운 식민지 잔재는 광복60주년인 아직까지 곳곳에 남아 있다. 우리의 바람이나 소망과 전혀 유리된 채로 말이다. 문화계몽운동에 대한 평가도 긍정적인 측면만 부각시킨 선입견에서 벗어나야 한다. 객관적인 사실에 입각한 연구는 부분별 민족해방운동의 본질을 파악할 수 있기 때문이다. 나아가 과장·미화된 역사적인 평가는 또다른 '역사왜곡'이나 다름없다. 일제강점기 개량서당은 오늘날 우리에게 어떠한 의미인 지를 다시 한 번 고민할 때가 아닌가 한다. 단순한 과거사에 대한 회고가 아닌 국제화에 부응한 우리의 주체적인 교육을 위한 디딤돌로서 말이다.

『태극학보』·『대한자강회월보』·『서북학회월보』·『독립신문』·『황성신문』·『대
　　한매일신보』·『매일신보』·『조선일보』·『동아일보』·『개벽』·『구한국관보』·
　　『조선총독부통계연보』.

조선총독부, 『현행조선교육법규』, 1942.

국사편찬위원회, 『일제침략하한국36년사』, 1969.

송병기외, 『한말 근대법령자료집』, 국회도서관, 1971.

단재신채호전집간행위원회, 『단재신채호전집』, 1972.

현기언외, 『일제의 문화침탈사』, 현음사, 1970.

노영택, 『일제하 민중교육운동사』, 탐구당, 1979.

안기성, 『한국근대교육법제연구』, 고려대출판부, 1982.

정재철, 『일제의 대한국식민주의교육정책사』, 일지사, 1985.

한국정신문화연구원, 『일제하의 교육이념과 그 운동』, 1986.

윤건차(심성보외 역), 『한국근대교육의 사상과 운동』, 청사, 1987.

이성연, 『열강의 식민지 언어정책에 관한 연구』, 전남대박사학위논문, 1988.

박찬승, 『한국근대정치사상사연구』, 역사비평사, 1991.

김도형, 『대한제국기의 정치사상연구』, 지식산업사, 1994.

고천선자, 『일제시대 보통학교체제의 형성』, 서울대박사학위논문, 1996.

김진두, 『1910년대 매일신보의 성격에 관한 연구』, 중앙대박사학위논문, 1997.

김성학, 『서구교육학 도입의 기원과 전개』, 문음사, 1996.

김형목, 『1910년 전후 야학운동의 실태와 기능』, 중앙대박사학위논문, 2001.

경기문화재단, 『일제하 경기도지역 종교계의 민족문화운동』, 2001.

조동걸, 「1910년대 민족교육과 그 평가상의 문제」, 『한국학보』 6, 일지사, 1977.

최근식, 「일제시대 야학운동의 규모와 성격」, 『사총』 47, 고려대, 1997.

김형목, 「1920년대 전반기 경기도 야학운동의 실태와 기능」, 『한국독립운동사연

구』13, 1999.

김형목, 「1910년대 야학의 실태와 성격 변화」, 『국사관논총』 94, 2000.

김형목, 「한말·1910년대 여자야학의 성격」, 『중앙사론』 14, 2000.

김형목, 「1910년대 동화정책과 사립경성유치원」, 『한국민족운동사연구』 28, 2001.

정상우, 「1910년대 일제의 지배논리와 지식인층의 인식」, 『한국사론』 40, 서울 대, 2001.

박종선, 「일제 강점기(1920~1930년대) 조선인의 개량서당운동」, 『역사교육』 71, 2002.

김형목, 「야학운동의 의의와 연구동향」, 『사학연구』 66, 한국사학회, 2002.

김형목, 「대한제국기 인천지역 근대교육 주체와 성격」, 『인천학연구』 3, 인천학 연구원, 2004.

4장

1920년대 인천지역
야학운동 실태와 성격

....

김형목

1. 머리말

야학은 1890년대 후반 시무책時務策 일환인 근대교육 시행과 더불어 시작되었다. 세천야학교와 흥화학교 부설인 야학과나 독립적인 일어야학·한어야학 등은 당시 대표적인 야학이었다. 박은식朴殷植은 노동자·빈민자제를 위한 적극적인 야학 시행을 제기하였으나 별다른 주목을 받지 못하였다. '을사늑약' 이후 사립학교설립운동을 통한 근대교육운동 확산에 따른 교육열 고조는 야학운동으로 발전되는 계기를 맞았다. '강제병합' 직전까지 설립된 1,000여 개소 이상에 달하는 국문야학·노동야학·농민야학 등은 이를 반증한다.[1]

특히 3·1운동 이후 실력양성론에 입각한 문화계몽운동 확산은 야학운동을 한 차원 진전시키는 밑거름이었다. 일제강점기 최소한 60,000여 이상 운영된 야학은 당시 상황을 여과없이 보여준다. 이러한 가운데 야학운동은 부문별 민족해방운동과 연계를 맺으면서 분화·발전하는 계기였다. 활동가들은 상이한 운동론과 무관하게 야학을 통한 활동영역 확대와 지지기반 구축에 노력하였다. 이처럼 야학운동은 민족해방운동을 진전시키는 '매개체'로서 중요한 의미를 지닌다.[2]

---

[1] 김형목, 『대한제국기 야학운동』, 경인문화사, 2005, 11~12쪽.

[2] 인천지역 야학운동에 관한 독립적인 논문은 전혀 없다. 일제강점기 지역운동사나 부문

반면 야학운동은 "선실력양성先實力養成 후독립後獨立"에 기초한 순응적인 측면을 결코 무시할 수 없다. 일제강점기 식민통치와 문화계몽운동과 관련성 등은 이를 통하여 보다 실상에 접근할 수 있다. 그런데 인천지역 야학운동 연구는 다른 지역과 마찬가지로 아직 '걸음마' 단계에 불과하다. 전체적인 현황조차도 제대로 파악하지 못한 실정임을 부인할 수 없다. 필자는 이러한 점에 주목하여 기존 성과를 바탕으로 1920년대 인천지역 야학운동에 주목하였다.

먼저 3·1운동 이전인 대한제국기 야학과 변질된 1910년대 국어강습회를 살펴보았다. 야학 시행은 교육입국론에 입각한 변혁운동 일환이었다. 김구가 옥중에서 가르친 '인천감리서학교'나 박문협회에서 설립한 영어학교(야학)는 이러한 취지에 상당히 부합하였다. 이는 근대교육에 대한 인식 변화를 초래하는 요인 중 하나였다. '을사늑약'

별 민족해방운동사를 다루는 가운데 부분적으로 언급하는 정도였다. 인천지역 야학운동과 관련된 논저는 다음을 참조하라.

노영택, 『일제하 민중교육운동사』, 탐구당, 1979 ; 인천시사편찬위원회, 『인천시사』 상, 1993 ; 이훈상, 「구한말 노동야학 성행과 유길준의 '노동야학독본'」, 『두계이병도 박사구순기념 한국사학논총』, 일조각, 1987 ; 황공률, 『조선근대애국문화운동사』, 과학백과사전종합출판사, 1990 ; 김형목, 「한말 경기지역 야학운동의 배경과 실태」, 『중앙사론』 10·11, 중앙사학연구회, 1998 ; 김형목, 「1920년대 전반기 경기도 야학운동의 실태와 기능」, 『한국독립운동사연구』 13, 한국독립운동사연구소, 1999 ; 김형목, 「1910년대 야학의 실태와 성격변화」, 『국사관논총』 94, 국사편찬위원회, 2000 ; 김형목, 「1898~1905년 야학의 근대교육사상 의의」, 『한국민족운동사연구』 48, 한국민족운동사학회, 2006 ; 김형목, 「대한제국기 경기도 야학운동의 성격」, 『덕봉오환일교수 정년기념 사학논총』, 논총간행위원회, 2006 ; 김형목, 「1910년대 경기도의 일어보급과 국어강습회」, 『동양학』 39, 단국대 동양학연구소, 2006.

이후 국망國亡에 대한 위기의식은 이를 진전시키는 밑바탕이나 다름
없었다. 교육구국을 표방한 사립학교와 더불어 야학은 근대교육을 위
한 중심기관으로서 자리매김할 수 있었다. '강제병합' 이후 야학은 일
본어 보급을 위한 식민교육기관으로 변질되었다. 이른바 국어강습회
는 부족한 공교육기관을 보조하는 교육기관에 불과할 뿐이었다.[3] 대
다수 개량서당도 이러한 범주에서 크게 벗어나지 않았다. 이곳 지역
적인 특성을 반영하듯, 행정기관 주도에 의한 국어강습회 운영은 활
발하였다.[4]

이어 야학운동 진전 배경과 실태 등도 파악하였다. 배경은 교육열
고조와 이에 따른 입학난 심화, 민중층 성장에 의한 문화운동·노동운
동 등 부문별 민족해방운동 활성화에서 찾았다. 개인·사회·국가 개
조에 대한 열풍은 합법적인 문화운동을 확산시키는 요인이었다. "아
는 것이 힘이다. 배워야 산다."는 슬로건은 민족주의나 사회주의 진
영 모두에게 시급한 과제였다. 특히 사회주의 유입에 따른 노동자 교
양문제는 시급한 현안 중 하나로서 성큼 다가왔다. 노동자 교양을 위
한 교육기관으로 출발한 소성야학회는 노동자 권익을 위한 인천노동
총동맹으로 발전하였다.[5] 야학운동과 노동운동 상호간 보완적인 측면
은 여기에 그대로 반영되었다.

---

3   김형목, 「1910년대 경기도의 일어보급과 국어강습회」, 2쪽.
4   개벽사, 「논설, 仁川아 너는 엇더한 都市?」, 『개벽』 48, 1924년 6월호, 126~133쪽.
5   『시대일보』 1924년 9월 11일 「勞働雜誌에 寄稿를 歡迎」, 10월 16일 「仁川에 勞働
    講演, 인천로동총동맹회 주최로 래이십사일」 ; 김경일, 『일제하 노동운동사』, 창작과
    비평사, 1992, 434쪽 ; 노영택, 「일제하 항구도시 노동운동의 성격 – 인천지역을 중
    심으로 – 」, 『오세창교수화갑기념 한국근·현대사논총』, 동편찬간행위원회, 1995,
    349~350쪽.

마지막으로 인천지역 야학운동이 민족운동사에서 차지하는 위상을 파악하였다. 이는 교육적인 측면과 새로운 민중문화 수립 차원에서 살펴보았다. 야학운동은 문맹퇴치라는 교육적인 차원과 아울러 새로운 인간관계에 기초한 민중문화운동 일환이었다. 이를 통하여 인천지역 야학운동 실태와 특성은 물론 각종 단체와 관련성이 보다 선명하게 밝혀지기를 기대한다. 다만 지역적인 특성과 원인, 주민의 호응과 반응, 운영 주체의 민중에 대한 인식, 성격 변화 등은 차후 과제로 남겨둔다.

2. 3·1운동 이전 야학과 국어강습회

1) 대한제국기 야학

인천항 개항은 외부세계와 소통을 통하여 새로운 세계관을 형성하는 중요한 계기였다. 조계지는 근대문물과 서구적인 생활상을 주민들에게 실감시키는 '현장'이었다. 반면 이방인에 대한 의구심은 자기정체성을 확립하려는 '몸부림'으로 나타났다.[6] 근대교육기관인 '학교 탄생'은 충격이자 주요 관심사로 부각되었다. 그런데 지배층 의지와 달리 공교육은 부진을 면치 못하였다. 지방관의 근대교육에 대한 인식부족과 미비한 교육재정 등은 이를 가로막는 장

---

6 이지애, 「개화기 '배움터'의 변화와 '자아 찾기'로의 일상성」, 『근대의 첫 경험 - 개화기 일상 문화를 중심으로 - 』, 이화여대출판부, 2006, 144~148쪽.

애물이었다.[7]

인천지역 근대교육은 일찍이 선교사업 일환으로 여성교육부터 시작되었다. 최초 학교는 1892년 1월 30일 인천 내리교회內里敎會 내에 설립된 영화여학당永化女學堂이었다.[8] 개항장으로서 지역적인 특성은 근대교육 시행 초기부터 단초를 엿볼 수 있다. 설립자인 존스趙元始 부인은 남편과 함께 인천에 도착한 직후부터 여성교육에 착수할 정도로 열성적이었다. 물론 현지 상황에 대한 인식 부족과 미진한 준비 등으로 수많은 난관을 초래할 수밖에 없었다. 그녀 의도와 달리 자발적인 입학 지원자는 전무하였다. 개교는 의지할 곳 없는 고아나 마찬가지인 여자아이 1명과 함께 비롯되었다.[9] 서재를 개조한 공간은 교실이자 '생활공간'이었다. 체계적인 교육과정이나 교재·교육시설 등도 '초라'하기 이를 데 없었다. 이후 교세 확장과 더불어 입학지원자도 증가하는 등 초등과 중등교육을 병행하는 교육기관으로서 기반을 구축하였다. 교과과정 정비도 이와 맞물려 진행됨으로써 교육 내실화를 도모할 수 있었다. 곧 인천지역 근대화는 개항에 따른 외부충격과 아울러 자아각성에 의하여 점진적이나마 내재적인 밑바탕을 구축하기에 이르렀다.[10]

7   김형목, 「대한제국기 강화지역의 사립학교설립운동」, 『한국독립운동사연구』 24, 한국독립운동사연구소, 2005, 6~7쪽.

8   영화중학교, 『영화70년사』, 동편찬위원회, 1963, 32~34쪽 ; 경기도교육위원회, 『경기교육사』 상, 1975, 156~160쪽 ; 인천광역시교육청, 『인천교육사』, 1995, 190쪽.

9   영화중학교, 『영화70년사』, 35~37쪽.

10   김형목, 「대한제국기 인천지역 근대교육운동 주체와 성격」, 『인천학연구』 3, 인천학연구원, 2004, 80쪽.

1890년대 인천지역 계몽운동을 주도한 박문협회도 사립학교 설립에 앞장섰다.[11] 영어학교는 영화여학당과 더불어 당시 인천지역을 대표하는 근대교육기관으로 발전하였다. 교장은 박문협회장 겸임이었고, 해관 재직자인 강준姜準·이학인李學仁 등은 교사로서 지원을 아끼지 않았다.[12] 피교육자는 박문협회 회원과 영어에 관심이 있는 주민들이었다. 이들 대부분은 기독교인들로 외래문물에 비교적 우호적인 입장을 견지하고 있었다. 수업은 학생들 편의 도모와 여건 등을 감안하여 야학으로 운영하였다. 이는 오늘날 '평생교육'과 유사한 운영방식으로 선구적인 의미를 지닌다. 변화에 부응하는 인재양성과 개개인의 지적 능력계발은 궁극적인 의도였다.

근대교육에 대한 인식은 이와 맞물려 점차 변화를 거듭하였다. 죄수들조차도 주야로 향학열을 불태웠다.[13] 인천감옥에 수감 중인 김창수·양봉구는 죄인들 문맹퇴치를 위한 근대교육 시행에 나섰다. 주요 교과목은 『소학』·『동몽선습』과 일반시사·서간문 등이었다. 이는 신·구학을 절충한 교과과정으로서 의미를 지닌다. 김창수는 바로 대한민국임시정부 주석인 백범 김구金九였다. 한말 해서교육총회海西敎育總會 학무총감을 비롯한 양산학교楊山學校 운영 등 그

---

11   신용하, 『독립협회연구 - 독립신문·독립협회·만민공동회의 사상과 활동 - 』, 일조각, 1975, 118쪽.

12   『독립신문』 1898년 7월 25일 잡보 「학교설립」 ; 『황성신문』 1908년 8월 16일 잡보 「姜氏義務」.

13   『독립신문』 1898년 2월 15일 외방통신 ; 김구, 『백범일지(백범학술총서②)』, 나남출판, 2002, 109쪽.

의 교육구국운동은 이때 이미 배태되고 있었다.[14] 죄수들은 이들 영향을 받아 학문에 매진하는 등 모범적인 수형생활을 보였다. 이제 감옥은 '인천감리서학교'라고 할 정도로 세인의 관심과 주목을 받았다. 인천인들의 김구에 대한 옥중 지원도 이러한 사실과 무관하지 않았다.

한편 서울 급수상야학(물장수야학 – 필자주)에 대한 대대적인 보도는 근대교육기관으로서 야학에 대한 인식을 크게 일신시켰다.[15] 각종 계몽단체는 이러한 상황에 적극적으로 부응할 만큼 새로운 변화를 주도하였다. 인천해관 재직자를 중심으로 조직된 계몽단체는 중 하나는 바로 광학회였다. 목적은 신학문 소개·공유를 통한 회원 교양 증진과 근대교육 보급이었다. 회원 중 곽중근郭重根·전규영全圭永 등은 박문학교博文學校 내에 영어·일어·산술을 주요 교과목으로 하는 야학을 설립하였다. 이들은 장기빈張箕彬과 명예교사로서 활약하는 한편 운영비까지 전담할 정도로 열성적이었다. '교과전담제'에 입각한 학교운영은 주민들에게 새로운 관심사로서 부각되었다. 근로청소년들 중 일시에 30여 명이나 호응한 사실은 변모하는 상황을 그대로 보여준다.[16]

지방관도 야학운동에 동참하였다. 부평군수 전국환全國煥은 노동야학교인 계창학교桂昌學校를 설립한 후 국·한문과 보통학교 과정

---

14 김형목, 『대한제국기 야학운동』, 103쪽.

15 『황성신문』 1908년 2월 20일 논설 「勸勉勞働同胞夜學」; 김형목, 「급수상야학」, 『한국독립운동사사전(운동·단체편)』 3, 한국독립운동사연구소, 2004, 505쪽.

16 『황성신문』 1907년 12월 18일 잡보 「仁港夜學」.

을 중심으로 가르쳤다. 초동목수 70여 명은 일시에 호응하는 등 교세는 날로 번성하였다.[17] 인근 사립학교와 연합운동회 개최는 야학생들에게 지적 호기심과 경쟁심을 유발시켰다. 전직 관료인 신현면 정형택鄭炯澤·정우택鄭禹澤 형제는 거주지에 진명의숙進明義塾을 설립한 후 운영비를 자담하였다. 명예교사로서 활약과 함께 심지어 학용품·교재비까지도 지원함으로써 주민들로부터 적극적인 후원을 받을 수 있었다. 정우택의 노동야학과 운영은 근로청소년 향학열을 불돋우는 계기였다.[18] 화도의숙이 경비난으로 폐교에 직면하자, 초동·목부 등은 운영비 마련을 위한 의연금 모집에 나섰다. 유지신사 조경찬趙慶讚 활동에 감화를 받은 유치흥俞致興·유재명俞載命은 각각 교사건물로 1채 가옥과 책걸상 50개씩을 기증하였다. 인천부윤 김윤정金潤晶은 당지를 찾아 이들을 격려하는 한편 근대교육 중요성을 일깨웠다. 근로청소년들은 일제히 단발한 후 130여 명이나 야학에 지원하는 등 급격한 교세 확장으로 이어졌다.[19]

학생들 스스로도 학령아동과 근로청소년을 위한 야학 설립에 앞장섰다. 다소면 송림동 부근에 거주하는 허환許還·이갑규李甲奎·이명호李明浩·신영우申永愚 등은 노동자 교육기관인 이문학교以文學校를

17　『황성신문』1908년 9월 13일 잡보「富倅勤勸」, 9월 19일 잡보「桂昌益昌」;『大韓每日申報』1908년 9월 16일 잡보「桂昌校의 夜學」.
　　　전국환은 일진회 임원으로 군수가 되었다. 강제병합 이후 개과천선하여 민족대동단을 조직·활약하는 등 동립운동가로 변신한 대표적인 인물이다.

18　기호흥학회,「학계휘문, 進明擴張」,『기호흥학회월보』10, 38쪽;『大韓每日申報』 1909년 4월 27일 학계「進明擴張」;『대한매일신보』1909년 4월 28일 잡보「진명학교화장」.

19　『대한매일신보』1908년 10월 24일 잡보「유지방침연구」;『大韓每日申報』1908년 10월 25일 잡보「金石可透」.

복설한 후 야학을 세웠다. 이들 노력에 부응하여 인근 청소년은 물론 사숙 생도들도 50여 명이나 호응하였다.[20] 마을 주민이나 유지들은 자신들 자제를 위한 야학 설립·운영에 적극적이었다. 구읍면舊邑面 관청리의 김재옥金在玉·하석현河錫炫·채룡명蔡龍明·정태준鄭泰俊 등은 야학교를 설립한 다음 농업에 종사하는 청년자제 30여 명을 가르쳤다.[21] 야학생들은 스스로 운영비 조달 방안을 모색할 만큼 설립취지에 부응하는 분위기였다.

이처럼 야학은 사립학교와 더불어 근대교육 중심기관으로서 발전을 거듭하였다. 야학운동으로 진전은 이와 같은 상황과 맞물려 진행되었다. 당시 인천지역에 설립된 야학 현황은 〈표 1〉과 같다.

2) 1910년대 국어강습회

「조선교육령」과 「개정 사립학교령」은 일제강점기 식민교육정책 근간이었다. '충량忠良한 일본신민日本臣民'으로서 의무만을 충실히 수행하는 '식민지형' 인간양성은 궁극적인 취지이자 목표였다.[23] 이에 일어는 필수과목인 '국어'로서 당당한 위치를 차지한 반면 한

---

20 『大韓每日申報』1910년 4월 9일 학계 「其志甚善」;『대한매일신보』1910년 4월 9일 학계 「잘ᄒᄂ 일이야」;『황성신문』1910년 3월 18일 잡보 「是何不應」.

21 『대한매일신보』1910년 2월 20일 학계 「야학교설립」;『大韓每日申報』1910년 2월 23일 학계 「夜學刱設」.

22 김형목,『대한제국기 야학운동』〈부록 Ⅱ-2〉 중 인천·부평지역에 설립된 야학을 정리·보완함.

23 『매일신보』1912년 1월 5일「教育勅語와 訓令」; 김형목,「일제강점 초기 개량서당의 기능과 성격」,『사학연구』78, 한국사학회, 2005, 240쪽.

〈표 1〉 대한제국기 인천지역 야학현황[22]

야학명	위치	설립자	교사진	교과목	학생 수	출전
인천감리서 학교	인천 읍내	김구·양봉구	좌동	소학·동몽선습·시사일반	20	독1898.2.15
영어학교	인천 박문회관내	박문협회	이학인·강준	영어	30	독1898.7.25; 황1908.8.16
수제학교	인천부내	김교원·전학인	강준·강신목·이학인	경사·지지·산술·영어	70	황1900.9.15, 10.6, 1902.4.25
박문야학	인천박문학교내	광학회	곽중근·전규영·장기빈	영어·일어·산술	30	황1907.12.18
노동 야학교	부평	전국환;군수	계창학교 교사	국문·한문 각과정	초동 목수;70	황1908.9.13,9.19 大1908.9.16
화도의숙	인천 화도리	초동목부·유치흥·유재명	조경찬·박찬현		주야 130명	대1908.10.24; 大1908.10.25, 11.14
명신 야학교	인천 신창동	명신학교	명신학교 교사	보교과정	30	대1908.11.26; 大1908.11.28
노동 야학과	인천 신현면 진명의숙내	정형택·정우택	정우택	〃	30	大1909.4.27; 대1909.4.28;『기호』10
야학교	인천 구읍면 관청리	김재옥·하석현·최경현·정태준·채룡명	좌동	〃	30	대1910.2.20; 大1910.2.22
이문학교; 노동야학	인천 다소면 송림동	허환·이갑규·이명호·조재영 등	좌동	〃	50	대1910.4.9; 大1910.4.9; 황1910.3.18

글은 선택과목이자 '제2외국어'인 조선어로 전락하고 말았다. 또한 한국역사·지리교과서 등은 철저한 식민사관에 입각하여 편찬·보급되었다.

일본역사·지리 등은 미화·찬양과 더불어 자국사 중심으로 왜곡을 마다하지 않았다.[24] 이는 한국인 학생들에게 자기 비하와 동시에 전통적인 가치관이나 자국사에 대한 모멸감을 심화시켰다.

---

24 김형목, 「식민지 교육정책과 경기도 내 교육실태」, 『경기도사(일제강점기)』 7, 경기도 사편찬위원회, 2006, 76쪽.

굴절된 일제강점과 더불어 역사왜곡은 저들 통치기반을 강화하는 주요한 수단으로 활용되었다. 더욱이 실업교육 강조는 근로의식 고취와 생산력 증대를 위한 방편에 불과할 뿐이었다.[25] 한국인에 대한 가혹한 수탈 방안은 이미 식민교육을 통하여 철저하리 만큼 강구되고 있었다. '기능적이고 순종적인' 저급한 한국인 양성은 이러한 의도와 맞물려 급진전되었다.

한편 식민당국자는 양 민족 동화를 위한 최선책으로 일어보급에 의한 정서 공유로 인식하였다.[26] 상호간 의사·감정 전달은 기본적으로 언어에 대한 이해를 전제로 하기 때문이다. 더불어 '효율적인' 식민정책 수행상 일어보급은 시급한 문제가 아닐 수 없었다. 90%에 달하는 문맹률은 저들의 법령취지를 무색하게 만드는 요인이었다. 이는 단기간에 결코 실현될 수 없는 난제 중 하나였다. 폭압적인 통치와 더불어 회유를 통한 '점진적인' 동화정책은 이러한 배경 속에서 추진될 수밖에 없었다.[27]

1910년대 제도권 초등교육기관은 절대적으로 부족한 상황이었다. '삼면일교제三面一校制'에 입각한 공립보통학교조차도 제대로 운영되지 못하는 등 절대적인 학령아동學齡兒童 수용에 한계를 드러내었다. 이는 일어보급을 위한 식민교육정책상 커다란 걸림돌로 작

---

25 『매일신보』 1910년 11월 11일 잡보 「道長官實業獎勵」, 11월 22일 「普通學校改革案」, 1911년 3월 21일 사설 「農業方法의 研究」, 1914년 1월 1일 「京畿道政의 三年回顧와 將來抱負」, 1916년 4월 5일 사설 「農業實習敎授(一)」 ; 정재철, 『일제의 대한국식민주의교육정책사』, 일지사, 1985, 319~324쪽.

26 『매일신보』 1913년 11월 2일 사설 「國語普及의 急務」.

27 김형목, 『1910년 전후 야학운동의 실태와 기능』, 중앙대박사학위논문, 2001, 133~135쪽.

용하였다.[28] 사립 초등교육기관에 대한 일본인 교사파견 확대·장려, 사립학교 통폐합에 의한 공립보통학교 전환 등은 이러한 의도와 맞물려 진행되었다. 부족한 교육시설 활용 방안은 서당 개량화를 통한 학령아동과 국어강습회 설립에 의한 문맹한 성인 수용으로 귀결되었다.[29]

인천면의소仁川面議所는 행정조직을 이용하여 일본어야학회(인천항일어야학회: 필자주)를 설립하였다. 설립자는 일본인 삼환태랑森丸太郎, 부내면장 서상빈徐相彬, 동장 10여 명 등이었다. 주요 대상자는 인천에 거주하는 노동자와 적빈자赤貧者들로서 연령 12~46세까지로 제한하였다. 여자와 노약자를 제외한 남자 거주민은 사실상 모든 대상자나 다름없었다. 이들은 일어야학교를 설립한 후 감독 2인과 강사 6인을 선정하는 등 조직적인 운영체제를 정비하였다.[30] 동장들은 모집책임을 전담하는 등 공권력에 의한 강제동원이나 다름없었다. 1913년 황등천면黃等川面 면장 남길우南吉祐는 국어연습회를 설립한 후 교사 1명을 초빙하였다. 그는 초빙교사와 더불어 청년 70여 명에게 일어와 보통학교 과정을 중심으로 가르쳤다.[31] 일어에 대한 관심은 이러한 가운데 상당히 고조되는 분위기였다. 행정기관은 군청·면사무소는 물론 경찰서도 일어보급을 위한 제반

---

28 정혜정, 「일제강점기 보통학교 교육정책 연구」, 『일제의 식민지 지배정책과 《매일신보》』, 두리미디어, 2005, 131~132쪽.

29 『경남일보』 1911년 12월 9일 경기통신 「國語普及計劃」 ; 김형목, 「1910년대 경기도의 일어보급과 국어강습회」, 9쪽.

30 『매일신보』 1910년 9월 30일 학계보 「仁港일어夜學校」.

31 『매일신보』 1913년 8월 12일 「仁川의 國語演習, 인천의 국어연습회죠직」.

지원을 아끼지 않았다.

인천공립학교 부설인 인천야학교도 일어를 중심으로 '선별적인' 보통교과목을 가르쳤다. 100여 명에 달하는 응시자는 시험으로 50 명만을 선발·수용하였다.[32] 학업 성취도와 향학열 고취 방안은 성적 우수자에 대한 시상으로 이어졌다. 사립명덕학교 부설인 국어강습회는 대상자를 부녀자로 확대하여 좋은 성과를 거두었다. 지방관리와 일본인들은 의연금과 아울러 명예교사로서 자원을 마다하지 않았다. 인천부청은 공립학교는 물론 사립학교 9개교와 서당 10개소에 이를 부설로서 설립·운영하였다. 각 면사무소도 조선총독부 기관지인 『매일신보』 구독과 국어강습회를 설립하는 등 일어 보급에 행정력을 집중시켰다.[33] 일본어 해득자에 대한 취업도 행정기관에서 알선할 정도로 주민들을 독려하였다. '일본어만능시대'는 견고한 식민지배체제 구축과 더불어 부지불식간에 사회적인 위력을 발휘하는 계기였다.

지방관청이나 공립보통학교는 이를 주요 현안으로 인식·실천하였다. 각 면장 책임하에 조직된 일어연구회는 당시 상황을 가감없이 보여준다. 특히 일본인 관리·교원·군인·재산가 등은 주민들

---

32 『매일신보』 1912년 6월 26일 「仁川의 勞働者, 인천로동자의 샹황」, 7월 19일 「仁川 夜校의 試驗」 ; 김형목, 「식민지 교육정책과 경기도 내 교육실태」, 81쪽.

33 『매일신보』 1913년 12월 21일 「仁川의 國語普及」.

34 〈표 2〉는 김형목, 「1910년대 경기도의 일어보급과 국어강습회」와 김형목, 「식민지 교육정책과 경기도 내 교육실태」 등을 중심으로 정리·보완하였다. 일본어 보급을 위한 일제당국자의 노력 등에 관한 식민교육정책사에 관한 자료는 풍부하다. 반면 각지에서 실시된 구체적인 실상은 조선총독부 기관지인 『매일신보』를 통하여 파악할 수 있다. 『경성일보』도 극히 '모범적인' 일부 사례를 소개하는 정도에 불과하다. 『매일신보』에 대한 재평가와 이를 근거로 한 연구 활성화는 이러한 저간 사정과 무관하지 않다.

<표 2> 1910년대 인천지역 국어강습회 현황[34]

야학명	위치	설립자	교사진	교과목	학생수	출전
인천항일 어야학교	인천면	삼환태랑, 서상빈, 면장, 동장10인	삼환태랑외 5인,감독2인	일어	12~ 46세	매1910.9.30
인천 야학교	인천 공보교 내	인천공보교	공보교교사		50	매1912.6.26, 7.17, 7.19
국어 연습회	부황동	남길우	지방관리	일어	37	매1913.8.12
간이상업 학교	공립 보통학교	인천공보교	공보교교사	일어·상업 부기·상업 요항	다수	매1913.12.21
국어 강습회	부내면	부내면사무소	면장	일어	수십명	매1913.12.21
국어 야학회	덕적면	명덕학교	교사· 일본인	일어		매1913.12.21

과 '원만한' 유대관계를 위한 일환으로 이를 추진하였다. 〈표 2〉는 1910년대 인천 관내 설립된 주요 국어강습회 현황이다.

〈표 2〉에 나타난 국어강습회는 당시 설립·운영된 전부를 의미하지 않는다. 이는 대표적이거나 널리 알려진 사례 중 일부이다.[35] 이를 통하여 국어강습회는 광범하게 운영된 사실을 쉽게 추측할 수 있다.

국어강습회는 부청·면사무소·경찰서와 공·사립학교 등 관리와 교사들 주도로 운영되었다. 일본인 관리나 실업가 등도 적극적

---

35 『매일신보』1911년 6월 30일 「京畿管內의 國語夜學會數」.
1911년 6월 현재 경기도내 국어강습회는 47개소에 1,730여 명이나 출석하는 성황이었다. 그런데 『매일신보』를 통하여 파악할 수 있는 부분은 15개소 정도에 불과하다. 이를 통하여 도내 소재한 공립보통학교에는 국어강습회를 모두 운영하였다고 생각된다.

으로 동참·후원하는 분위기였다. 자신이 운영하는 회사·상점 등에 한국인 고용은 이를 반증한다. 이들의 인식이나 참여 배경 등에 관한 구체적인 사료는 없다. 다만 '폭압적인' 헌병경찰제도를 은폐·미화하는 동시에 일어를 통한 우호적인 분위기 조성은 주요한 목적이었다.[36] 나아가 '차별화'된 동화정책을 위한 안정적인 식민체제 구축은 궁극적인 지향점이나 마찬가지였다.

3. 문화계몽운동 확산과 교육열

1) 문화계몽운동 확산

(1) 합법적인 활동영역 확대

3·1운동 결과로 식민정책은 무단통치에서 이른바 문화정치로 전환되었다. 이러한 변화는 고도로 치밀하게 계획된 민족분열책이라는 '기만성'을 내포한다. 궁극적인 의도는 민족구성원간 대립·갈등에서 기인된 민족역량을 반감시키는 데 있었다. 반면 국내 활동가들은 합법적인 활동 공간과 영역을 일정 부분 확보함으로써 실력양성론에 입각한 문화계몽운동에 전력할 수 있었다. 1920년대 야학운동·물산장려운동·보통학교승격운동·민립대학설립운동 활성화는 이러한 상황 속에서 이루어졌다.

---

36 『매일신보』 1912년 6월 26일 「仁川의 勞働者, 인천로동쟈의 샹황」, 7월 19일 「仁川夜校의 試驗」.

외래 사조 유입으로 '개조改造'라는 개념은 시대적인 화두로서 대두되었다. 이에 부응한 개인·가정·사회 개조 등은 시급한 현안이나 마찬가지였다.[37] 제1차 세계대전 이후 세계질서 재편에 따른 사회적인 분위기는 다양한 운동론에 근거한 민족해방운동을 분화·발전시키는 밑거름이었다. 군·면 단위로 조직된 청년·노동·농민·교육단체 등은 이를 추진하는 중심세력이나 마찬가지였다. 지역 단체를 망라한 통합적인 중앙조직 탄생은 체계적·통일적인 민족해방운동을 모색하는 계기였다.[38]

조선청년연합회는 지역 단위로 조직된 청년단체의 고립·분산적인 활동을 지양하는 대신 통일전선적인 입장을 강조하였다.[39] 사회주의 이념 유입에 따른 치열한 '사상투쟁'은 노동·농민운동 현장과 접목되면서 점차 현실모순의 타개책을 강구하기에 이르렀다. 이러한 노력으로 1924년경 청년단체는 크게 민족주의와 사회주의 진영으로 통합되어 나갔다.[40] 민족해방운동의 다양한 방향 모색은 식민체제에 대한 지속적인 저항력을 배양·온존하는 원동력이었다. 민족해방운동을 추진하는 과정에서 대두된 커다란 현실문제 중 하나는 문맹퇴치였다.[41]

---

37   조규태, 『천도교의 문화운동론과 문화운동』, 국학자료원, 2006, 36~41쪽.

38   안건호, 「1920년대 전반기 청년운동의 전개」, 『한국근현대청년운동사』, 풀빛, 1995, 61~63쪽.

39   『동아일보』 1920년 7월 15~18일 「朝鮮靑年聯合會期成會; 各地 靑年團體의 加入을 歡迎」, 8월 17일 기서 「朝鮮靑年聯合會에게 希望」.

40   김준엽·김창순, 『한국공산주의운동사』 2, 청계연구소, 1986, 100~107쪽.

41   최근식, 「일제시대 야학의 규모와 성격」, 『사총』 47, 고려대, 1997, 168~170쪽.

한편 개신교의 엡윗청년회·엡윗여자청년회·수양회·면려회 등은 근대교육 중요성을 역설함으로써 자강운동기 이래 교육열을 다시 고조시켰다. 각종 순회강연단은 이러한 흐름을 주도하는 상황이었다.[42] 인천도 이와 같은 분위기에서 크게 벗어나지 않았다. 1927년 인천의법소년회 주최인 하기아동학교에는 무려 200여 명이나 몰려드는 성황을 이루었다. 교과목은 성경·율동·수공·유희 등 유치원 교과과정과 유사하였다.[43]

이러한 단체는 사립학교에 대한 지원뿐만 아니라 하기성경학교·야학·강습소를 직접 설립·운영하였다. 기독교 여성단체 활동은 새로운 인간관계 형성과 아울러 가치관 변화를 초래하는 요인이었다.[44] 각지에 조직된 청년회도 생활개선·풍속개량과 더불어 문맹퇴치와 학령아동 구제를 위한 야학 운영에 앞장섰다. 마을문고·신문잡지종람소 운영은 시세변화를 일깨우려는 일환이었다. 전국 각지를 순회하는 강연단은 이러한 분위기를 '들불처럼' 확산시켰다.[45]

42 『시대일보』 1924년 9월 21일 「仁川女子 古學講堂, 二十四日 公會堂에서」.

43 『동아일보』 1927년 7월 30일 「仁川夏期學校」.

44 윤정란, 『한국기독교 여성운동의 역사』, 국학자료원, 2003, 582~85쪽.

45 『동아일보』 1920년 6월 13일 「新女子의 敎育熱, 조선여자교육회 주최의 십일일녀자 강연회 성황」, 1921년 4월 4-5일 「朝鮮女子敎育會(上-下) 朝鮮에 感激이 有한가」, 4월 5일 「朝鮮女子敎育會, 女子敎育을 爲하야 찬성원의 결의로 萬圓을 모집키로」, 10월 15일 「朝鮮女子敎育會의 講演團慰勞會」; 한상권, 「조선여자교육회의 순회활동과 성격」, 『한국민족운동사연구』 43, 한국민족운동사학회, 2005, 45~52쪽.

(2) 문화계몽단체의 활동

인천지역 문화계몽운동을 주도한 청년단체·종교단체 등도 우후죽순처럼 조직되었다. 1907년경 조직되었던 내리엡윗^{懿法}청년회는 3·1운동 이후 다시 조직을 정비하는 등 본격적인 계몽활동을 주도하였다. 1920년 6월 당시 회장은 하상훈^{河相勳}이었다. 회원들 중 일부 국악인과 동호인은 이우구락부^{以友俱樂部}를 조직하였다. 이는 『동아일보』지국 설립과 동시에 이루어졌다.⁴⁶ 초대 부장은 지국장인 하상훈, 서무는 부지국장 서병훈^{徐丙薰}, 도서부는 이범진, 학습부는 최선향 등이었다.

내리여자엡윗청년회도 1920년 새로운 출발을 다짐하는 가운데 사회운동에 적극적으로 동참하였다. 1921년 12월 임원진은 회장 안인애^{安仁愛}, 부회장 김영원^{金英媛}, 전도부장 김신영^{金信永}, 문학부장 김메블, 음악부장 김또라, 서기 김정숙^{金貞淑}, 회계 김수근^{金守根}·황애덕^{黃愛德}·김덕수^{金德守} 등이었다.⁴⁷ 3개 단체는 내리교회를 중심으로 한 기독교인들에 의한 선교활동과 문화운동을 집중적으로 추진하였다.⁴⁸ 인천지국 동아일보사 관계자는 이러한 활동상을 대대적으로 보도하는 등 자신들 활동상을 크게 부각시켰다. 여자청년회와 남자청년회는 1923년 12월 인천엡윗청년회로 통합되었다. 당

---

46 『동아일보』1920년 4월 17일 「仁川以友俱樂部에서 東亞日報社仁川支局經營 披露宴開催」, 7월 10일 「仁川以友俱樂部 臨時總會開催」, 8월 24일 「仁川府內里 漢勇團 主催 仁川以友俱樂部 後援으로 音樂大會」.

47 『동아일보』1921년 12월 14일 각지청년단체 「仁川女靑年會總會」.

48 인천직할시, 「청소년운동」, 『인천시사』상, 366~367쪽 ; 조찬석, 「청년운동」, 『경기도항일독립운동사』, 경기도사편찬위원회, 1995, 774쪽.

시 임원진은 회장 홍호洪壕, 부회장 김옥경金玉瓊 등이었다.[49] 주도층
은 재창립 당시와 크게 변하지 않았다.

1919년 11월[50] 서울로 통학하는 학생을 중심으로 인천한용단仁
川漢勇團도 조직되었다. 목적은 회원 친목도모와 아울러 인천청년으
로서 시대가 요구하는 체육활동과 교양 보급이었다. 초기 단장 곽
상훈郭尙勳은 개성 고려구락부高麗俱樂部와 야구친선경기를 개최하였
다. 또한 문예잡지 발간 계획과 이우구락부 후원으로 음악회를 개
최하는 등 주민들 정서함양에 노력을 기울였다.[51] 활동영역 확대는
곧바로 명칭 변경으로 이어졌다. 이듬해 한용청년회로 개칭과 아
울러 임원진 개선은 이러한 변화와 무관하지 않았다. 회장 박창한,
총무 곽상훈, 의사부장 김태현 체제는 이를 반증한다.[52] 1920년대
인천에서 개최된 각종 체육대회는 한용청년회와 관련 속에서 이루
어졌다.

배재고등보통학교 재학생과 졸업생은 인배회仁培會를 조직하였

---

49 『동아일보』1923년 11월 19일「仁川內里禮拜堂에서 靑年懇親會」, 12월 8일「仁川
內里敎會 有司會」, 1924년 3월 2일「仁川內里敎會엡웠任員會」.

50 『왜정시대인물』6,「곽상훈」조에서는 1919년 6월 조직되었다고 기술하고 있다. 이는
신문과 잡지 등을 대조해본 결과 사실이 아니다(『매일신보』1919년 11월 13일「漢勇
團組織」참조).

51 『동아일보』1920년 6월 13일「仁川漢勇團組織」, 6월 29일「高麗遠征軍의 勝利, 高
麗俱樂部와 仁川漢勇團의 野球對戰에서」, 8월 24일「仁川府內里 漢勇團主催 仁川
以友俱樂部 後援으로 音樂大會」, 8월 25일「仁川漢勇團主催音樂會後報」, 1921년
4월 21일「仁川의 野球戰, 公設運動場에서 漢勇團對 實業團의 交戰」.

52 『동아일보』1921년 6월 6일「漢勇團第八回定期總會開催」, 6월 17일「仁川漢勇團을
靑年會로 改稱하고 大擴張計劃」, 7월 14일「仁川漢勇團, 漢勇靑年會로 變更하고
定期總會開催」; 인천광역시 역사자료관 역사문화연구실, 『근대문화로 읽는 한국 최
초 인천 최고』, 2005, 176~178쪽.

다. 외형상 목적은 회원 상호간 친목도모였다.[53] 회원은 인천지역 부문별 민족해방운동을 주도하는 중심인물이었다. 각종 청년단체 는 물론 인천기자단·인천번영회·제물포청년회·인천청년동맹 등 의 주요 임원진 중 상당수는 이 단체 회원들로 충원되었다. 주요 활동은 토론회·학생웅변대회·소년가극대회·체육대회·시민위안 회 개최 등이었다.[54] 이는 단순한 친목단체가 아니라 시대상황에 부응하는 사회운동단체로서 의미를 지닌다. 동아일보 인천지국 후 원에 의한 개성과 인천정구대회, 내리교회 주일학교 주최 내외국 어린이음악대회 후원 등은 대표적인 사례 중 하나이다.[55]

1923년 12월부터 제물포청년회 설립도 모색되는 등 청년운동 단체에 새로운 변화를 초래하였다. 설립취지는 회원간 친목도모 차원을 넘어 지역사회 문화운동을 도모함이었다.[56] 초기 임원진인 이길용·서병호 등은 언론인·사회활동가로서 이곳을 대표하는 지

---

53 『동아일보』 1921년 6월 8일 「仁培會組織과 任員」, 10월 29일 「住仁川京城培材學校 通學生及 仁川에 在한 該校卒業生으로 組織된 仁培會」.

54 『동아일보』 1921년 11월 22일 「仁培會의 討論會: 家庭을 和樂케 함에는 男子이냐 女子이냐」, 1922년 5월 4일 「少年歐劇大會, 仁川仁培會主催, 本社仁川支局後援」, 1923년 10월 7일 「東洋音樂大會, 仁川牛角里主日學校主催 中國基督敎會 日本監 理敎會 內」, 12월 31일 「新年雄辯大會, 仁培會主催 仁川支局後援으로 仁川에서 開 催」, 1924년 1월 23일 「仁川雄辯大會同情」, 1925년 1월 3일 「仁培會主催 仁川雄辯 大會 오는 십칠일 오후칠시 내리례배당에서 개최」; 『시대일보』 1925년 1월 16일 「웅 변대회는 명백, 인천 내리 예배당에서」, 5월 6일 「仁培토론회」, 7월 15일 「인배회 주 최 시민위안 음악, 來 18일 오후 8시부디」.

55 『동아일보』 1923년 10월 7일 「仁川仁培會決議」.

56 『동아일보』 1923년 12월 26일 「濟物浦靑年會發起總會」, 12월 31일 「濟物浦靑年會 發起總會」, 1924년 1월 13일 「濟物浦靑年會創立總會」, 1월 26일 「濟物浦靑年會의 任員會」.

식인이었다. 이들은 조선청년총동맹회에 대표로 참가하는 등 외부
단체와 교류·협력에 노력을 기울였다.[57] 이는 고립적·지역적인 활
동 한계를 부분적이나마 극복하는 기반 구축에 크게 기여하였다.

　부문별 민족해방운동 진전은 청년단체 통합을 가속화시켰다.
인천청년회·인천여자청년동맹·인천청년연맹 등은 1927년 9월
인천청년동맹으로 통합되었다.[58] 당지 경찰은 발회식을 금지시키
는 등 노동단체와 연대 차단에 노력을 기울였다. 국제청년일 기념
행사에 대한 탄압은 대표적인 사례 중 하나이다. 사회문제와 관련
된 강연회·토론회 등 합법적인 영역 확대는 당국으로부터 탄압을
완화하려는 방안에서 비롯되었다.[59] 임원진은 체육대회·음악회·
가극대회 등 문화활동이나 구제금 모금과 같은 사회봉사활동에 치
중하였다. 물론 인천노동총동맹 등과 연대한 노동운동으로 임원진
중 일부는 구속되기도 하였다. 1920·30년대 인천지역 노동운동
활성화는 청년단체와 유대 속에서 이루어졌다.[60]

57　『검찰행정사무에 관한 기록(1)』「조선청년총동맹총회 가입단체에 관한 건, 京鍾警高
　　　秘 제2989호의 3」과 「조선청년총동맹 창립대회의 건, 京鍾警高秘 제4619호의 4」.

58　『동아일보』1927년 9월 28일「仁川靑年同盟創立」, 10월 29일「仁川靑年同盟 發會
　　　式兼 總會」, 12월 1일「仁川靑年同盟 發會式擧行」;『중외일보』1927년 11월 28일
　　　「仁川靑年同盟 總會兼 發會式」, 12월 13일「仁川靑年同盟도 옹호동맹을 후원」.

59　『중외일보』1928년 8월 28일「국체청년일 기념, 인천서 엄중 금지」, 1929년 2월 25일
　　　「인천청총 금지, 토의사항 불온타고」, 5월 15일「인천청맹 집회일체 금지」, 9월 6일
　　　「국체청년기념촬영했다, 인천서에서」.

60　『시대일보』1924년 9월 4일「仁川의 國際靑年데이, 대강연회를 개최」, 10월 15
　　　일「三千女工의 大團結, 인천 로동녀자행방과 로동운동의 일대 서광」, 10월 16일
　　　「오늘일 내일일, 삼천여공이 단결한데 대하야」; 인천직할시, 『인천개항100년사』,
　　　303~311쪽.

이들은 1927년 12월 신간회 인천지회를 조직하였다.[61] 지회장은 창립 초기부터 해소될 때까지 하상훈이 맡아 이를 이끌었다. 주요 간사나 위원은 곽상훈·서병훈·고일·이보훈·이승엽·권충일 등이었다.[62] 대부분은 인천지역 부문별 민족해방운동을 주도한 중심인물들로 구성되었다. 인천청년동맹·인천노동총동맹 등과 긴밀한 관계는 활동영역 확대로 이어졌다. 국내 이재민이나 기근민에 대한 의연금 모금은 다른 지역 단체와 교류·연대를 모색하기 위함이었다.[63]

이러한 단체는 정기적인 토론회·강연회와 음악회를 개최하는 등 지역민 교양과 정서 함양에 크게 이바지했다. 강연회 주제는「세계전후의 조선정세」·「정신수양」·「개조」·「조선청년의 급선무」·「청년의 희망」·「위생」 등이었다. 내리여자엡윗청년회에서 주최한 배화여고 교사 김미리사金美理士를 초빙한 특별강연회는 원근 남녀가 운집하는 대성황이었다.[64] 주민들 관심을 적극적으로 유도하는 방안은 연극회·활동사진회·영사회 개최로 이어졌다. 야유

---

61 『동아일보』 1927년 11월 28일「新幹仁川支會創立은 來月五日」; 『중외일보』 1927년 11월 23일「仁川新幹支會 設立實現」.

62 이균영, 『신간회연구』, 역사비평사, 1993, 587~588쪽.

63 『중외일보』 1929년 5월 24일「慶北罹災同胞 救濟募金禁止」, 5월 30일「仁川有志發起 饑饉救濟會支組織」.

64 『동아일보』 1920년 5월 22일「仁川內里敎會엡윗靑年會講演會: 五大力과 七大德에 對하야(俞日善)」, 5월 30일「女靑年會講演」, 1921년 10월 14일「仁川內里敎會恋法靑年會講演會, 理學博士 白雅恵氏를 請邀하야」, 1922년 2월 15일「仁川內里敎會女子엡윗靑年講演會: 먼저 敎育으로부터 女子를 解放하라」, 1923년 7월 20일「活寫와 音樂會開催, 仁川內里耶蘇敎會主催」, 11월 19일「仁川內里禮拜堂에서 靑年懇親會」, 12월 30일「仁川內里敎會와 엡윗 靑年演劇 盛況」, 1929년 4월 14일「仁川內里敎會講演會, 演士 玉璿珍」.

회·운동회·원족회 등도 이러한 의도를 관철시키기 위한 일환이었다. 상호간 교류를 통한 현실모순에 대한 공동대응책은 위력을 발휘할 수 있었다.[65]

특히 토론회는 스스로 의견을 개진함으로써 일시에 보다 많은 사람들 관심을 집중시킬 수 있었다. 현실문제와 관련된 주제는 방청석을 가득 메운 청중들로 즐거운 '비명'을 초래하지 않을 수 없었다. 주요 주제는 「사업성취는 지식이냐 금전이냐」·「인생의 요구는 물질이냐 정신이냐」·「사람살기 좋기는 도회이냐 농촌이냐」·「질병을 구제함에는 위생이냐 의학이냐」·「사람을 복종케함에는 득이냐 힘이냐」·「자녀를 교육시킴에는 남자냐 여자냐」·「이상적인 가정을 이루려면 금전이냐 학식이냐」·「현대의 요는 학문이냐 금전이냐」·「사회를 정돈함에는 노년이냐 청년이냐」 등이었다.[66]

내리교회를 중심으로 한 이러한 활동은 주민들에게 시세변화를 일깨우는 '각성제'나 다름없었다. 서울 등지에서 초빙된 연사나 토론자들은 시급한 현안을 집중적으로 부각시켰다. 열띤 토론회는

---

65 김형목, 「1920년대 전반기 경기도 야학운동의 실태와 기능」, 132쪽.

66 『동아일보』 1921년 4월 15일 「仁川內里教會懿法青年討論會, 朝鮮의 急務는 農業이냐 商業이냐」, 1922년 1월 11일 「仁川內里教會의 姜泰熙氏 哈爾賓視察談」, 2월 3일 「仁川內里教會懿法青年會討論會開催, 人類向上에는 科學이냐 宗敎이냐」, 2월 14일 「仁川內里教會懿法青年會討論會, 疾病을 驅除함에는 衛生이냐 醫藥이냐」, 1924년 1월 14일 「仁川內里教會엡웟青年會討論會」.

67 조찬석, 「일제하 인천의 청소년운동에 관한 연구」, 『기전문화연구』 4, 인천교대, 1973 ; 조찬석, 「1920년대 경기지방의 청년운동」, 『기전문화연구』 6, 인천교대, 1975 ; 조찬석, 「청년운동」, 『경기도항일독립운동사』, 경기도사편찬위원회, 1995 등과 『동아일보』·『조선일보』·『시대일보』·『중외일보』·『매일신보』 등을 참조·정리하였다. 동은 『동아일보』, 조는 『조선일보』, 시는 『시대일보』, 중은 『중외일보』 등을 각각 의미한다. ( ) 안은 후임자이다.

〈표 3〉 1920년대 인천지역 청년·계몽단체 현황[67]

단체명	창립일	임원진	주요활동	출전
내리엡윗청년회	1907	회장; 하상훈(홍호)	복음전도 강연회·토론회 야학·강습소 운영 서화전람회	동1920.6.6, 1921.4.15, 1922.2.3, 12.6, 1924.1.14, 5.26, 1927.3.4; 시1924.10.16, 1925.5.27, 7.15; 중1929.4.14, 5.26
내리여자엡윗청년회	1920?	회장; 안인애(김옥경)	복음전도 강연회·토론회 음악회 야학 운영	동1920.5.30, 1921.12.14, 1922.2.15, 7.7, 1923.1.18
이우구락부	1920	부장; 하상훈	국악인 지원 및 양성 음악회	동1920.4.17, 7.10, 1921.3.27, 1923.2.11, 1924.4.16, 4.29, 1927.4.9
인천한용단; 한용청년회	1920	단장; 곽상훈(고희정)	문예잡지 발행 도서 대여 사회체육 지원 각종 문예활동	동1920.6.13, 8.19, 1921.4.21, 5.13, 6.3, 7.27, 9.17, 1924.11.29; 시1924.9.18
인배회	1920	회장; 홍호(이택운, 이길용, 엄영섭)	회원 친목도모 음악회 학생웅변대회 교양강좌 토론회	동1921.6.8, 10.29, 11.22, 1922.3.15, 5.5, 5.12, 1923.9.18, 12, 16, 12, 31, 1924.1.12, 1924.1.21; 중1927.5.23, 11.11; 시1924.12.26, 1925.1.16, 6.21
제물포정년회	1923	서병호 (이길용)	음악회 체육대회 강연회 교육기관 후원	동1923.12.26, 12.31, 1924.1.16, 3.30, 4.21; 시1924.6.12, 1925.1.17, 8.18, 12.13, 1926.1.15
소성청년회	1923	김창진	친목도모와 생활향상	동1922.4.25, 1923.1.9

천도교 청년회	1920?		강연회 체육대회 교리강습소 운영	동1921.2.28
화평리 청년단	1925	단장;김종오, 위원;이창식·박경호 등	사회봉사 축구대회 강습소 운영 사회구제사업	동1925.8.23, 8.26, 9.11, 9.26, 10.14, 1927.1.21; 시1925.11.17, 1926.1.2, 1.13
영종청년단	1924	회장;金範橋, 총무;金明赫	농가부업 권장 산업진흥	동1924.3.15
인천청년 회;인천 청년연맹	1925	집행위원; 孟晧述· 俞相哲등	강연회·토론회 신문화 보급과 향상 사회구제사업	동1925.11.6, 11.21; 시1924.9.21, 1926.2.2, 7.25
인천 청년동맹	1927	임시의장; 高逸	청년운동 지도 노동운동 지원 야학·강습소 운영	동1927.5.12, 9.28, 12.1, 1928.4.12, 1929.11.22
인천여자 청년동맹	1925		여성운동 지도 교양강좌 개최	동1925.12.1, 12.9; 시1925.12.11, 1926.1.2, 1.9, 5.30
인천무산 청년동맹	1925	집행위원; 金哲會·成萬基 등	노동운동 계몽활동	시1925.1.17
인천금곡 청년회	?		교양강좌	시1926.6.28
기봉단	?		정구대회	동1921.8.23~25

청중들에게 사회구성원으로서 역할을 새롭게 인식시키는 계기였다. 청년단체는 문화운동을 주도하는 한편 야학·강습소 설립을 통한 입학난 해소와 문맹퇴치에 노력을 아끼지 않았다. 1920년대 인천에 조직된 '대표적인' 청년단체는 〈표 3〉과 같다.

이 외에도 인천기자단·신화수리청년회 등 많은 청년·계몽단체가 조직되어 활발한 강연회·토론회 등 계몽활동 전개에 노력하였다.[68] 개조론 풍미에 따른 실력양성론의 급격한 부상은 합법적인 활동영역 확대로 이어졌다. 인천청년연맹은 기관지인 『첫걸음』을 매주 토요일에 발행하였다.[69] 이는 회원들에 교양 함양과 더불어 활동영역을 확대하기 위한 홍보적인 차원과 무관하지 않았다. 문고 설치와 영어연구회 실시도 이러한 의도와 맞물려 진전을 거듭할 수 있었다.[70] 인천부인기예회도 부업과 가정일상사에 실익을 주는 재봉강습회를 개최하는 등 부인들 의식 변화에 노력을 기울였다.[71] 이처럼 초기 교회를 중심으로 전개되던 여성운동은 근대교육 확산과 더불어 사회단체와 연계 속에서 확산되어 나갔다. 여자야학 운영이나 빈번한 강연회·음악회·토론회 개최는 이를 반증한다.

2) 교육열 고조와 입학난

인천지역 문화운동 확산은 여성을 당당한 사회적인 존재와 계층으로서 각인시켰다. 근대교육을 받은 신여성의 사치나 허례의식적인 생활에 대한 비판은 이와 맞물려 있었다. 인천지역 일부 신여성도 이와 같은 분위기에 편승하고 있었다.[72] 반면 상당수는 계몽·종교

---

68 『시대일보』1925년 1월 17일 「仁川無産靑年同盟, 一月 十五日을 記念하여 意味深長裏에 조직했다」.

69 『시대일보』1926년 5월 29일 「『첫걸음』發行, 仁川靑聯 每土曜日에」.

70 『시대일보』1925년 11월 6일 「仁川靑年聯盟, 文庫 備置」, 1926년 5월 28일 「英語硏究會, 仁川靑年 敎養事業으로」.

71 『시대일보』1926년 7월 11일 「仁川婦人裁縫講習」.

72 『매일신보』1921년 1월 31일 「부인과 가뎡, 今日女子界의 惡風潮와 精神的 改良에 注意」.

단체 등에서 시대상황에 부응한 맹렬한 활동을 전개하였다. 야학·강습소 운영이나 강연회·토론회 개최 등은 여성들 의식을 일깨우는 '기폭제'였다.[73]

청년단체·계몽단체 활동으로 야학을 포함한 사설강습소(회)는 폭발적으로 증가되었다. '들불야학'은 당시 상황을 어느 정도 가늠할 수 있는 새로운 개념 중 하나였다. 1922년 4월부터 1924년 8월 말 현재까지 경기도내에는 인가를 받았거나 널리 알려진 강습소·야학만 하더라도 346개소나 달할 정도였다.[74] 각종 교육기관 확대에도 입학난은 거의 해소되지 않은 채 오히려 심화되는 양상마저 보였다. 문화운동 확산과 더불어 고조된 교육열은 지속되었기 때문이다.

> … 實노이 교육이야말로 萬般事業섇不當라 許多事爲에 원동력이 되며 원료가 되며 人生渡世의 자본준비가 됩니다. 若此敎育이라ᄒᄂ 준비물이 無ᄒ다흘가─ 국가ᄂ 영체ᄒ고 사회ᄂ 부진ᄒ며 민족은 멸망ᄒ야 依홈에 국가가 無ᄒ고 立홈에 사회가 無ᄒ며 行홈에 동반이 無ᄒ야 다만 황망ᄒᆫ 광야에서 암흑계로 자멸되고 말 것이올시다. …[75]

인천에 거주하는 한 투고자는 근대교육기관 증설을 강력하게 요

---

73 김형목, 「1920~1924년 여자야학 현황과 성격」, 『한국여성교양학회지』 12, 한국여성교양학회, 2003, 51~53쪽.

74 『동아일보』 1924년 9월 20일 「畿內學術講習, 三百四十六個所」.

75 『매일신보』 1921년 2월 14일 「仁川府諸氏에게 告홈, 急先務ᄂ 敎育」.

구하였다. 그는 국가 흥망성세를 교육 시행여부에서 찾았다. 논지는 문명사회로 나아가는 지름길이자 개인적인 행복은 근대교육에 달려 있다는 교육입국론이었다. 이러한 분위기는 이미 널리 지역 내에 확산되고 있었다. 인천공립보통학교운동회(이하 인천공보교로 표기)에 운집한 6천여 명 관중은 학교교육에 대한 높은 관심도를 그대로 보여준다.[76] 물론 투고자의 일본인에 대한 극찬은 비판 받을 문제이지만, 주민들 교육열은 이를 통하여 충분히 짐작할 수 있다. 이러한 분위기는 당시 전국적인 양상이라 해도 과언이 결코 아니다.

이에 중등교육기관은 물론 초등교육기관조차도 만성적인 입학난에 직면하지 않을 수 없었다.[77] 공립보통학교 신입생 선발이라는 '진풍경'은 전국 어디에서나 볼 수 있는 일상사 중 하나였다. 너무나 잔인한 살풍경도 '강건너 불구경하듯' 식민당국자에게 심각한 문제로서 거의 인식되지 않았다. 이는 오늘날 '입시전쟁'을 방불케 하는 유사한 상황이었다. 즉 대부분 공립보통학교는 학령아동 중 지원자의 30% 미만을 수용하는 정도였다.[78] 심지어 10%마저 수용하지 못하는 지역도 적지 않았다. 경쟁을 빙자한 파렴치한 '식민지인 길들이기'는 여기에서 실상을 엿볼 수 있다.

입학난 구제책은 학습회·강습회(일명 이부제 수업 - 필자주)[79]와

---

76 『매일신보』 1920년 11월 7일 「仁川公立普校運動會의 感想, 曙星 鄭秀日」.

77 『소선일보』 1921년 4월 13~14일 사설 「入校지 못은 靑年과 兒童에게」.

78 『매일신보』 1921년 2월 7일 지방통신 「今年普校入學難」, 1922년 5월 17일 「二部敎授遂實施; 入學難에 緩和策決定; 각보통학교에셔 륙월일일브터 이부 교슈를 ᄒ기로 됨」, 1923년 3월 21일 「各道 入學難緩和 一面一校制 硏究中」.

79 『매일신보』 1922년 5월 17일 「二部敎授遂實施」; 『동아일보』 1922년 5월 17일 「普

강습소·사숙私塾·개량서당 등을 활용하는 문제로 귀결되었다. 이는 근본적인 문제를 전혀 해결할 수 없는 일시적인 미봉책에 불과할 뿐이었다. 교육열은 문화운동 확산과 더불어 더욱 고조되는 상황이었기 때문이다. 각지에 입학난구제를 위한 대책위원회 조직은 심각한 입학난 실상을 극명하게 보여준다.[80] 각지 초등교육기관 증설 요구는 이러한 시대상황 속에서 추진되었다.

인천지역 입학난 역시 예외는 아니었다. 인천공보교장 금정저지길今井猪之吉은 전혀 실현 불가능한 여러 방안을 제시하였다. 주요 골자는 역시 2부제 수업 시행으로 귀결되었다.[81] 그런데 1922년 인천공보교 입학지원자는 1,000여 명에 달하는 등 수용력 비해 3배를 초과할 정도였다. 이듬해에는 40%가 감소된 550여 명이었으나, 이 중 353명만이 입학허가를 받았다.[82] 행정당국은 입학난 문제를 축소하기 위하여 지원서 제출기간을 대폭 축소하는 편법을 서슴지 않았다. 주민들 항의에 당국자들은 2부제 수업과 학급 증설계획을 밝혔다. 주요 내용은 1928년까지 20학급에 2,030여 명을 추가로 수용한다는 입장이었다.[83] 입학난은 이후 연례적으로 주

校內에 學習會」.

80 『동아일보』 1922년 3월 26~27일 논설 「入學難을 如何히할가, 當局의 責任」, 1922년 4월 13일 「入學難을 救濟키 爲하야, 금일 텬도교당에서 방침을 의론」 ; 김형목, 「교육조사위원회」, 『한국독립운동사사전(운동·단체편)』 3, 한국독립운동사연구소, 2004, 377~378쪽.

81 『매일신보』 1921년 5월 2~6일 「未就學兒童을 如何히 ㅎ야 收容ㅎ가(上~下), 仁川公立普通學校長 今井猪之吉」.

82 『시대일보』 1924년 4월 24일 「仁普에 二部敎授」 ; 『동아일보』 1923년 4월 9일 「仁川公普入學難」, 6월 17일 「仁川公普 二部解制」.

83 『동아일보』 1923년 10월 6일 「仁川學校平議員會」와 「仁普逐年方針」 ; 『시대일보』

민들과 관청 사이에 진통을 초래하는 '행사'나 마찬가지였다. 학교 신설을 위한 대책은 전무하였기 때문이다.[84] 인천 강촌생江村生은 의무교육 시행으로 입학난을 해소하자고 촉구하였다. 그는 우선적으로 보통학교 확장을 위한 유지들의 적극적인 지원과 분발을 거듭 강조하기에 이르렀다.[85]

한편 인천공보교 평의원회는 10만 원 모금으로 교사신축 확장 계획을 발표하였다. 반면 인천부청은 막대한 자금을 충원할 예산조차 확보하지 못한 상황이었다. 즉 지역 유지신사들은 인천공보교신축기성회를 조직하는 등 자구책을 강구하고 나섰다. 당시 임원진은 회장 장석우張錫佑, 부회장 서상빈徐相彬, 서기 서병훈徐丙薰, 교섭위원 주명서朱明瑞·심능덕沈能德·구창조具昌祖·이영균李泳均 등이었다. 열성적인 활동은 교사 신축 기금으로 2만 3천여 원이라는 거금을 모금할 수 있었다.[86] 주민들 노력도 격증하는 입학생을 수용하기에 역부족이었다. 인천공보교의 2부제 운영은 이를 잘 보여준다. 해소 방안은 인천상업학교 구교사를 차득하여 여학생 전부와 저학년 남학생 일부를 수용하는 문제였다.[87] 여자부 독립문제도

1924년 4월 7일 「갈스록 紛糾한 仁川公普의 問題」.

84 『동아일보』 1924년 2월 13일 「仁川公普生徒募集」, 3월 28일 「仁川公普補缺生增募」.

85 『조선일보』 1921년 4월 12~14일 「仁川有志諸氏에게, 仁川 江村生(寄)--(三~五) 仁川府 朝鮮人敎育機關의 慘狀; 普通學校入學生의게 試驗을 實施케ᄒ고 愛子로ᄒ야금 迂遊度日케홈이 雖某의 罪」.

86 『동아일보』 1921년 3월 9일 「仁川普校新築計劃」, 3월 15일 「仁川公普校新築期成會發起總會」, 3월 20일 「仁川公普新築續報」.

87 『동아일보』 1922년 6월 12일 「仁川公校分校室修理」, 6월 17일 「仁川公普 二部解制」.

여러 번 논의되었으나 말만 무성할 뿐 실행되지 않았다. 이는 이전 과 마찬가지로 내리 분교실 사용으로 귀결되고 말았다.[88] 1924년 인천공보교 제2교사 준공은 이전보다 많은 학령아동을 수용할 수 있었다. 신축교사에 의한 수용력은 급증하는 지원자에 비하여 너 무나 미미한 수준이었다.[89]

영화학교 학부형회는 학교 증설을 위한 기부금 모금을 위한 활 동에 나섰다. 임원진은 경기도경찰부에 모금 인가를 신청하여 허 락을 받았다.[90] 모집위원은 교사인 김태진金兌鎭을 비롯하여 유지 인 신홍식申洪植·양제박梁濟博·김용규金容奎·하상훈 등이었다. 의연 금 모금 활성화는 학부형을 중심으로 아동교육후원회 결성으로 이 어졌다. 실습기자재 기증과 운동장 확장을 위한 기금모금은 교육 내실화를 기하는 재정적인 기반이었다.[91] 1926년 경영난에 직면하 자, 동창회와 여성들은 후원회를 결성하였다. 당시 임원은 회장 이 란시李蘭施, 부회장 이눌누, 총무 이영화李英華, 서기 이경혜李慶慧, 회계 김애리시金愛理施 등이었다.[92]

입학난 문제는 사회적인 반향을 크게 불러 일으켰다. 인천부청 은 근본적인 해결책을 제시할 수 없었다. 유지들은 학교평의회 등 을 통하여 '조선인 본위'에 의한 의무교육안을 제시하였다. 이는

---

88 『동아일보』1924년 12월 27일 「仁川普校女子獨立無望」.

89 『동아일보』1924년 6월 21일 「제물포講習計劃, 入學難의 救濟策 靑年會事業으로」.

90 『동아일보』1924년 4월 6일 「永化校仁寄附는 이일부로 허가」.

91 『동아일보』1924년 11월 25일 「永化校에 寄附 후원회의 후의」·「李靑年의 篤志」; 『시대일보』1926년 6월 18일 「仁川 永化學校 音樂講演會, 십팔 십구 양일간」.

92 『동아일보』1926년 6월 4일 「인천영화녀학 후원회총회」.

식민지교육정책과 정면으로 배치되는 문제로서 수용되기에 역부족이었다. 제물포청년회는 제물포강습소를 운영하는 등 입학난 완화에 앞장섰다. 인천을 대표하는 사립교육기관인 영화학교·박문학교 등 학급 증설도 이러한 난제를 해결하기 위한 방안 중 하나였다.[93] 인천공보교동창회도 학교 증설을 위한 의연금 모집에 적극적이었다. 후원회나 동창회 활동은 사회적인 교육문제를 스스로 해결하려는 인식에서 열성을 다하였다. 이들은 입학난을 '사적인' 문제가 사회문제로서 해결책을 모색하고 있었다. 이는 부분적이나마 식민지교육을 배격하려는 사실에서 중요한 의미를 지닌다.[94]

4. 야학운동 실태와 민족운동사에서 위상

1) 야학운동의 전개와 현황

만성적인 입학난은 사회적인 문제로서 크게 부각되었다. 의무교육이 시행되지 않는 한, 이는 결코 해결할 수 없는 사회적인 문제였

---

93 『시대일보』 1924년 5월 4일 「博文學校擴張 萬餘圓으로 校舍增築」, 9월 20일 「永化校의 增築 今月內에 落成」;『조선중앙일보』 1936년 6월 17일 사립학교순례기 「久遠한 歷史가진 仁川永化學校篇(十九)」;『동아일보』 1924년 2월 24일 「博文寄付許可 仁川敎育界喜消息」, 2월 25일 「永化學校增築 二十三日 委員會에서 大體方針을 決定햇나」, 3월 2일 「永化義捐着手 職員이 奉先出捐」, 1925년 6월 11일 「初等敎育槪況, 仁川府朝鮮人」, 6월 14일 「博文學校男子部 新築校舍에 移轉」, 1926년 7월 8일 「仁川地方大觀」.

94 『동아일보』 1924년 2월 25일 「仁川敎育講演」, 5월 10일 「두가지 구경」, 5월 12일 「『龍宮宴』과 『별철학』」.

다. 총독부당국자는 공립학교 신설이나 수용력 확대보다는 사설강습소·야학회 등에 대한 보조금 지원으로 이를 해결하려는 속셈이었다. 한국강점 직후「조선교육령」에서 표방한 삼면일교제三面一校制는 10년이 지난 당시까지 별다른 성과를 거두지 못하는 등 근본적인 한계에 직면하였다. 반면 각지에 조직된 사회단체를 중심으로 야학운동은 보다 맹렬한 기세로 활성될 수 있었다.[95]

경기도 당국자는 사설강습소에 대한 지방비 보조로 이를 해결하고자 하였다. 의도는 단순한 경비 지원에만 있지 않았다. 궁극적인 의도는 기존 교육시설을 활용하는 가운데 식민체제 내로 포섭·흡수였다.

경긔도에서는 보통학교입학난 구계의 목덕으로 특슈교육긔관을 신설하는 각디방의 강습회나 또는 모모 야학회 등 칠십삼개소에 대하야 빅 원내지 삼십원의 범위로 경긔도디방비 중에서 총익 오천원을 각기 보조흔다더라.[96]

이는 지방비로 사설강습소나 야학회에 보조금을 지급하여 입학난을 완화시키려는 술책에 불과할 뿐이었다. 일부 '모범적인' 강습소는 공립학교로 흡수·승격시키는 등 식민지교육을 강화하는 기

---

95 『시대일보』 1924년 12월 11일 사설「農村教育의 急務, 農民夜學 設立의 報道를 接하면서」.
96 『매일신보』 1925년 3월 1일「京畿各夜學에 五千圓補助, 경기도에서」.

반으로 삼았다.[97] 이에 비해 명망가나 청년단체는 주민들의 동참을 통한 야학운동으로 입학난을 비롯한 문맹퇴치 문제 해결책을 모색하였다. 야학은 단순한 문맹퇴치의 차원을 넘어 학령아동을 구제하는 방향으로 분화·발전하는 계기를 맞았다.

내리엡웟청년회는 내리교회와 영화학교 협찬으로 청년야학교를 세웠다. 목적은 상점원·직공 중 보통학식이 부족한 대상자에게 실용적 지식과 일반상식을 보급함이었다. 교과목은 한문·어학·산술 등으로 공립보통학교 과정을 속성으로 가르쳤다.[98] 근로청소년들의 적극적인 호응에 따라 전문강좌인 일반상식과 영어를 중심으로 한 영어야학도 실시하였다. 혹서기나 혹한기에는 방학을 실시하는 등 교육적인 효과와 학생 편의를 도모하고 있었다.[99]

인천여자엡웟청년회 문학부도 여자보통야학을 설립하였다. 대상자는 대부분 가정부인이었다.[100] 이는 1923년 영화여학교 부설로서 여자 학령아동 구제를 위한 여자야학으로 이어졌다. 수업년한은 3년이고, 교과목은 공립보통학교와 같이 편성하였다. 교사진은 조준기趙濬琪·윤대석尹大錫·송의근宋義根·김정숙·김옥경 등 10여 명으로 '담임제'였다. 이들 대부분은 여자청년회 임원진이었다. 재학생은 초기 30여 명에서 가정부녀자 출석 등으로 170여 명에

---

97 김형목, 「1920년대 전반기 경기도 야학운동의 실태와 기능」, 112쪽.

98 『동아일보』 1920년 5월 30일 「靑年夜學校開學」.

99 『동아일보』 1921년 6월 30일 「仁川英語夜學放學」, 1924년 12월 20일 「仁川엡웟任員會」.

100 『동아일보』 1921년 12월 14일 각지청년단체 「仁川女靑年會總會」, 1924년 9월 2일 「仁川女子夜學開學」.

달하는 등 대단한 규모였다.[101]

화평리 하선운河善云 외 9인은 노동자 지식 보급을 위한 노동야학회를 조직하였다. 당시 회원은 130여 명이었으며, 야학교 개학 시 지원자는 70명에 달하였다. 임시총회에서 교사 신축비로 회원 37명은 각각 10원씩 의연을 결의하는 등 교육시설 확충에 앞장섰다.[102] 1920년 5월 화평리 유지들은 소성야학회를 설립하였다. 근로청소년 40여 명 호응에 회장 김태현金台鉉은 임시총회를 개최하여 교실수리, 장래 유지방침, 창립1주년기념식 등을 결의하였다.[103] 수업년한은 공립보통학교 4년 과정을 2년 속성인 경우와 한글만 가르치는 1년 과정 등이었다. 능력별 교과 운영은 학생들 향학열을 고취시키는 요인으로 작용하였다.[104]

화정에 거주하는 안승철安承哲 · 최봉현崔奉鉉 · 홍종진洪鍾振 · 박윤길朴允吉 · 강소동姜小同 · 김진환金鎭煥 등은 1920년 10월경 노동야학을 세웠다. 교사 안승철 · 박천준朴千俊 · 이영근李永根 등의 열성적인 교수는 야학생 급증을 초래하였다. 이에 교사 증축문제는 새로운 현안으로서 부각되었다.[105] 신화수리에 거주하는 배상웅裵祥雄 · 김창성金昌成 · 조봉원趙奉元 외 10여 인은 신촌공학회(일명 인천공학회 -

---

101 『동아일보』1923년 4월 18일 「仁川에 女子夜學」, 9월 25일 「仁川永化女校夜學」, 10월 7일 「仁川女子夜學近況」, 11월 10일 「女子夜學懇親會」, 1924년 3월 18일 청년기타집회 「仁川女子夜學授業式」.

102 『동아일보』1920년 7월 4일 「仁川勞働夜學有望」.

103 『동아일보』1921년 4월 24일 「邵城夜學會總會」.

104 『동아일보』1924년 3월 1일 청년기타집회 「邵城勞働夜學募生」, 2월 20일 「仁川엡웟任員會」.

105 『동아일보』1921년 6월 7일 「仁川勞働夜學發展」.

필자주)를 조직하였다. 목적은 학령아동을 구제하기 위한 교육기관 운영이었다. 이들 발기인은 각각 10원씩 의연금을 모집하였다. 주민들도 40여 원에 달하는 기부금을 희사하는 등 지원을 아끼지 않았다.[106] 송현리 유지들도 무산아동과 근로청소년을 대상으로 한 양영養英야학강습소를 세웠다. 송경문宋敬文·최성엽崔聖燁 등은 명예교사로서 열성을 다하였다. 주민들은 이들 교사에게 표창장을 주는 한편 후원회를 조직하였다. 회장은 유재업柳在業, 평의원은 한덕수韓德洙 외 2인으로 구성되었다.[107]

　노동단체도 회원 자질 향상을 위한 노동야학 운영에 동참하였다. 인천구조조합은 동아일보사 인천지국 후원하에 영화학교 교실에서 이를 실시하는 데 앞장섰다.[108] 교과목은 일본어·한문·산술·일반상식 등이었다. 교사진은 조합 임원진인 장영진張英鎭·주흔규朱昕奎·고영우高永雨 등 10여 명으로 구성되었다.[109] 인천노동총동맹도 역시 노동자 교양 함양과 자기계발을 위한 노동야학(학원)을 세웠다. 교사진은 대부분 단체 간부진으로 구성되었다. 임원진은 당국에 사설강습소 인가를 신청하는 등 활동영역 확대를 위한 다양한 방안을 강구하였다.[110] 심지어 관변단체인 부립공동숙박소

106 『동아일보』1921년 10월 13일 「仁川共學會組織」, 10월 18일 「仁川共學會續報」.

107 『동아일보』1924년 12월 3일 「養英夜學好績, 후원회도 조직」.

108 『동아일보』1923년 9월 25일 「仁川救助組合夜學」.

109 『동아일보』1923년 9월 30일 「仁川勞働夜學開始」, 10월 5일 「仁川救助夜學開校」; 김형목, 「1920년대 전반기 경기도 야학운동의 실태와 기능」, 129쪽.

110 『시대일보』1924년 12월 13일 「勞盟의 講習認可 지난 이일부로 나와」, 1926년 1월 2일 「우리學院을 사랑, 선생님들의 고생이 딱해요」; 『동아일보』1924년 12월 6일 「私設講習認可」.

도 노동야학을 설립할 정도로 노동자교육에 대한 관심은 급속하게 확산되었다. 개학 당일 100여 명 노동자 중 20여 명에 달하는 출석 은 노동자의 적극적인 참여와 야학에 높은 관심도를 반증한다.[111]

이처럼 지역적인 특성을 반영하듯 노동야학은 널리 성행하고 있 었다. 각종 단체는 노동자 자질 향상과 자기계발을 위한 다양한 교 과과정을 운영하는 등 이에 부응하고 나섰다. 1920년대 관내에 설 립된 야학현황은 〈표 4〉와 같다.

〈표 4〉는 인천지역에 설립된 모든 야학을 의미하지 않는다. 당 시 운영되던 개량서당이나 영화여학교 부설인 부인여학원 등은 거 의 파악되지 않기 때문이다.[112] 현상적인 특징은 다음과 같이 정리 할 수 있다.

첫째, 여자야학(부녀야학, 여성야학 – 필자주)이 대단히 성행하였 다. 3·1운동 이전까지 여자야학은 1개소에 불과할 정도로 미미한 수준이었다.[113] 이는 여성교육에 대한 사회적인 관심과 여성에 대 한 사회적인 인식 변화를 의미한다. 청년·여성단체에서 여자야학 설립을 주도한 사실은 이를 반증한다. 1920년대 영화여학교 발전 은 이와 관련하여 의미하는 바가 크다. 곧 인천여자청년회나 영화

---

111 『동아일보』 1923년 9월 26일 「仁川共宿所夜學」; 『시대일보』 1924년 12월 10일 「仁川共宿業績, 宿泊者百餘名.

112 『동아일보』 1924년 5월 1일 「仁川의 書堂數」, 1929년 3월 2일 「가뎡부인 위하야 부인강좌실시」; 인천광역시 역사자료관, 『역주 인천향토지』, 2005, 209쪽.

113 김형목, 「1910년대 야학의 실태와 성격 변화」, 140쪽.

114 동은 『동아일보』, 조는 『조선일보』, 중은 『중외일보』, 시는 『시대일보』를 각각 의미한 다. 〈표 4〉는 당시 설립된 야학 중 비교적 널리 알려진 '대표적인' 경우이다.

〈표 4〉 1920년대 인천지역 야학일람표[114]

야학명	위치	설립자	교사진	교과목	학생 수	출전
청년 야학교	인천 내리교회	인천엡윗 청년회	영화학교 교원	한문·어학·산술		동1920.5.30, 1924.3.18, 12.20
영어야학	인천 영화학교	인천엡윗 청년회	임원진·신도	영어·일반상식		동1921.6.30, 1924.12.20
노동 야학회	인천 화평리	하선운외 9인	좌동	보통학식	70	동1920.7.4, 1921.4.24
노동야학	인천 화정	안승철, 최태현, 홍종진, 박윤길, 강소동, 김진환	안승철, 박천준, 이영근	보교과정		동1921.6.7
여자 보통야학	인천 내리	인천여자 엡윗청년회	회원			동1921.12.14, 1923.4.18, 1924.9.2
인천 공학회	인천 신화수리	배상웅·김창성·조봉원 외 10인	좌동	보교과정	수십명	동1921.10.13, 10.18, 1925.7.8
부인야학	부천 문학면	소성청년회	임원			동1923.1.9
노동야학	부천 문학면	소성청년회	임원			동1923.1.9
여자야학	인천 우각리 영화 여학교내	인천여자 엡윗청년회	조준기, 윤대석, 송의근, 김석현, 정우외 5인	보교과정 (월사금 30전)	1학년; 152 2학년;13 3학년;8 (170여명)	동1923.4.18, 9.25, 10.7, 11.10, 11.25, 12.18, 1924.3.18, 5.21, 9.2, 1928.7.22; 조1923.7.15
구조 조합야학	인천 내리 영화학교내	인천구조조합	장영진, 주흔규, 진종혁, 고영우, 유두희, 엄병훈, 김상오, 송수안	조선어, 산술, 한문, 일어	50	동1923.9.25, 9.30, 10.5; 조1923.9.22, 10.4, 10.19
고잔리 야학	부천 남동면 고잔리	오재협	좌동	보교과정	주야; 80	동1923.6.21, 1924.4.23
양영아학 강습소	인천 송현리	유지제씨	송경문, 최성엽	보통교육	수십명	동1924.12.3

노동야학	인천	인천 노동총동맹	임원		수십명	동1924.12.6; 시1925.11.5, 1926.2.2
일신야학	부천 다주면 용정리	유지제씨	김동수, 김한수	"	20	동1924.12.25 중1924.12.25
영명학원	인천 송현	유지신사	임원	보통과 6년제	70	동1925.4.12, 6.11
여자야학	인천 신화수리	화도예배당	차갑성, 박경호, 태순호, 갈홍기	보교과정	150	동1925.7.8
보급 강습소	부천 다주면 구월리	"	이재동, 김명동	"	30	"
한어 야학회	인천부내	인천청년동맹	임원			조1926.12.13
소성 노동야학	인천 화평리	유지제씨	좌동	을반; 보통학교 2학년 정도 병반; 한 글	을반;15 병반;20	조1923.6.6, 7.19, 7.21, 9.1, 9.13, 9.14, 9.16; 동1921.4.24, 1924.3.1, 3.15; 시1925.8.22
노동야학	인천 율목리 부립공동숙 박소내	부립공동 숙박소	최민규		수십명	동1923.9.26 조1923.9.24, 10.19
송현리 야학소	인천 송현리	유지제씨	좌동	조선어,일 어,산술, 수신,습자 (보교1~2 학년)	100	동1923.10.2
송화야학 회;송화강 습소	인천 화평과 송현리	강영보,서금풍, 조운남외 제씨	강영보, 김세립, 서금일, 황장원, 나용철, 김상근, 박경호	보교과정	50 (20세 이 상 남자)	동1923.10.30, 11.5 조1923.10.30
상업보습 야학교	인천상업 학교 부설	인천상업학교	교사제씨	보교4학년 정도	50	동1924.3.14, 3.22
인명 강습소	인천 용강정	유지제씨	좌동	보교 3년과정		시1924.5.29
소성영어 야학부	인천 사정 박문학교내	소성야학회	임원	영어	초등반과 중등반; 각 50명씩 (입학금 1원 50전)	동1924.1.28, 2.6, 3.16

제물포 강습소	인천	제물포청년회	임원	소학과정	110	동1924.2.27, 3.2, 3.8, 3.30, 1929.1.10
신화수리 야학회	인천 신화수 리예배당	신화수리 청년회	좌동	보교과정	160	시1925.7.11; 동1927.6.24, 9.10
보현 강습소	인천 도산정 보현원	노홍제(승려)	좌동	보교과정	200	동1929.5.15

여학교 동창회·후원회 활동은 여성들을 사회운동 세력으로 견인
하였다.[115] 주요 활동 영역 중 하나는 바로 여자야학이었다. 근우회
權友會 인천지회 조직은 야학을 매개로 한 역사적인 성과물이나 다
름없었다.[116]

둘째, 기독교 청년단체가 야학운동을 주도한 점이다. 1920년
대 전반 야학운동을 추진한 중심 세력은 개신교 단체이거나 이와
관련된 인물들이었다. 1903년 10월 황성기독교청년회가 창설된
이래 개신교는 무단통치 상황에서도 지회 조직을 유지할 수 있었
다.[117] 또한 여기에 가담한 인물은 체제 유지보다는 새로운 세계에
대한 강한 열망을 가지고 있었다. 이들은 문화운동을 추동하는 중
심적인 인물이었다.

---

115 『시대일보』1924년 9월 19일「집회와 강연, 永化女校後援會」, 1925년 5월 27일「永
化校後援會, 來二十九日에 總會」.
116 『중외일보』1929년 7월 10일「權友會仁川支會 第一回會 委員會」;『동아일보』
1929년 6월 19일「權友仁川支會 創立을 準備」, 7월 4일「權友仁川支會 創立」, 7월
8일「權友仁川支會創立大會 盛況」, 7월 9일「權友仁川支會 各創部署를 選定」.
117 이만열,『한국기독교문화운동사』, 대한기독교출판사, 1986, 260~265쪽.

셋째, 야학생의 수용 등 야학 규모가 상당히 확대된 점이다. 이는 지역민의 적극적인 참여를 의미하는 한편 심각한 입학난을 반영한다. 야학의 상당수는 학령아동을 구제하기 위한 방편으로 운영된 사실을 의미한다. 물론 노동운동 전진을 위한 '매개체'로서 시행된 경우도 있었다. 이는 부문별 민족해방운동을 진전시키는 요인이었다.

넷째, 일본어가 상당한 비중을 차지한다. 공립학교의 교과과정은 일본어를 한글보다 훨씬 중시하였다. 실제로 대다수 야학은 일본어를 가르쳤다.[118] 야학은 우리의 역사나 지리 등을 통해 민족의식을 고취하였다는 논리는 설득력이 부족하다. 그런 만큼 야학운동은 문화계몽운동과 민족교육운동 등 여러 방향에서 파악할 필요성을 느낀다.

다섯째, 노동단체나 노동자 스스로가 야학을 설립하였다. 이는 노동자가 운집한 상황과 맞물려 있었다. 인천부청은 노동자공동숙박소를 마련하는 등 이들에 대한 통제와 회유를 병행하였다.[119] 관내 정미공·선미공은 민족적인 차별대우에 불만을 품고 파업을 감행하고 나섰다. 다른 직종에 종사한 노동자도 자신들 권익을 위한 투쟁을 멈추지 않았다.[120] 인천노동총동맹의 노동야학, 인천구조조

---

118 김형목, 「1906~1910년 서울지역 야학운동의 전개 양상과 실태」, 『향토서울』 59, 서울시사편찬위원회, 1999, 184~185쪽.

119 『매일신보』 1920년 7월 19일 「仁川勞働者 共同宿泊所」, 8월 1일 「仁川勞働者 共同宿泊所」; 『동아일보』 1923년 11월 10일 「客月仁川共宿成績」.

120 『매일신보』 1921년 8월 18일 「仁川精米所 女子職工盟休」, 8월 24일 「女職工罷業」; 『동아일보』 1924년 3월 13일 「仁川女工盟罷 잘 解決될듯, 정미소편 양보와 소성로동회 알선」, 11월 25일 「仁川職工總會 성황중 무사히 맛처」·「仁川勞働委員會」.

합의 구조조합야학 등은 노동운동 활성화를 위한 일환으로 설립하였다. 이는 노동자 성장을 반영하는 동시에 노동자에 대한 사회적인 인식 변화를 의미한다. 노동야학과 노동운동 연계의 역동적인 모색은 이를 통하여 가능할 수 있었다.[121]

마지막으로 1924년경부터 야학은 사회주의적인 영향을 받았다. 소성노동회나 인천노동총동맹의 노동야학 등은 그러한 성격을 보여준다. 『동아일보』·『조선일보』 인천지국과 공동으로 개최한 강연회는 노동문제를 사회주의 관점에서 조명하였다. 이어 경성노동대회와 같이 주최한 강연회도 이러한 성격을 엿볼 수 있다.[122] 「무산계급과 노동운동」·「노동자의 생존권 요구」·「노동계급의 신사명」 등 연제는 이를 반증한다. 이러한 가운데 노동운동 진전과 맞물려 노동야학은 노동자 권익을 위한 교과과정으로 편성되는 등 변화를 거듭하였다. 이는 단순한 명칭상 문제가 아니라 이 지역 청년단체 성격변화 속에서 이루어졌다.[123]

2) 민족운동사에서 위상

야학운동의 중요한 기능은 문맹퇴치와 자기계발을 위한 사회교육

---

121 『동아일보』 1925년 2월 17일 「三個要求決議, 仁川加藤精米盟罷後報」, 2월 18일 「仁川選米工도 罷業」, 2월 21일 「問題의 二錢 업새기로 되어」 ; 『시대일보』 1926년 6월 27일 「盟罷女工 無條件 復業」.

122 『동아일보』 1923년 7월 20일 「仁川勞働問題大講演會」, 7월 25일 「仁川勞働講演 悲憤과 緊張」·「仁川勞働問題講演」.

123 『동아일보』 1926년 8월 7일 「제물포靑年會 會務를 大革新 執行委員會서」.

이었다. 제도권 교육기관에 취학이 어려운 학령아동이나 근대교육 수혜를 거의 받지 못한 청소년·성인 등은 이를 통하여 자기능력을 배양할 수 있었다. 그런 만큼 교육 내용은 문자해독을 위한 초등교육에 중점을 두었다. 즉 한글을 중심으로 초보적인 한자·산술·습자 등은 주요한 과목이었다.

야학은 소수 지식인층을 중심으로 전개된 교육활동과는 달리 민중과 그들 자제들에게 균등한 교육기회를 부여하였다. '기형적인' 식민경제구조는 한국인을 생활상 질곡으로 내몰았다.[124] 만성적인 빈곤한 경제상태는 생존권마저 위협하는 '괴물'로서 다가왔다. 빈민층 자제들 교육은 부차적인 문제일 수밖에 없었다. 공립보통학교 중퇴자 급증은 이러한 비극적인 상황과 밀접한 연관성을 지닌다.[125] 야학운동은 이들에게 자신의 능력을 배양시키는 토대 중 하나였다. 나아가 미래에 대한 이상을 꿈꾸는 보금자리로서 의미도 자못 적지 않았다. 야학의 사회복지적인 측면은 여기에서 엿볼 수 있다. 인천에서 널리 애창된 「달팽이」는 이러한 저간 상황을 부분적이나마 보여준다.[126] 이는 근대교육사뿐만 아니라 민족운동 진전

---

124 『시대일보』1924년 10월 21일 「娼妓의 씻긴 局部를 쏘씻어, 인천류곽포주의 확대」, 10월 24일 「팔려가는 兩女, 인천서에서 취조」, 1925년 5월 13일 「百圓돈에 팔려가는 處女九名, 생활난에 쫓겨 하든 공부도 못하고 일본으로 팔려가는 불상한 그신세」, 1925년 11월 5일 「不安에 싸인 精米女工 三百名 , 파업도 하지 못할 처지에 있다」; 『동아일보』1925년 2월 7일 「仁川饑饉救濟 進行方針決定」, 3월 25일 「饑民救濟, 仁川 구제회의 일회 사업 착수」, 1929년 5월 17일 「三千百 貧民救急, 仁川 慈善會서」.

125 『시대일보』1924년 12월 10일 「未納授業料 七千餘圓, 인천공립보통학교에만 작년보다 오천원이 증가」, 1926년 4월 29일 「後援會費 안낸다고 生徒兄弟毆打, 인천공보교원」.

126 『동아일보』1925년 2월 6일 「인천동요 달팽이」.

에 크게 이바지하였다.

　야학을 중심으로 전개된 과외활동은 새로운 민중문화를 창출하는 터전이나 다름없었다. 즉 운동회·토론회·강연회·음악회·영사회 등은 유대강화는 물론 정서함양을 위한 현장이었다. 문맹자 굴레로부터 탈피는 민중에게 진정한 '광명'이었다.[127] 야학에 대한 적극적인 호응은 이러한 상황과 맞물려 진전될 수 있었다. 음악회·가극대회·영사회는 정서적인 순화와 더불어 민중을 결집시키는 유효한 방법 중 하나였다. 합법적인 활동영역 확보는 이와 불가분 관계 속에서 이루어졌다. 이는 시대 변화상을 널리 홍보할 수 있는 동시에 기부금·의연금 모금으로 주민들 '숙원사업'을 해결하는 밑바탕이었다.[128] 이들에 대한 '우호적인' 언론 보도는 사회적인 여론 진작에 크게 이바지하였다.

　토론회·웅변대회·강연회 등은 스스로 의견을 개진하는 등 자신감을 부여하는 계기였다. 특히 청년회·노동단체는 교육문제·풍속개량·생활제도 개선 등 현안과 관련된 문제를 집중적으로 부각시켰다.[129] 이러한 과정을 통해 이른바 "침묵이 미덕이다."라는 소극적인 생활태도에서 점차 자신의 존재를 인식하는 적극적인 방향으로 전환되었다. 자제들 교육에 대한 관심사도 이와 더불어 주요

---

127 노영택, 「일제시기의 문맹률 추이」, 『국사관논총』 51, 국사편찬위원회, 1991, 109~159쪽.

128 김형목, 『대한제국기 야학운동』, 14~16쪽.

129 『시대일보』 1925년 11월 17일 「婦女學術講演 二十一日」; 인천직할시, 『인천시사』 상, 374~376쪽.

한 현안으로서 인식하는 계기였다.[130]

더욱이 여성은 남성과 종속적인 관계에서 벗어나 독립적인 존재로서 인식하는 등 커다란 변화를 수반하였다. 노동자·농민에 대한 인식도 점차 사회적인 존재 나아가 사회세력으로서 인정하기에 이르렀다. 평등한 인간관계는 시세에 부응하는 문화 창출로 이어졌다.[131] 야학은 강고하게 잔존한 남존여비나 반상의식班常意識 타파에 크게 기여하였다. 이는 일시에 잔존한 인습이 타파됨을 의미하지 않는다.[132] 종교계의 문화계몽운동 참여도 이러한 변화와 아울러 선교사업 일환으로 전개되었다. 근대교육에 대한 긍정적인 평가는 이와 무관하지 않다.

야학을 설립하는 과정에서 주민이나 단체 구성원은 빈번한 교류를 통해 새로운 인식을 갖게 되었다. 특히 노동단체는 회원이나 무산아동을 위한 노동야학을 운영하였다. 이는 노동운동과 '접목'됨으로써 노동자에 대한 사회적인 인식을 변화시키는 요인 중 하나였다.[133]

한편 일제당국자의 노동야학에 대한 탄압은 상호간 불신감을 조장하기 위함이었다. 일제는 야학운동을 체제 내로 견인하려는 부

---

130 『동아일보』 1925년 6월 18일 「仁川敎育大講演, 主催 仁川私立永明學院 後援 東亞日報 仁川支局」.

131 『시대일보』 1924년 10월 18일 지방논단 「三千女工의 團結을 듯고」 ; 천화숙, 『한국여성기독교사회운동사』, 혜안, 2000, 185~186쪽.

132 『동아일보』 1929년 12월 4~6일 「직업부인이 되기까지, 남편의 방종으로 십오년간 고통으로 지냇다 살랴든 것이 모도 다 고통」.

133 『동아일보』 1924년 5월 1일 「濟物夜話」.

단한 노력을 경주하였다. 이는 식민체제에 순응하는 '식민지형' 인간 창출을 위한 방편 중 하나였다. '중견인물' 양성을 위한 법정야학회 운영은 이를 반증한다. 헌법·형법·민법통론·행정법·상법·경제·수학·한문·일어작문 등은 주요한 교과목이었다. 특히 교사진은 부내에 거주하는 일본인으로 구성되었다.[134]

이와 더불어 야학운동은 부족한 식민교육기관을 보완하는 기능을 지닌다. '일본어만능시대'에 부응한 국어강습회는 최하부 식민교육기관임을 의미한다. 체제 지향적인 성격은 일제강점기 전기간 동안 부분적으로 투영되고 있었다. '국어'라는 미명하에 중점을 둔 일본어 교육은 이를 반증한다. 물론 모든 야학이 이와 같은 범주임은 결코 아니다. 합법적인 영역에서 추진된 야학운동 속성상, 어쩌면 이는 불가피한 문제인 지도 모른다.

반면 노동자 권익을 위한 방안은 구매부 설치나 소비조합 운영으로 귀결되었다.[135] 소성노동회·인천노동조합은 시세변화에 적극적으로 대응하는 등 노동자 단결력을 배가시켰다. 이는 지역적인 연대와 외부세계와 소통으로 연결될 수 있었다. 과외활동 일환으로 추진된 강연회는 외부 단체와 적극적인 연대 필요성을 일깨웠다. 현실인식 심화는 왜곡된 식민지배체제 모순을 부분적이나마 이해하는 요인이었다. 부당한 대우나 노동력 착취에 대한 저항은 이러한 상황과 관계 속에서 상승작용을 일으켰다.

민중문화 확산은 만성적인 사회문제인 도박이나 '술타령' 등 이

---

134 『동아일보』 1925년 10월 4일 「仁川法政夜學會 設立」.

135 김경일, 「일제하 노동운동사」, 469쪽.

른바 주색잡기 완화에 크게 이바지하였다.[136] 주민들 결속력 강화는 지방관이나 일제 수탈에 대한 저항이나 공동 대응책을 수립하는 기반이었다. 불법적인 수탈이나 탐학한 관리의 배척 등은 스스로 결집된 힘에 의해 저지할 수 있었다.[137] 이러한 연결고리 중 하나는 바로 야학운동이었다. 1920년대 인천지역 노동운동이나 사회운동에서 나타난 견고한 단결력은 이와 밀접한 연관성을 지닌다.

5. 맺음말

야학운동 배경은 문화운동 활성화와 민중층 성장에 따른 인식변화였다. 문화운동은 세계적인 사조 유입에 따라 실력양성론자들에게 민중에 대한 인식을 변화시키는 계기였다. 민중은 3·1운동을 계기로 새로운 계층으로 성장하고 있었다. 이는 교육열 고조와 더불어 심각한 '입학난'을 초래하는 요인이었다. 문맹률은 90% 이상을 차지하는 등 이에 대한 해결책은 시급히 당면과제였다. 활동가들은 자신들 세력기반이나 활동영역 확대 방안으로서 이를 추진하지 않을 수 없었다.

야학 설립자와 교사 등 운영 주체는 전·현직 관리, 교사, 각종 단체의 임원 등이었다. 이들은 야학 설립·운영은 물론 운영비 조달까지

---

136 『동아일보』 1920년 8월 23일 「京畿道 仁川 漢勇團 野球팀은 開城 高麗青年會」; 『시대일보』 1925년 11월 5일 「전인천 축구대회 여덟 단체 참가로 성황을 예기」, 11월 9일 「숯仁축구전 개막, 작일 오전 산근정운동장에서」.

137 김형목, 「대한제국기 야학운동」, 262쪽.

부담할 정도로 열성적이었다. 노동자들 스스로가 야학을 설립하는 경우도 있었다. 여자야학 성행은 근대여성교육사상뿐만 아니라 여성에 대한 사회적인 인식을 변화시키는 요인이었다. 인천엡윗여자청년회·인천여자청년회 등은 이를 사실상 주도하는 중심체였다.

교과과정은 매우 다양하게 편성·운영되었다. 문맹퇴치를 위한 한글과 기초적인 산술·한문만을 교수하는 과정부터 초등교육 전 과정을 속성으로 교수하는 경우, 실무에 필요한 상업·부기·경제 등을 교수하는 경우, 어학을 중심으로 교수하는 경우 등은 이를 반증한다. 또한 학생들 수준에 따라 교과과정을 편성·운영하는 등 획일적인 체제에서도 탈피하였다. 이는 피교육자들로 하여금 교육적인 효과를 극대화하는 방안 중 하나였다. 과외활동은 지역민과 유대는 물론 이들의 적극적인 지원을 이끌어낼 수 있었다. 자발적인 의연금 지원과 후원회 조직 등은 이와 맞물려 추진되었다.

야학 규모는 40~70명이 가장 많았다. 일부는 100명 이상인 수용하는 등 야학은 초등교육기관 중심지로서 발전하였다. 인천지역 학령아동 중 상당수는 야학을 통하여 근대교육 수혜를 받았다. 무산아동에게 야학은 근대교육에 접할 수 있는 유일한 통로였다. 근로청소년 역시 이러한 상황에서 크게 벗어나지 않았다. 부기·상업 등 실무와 연관된 교과목은 스스로 자질을 향상시키는 요인이었다. 향학열 고조는 이와 맞물려 진전을 거듭하는 계기였다.

교실 대부분은 학교·청년회관·공회당·교회 등을 활용하였다. 운영비는 야학 설립자나 교사·유지·사회단체 등의 의연금에 크게 의존하였다. 수업료는 대부분 거의 무료였다. 심지어 교재·필기구까지

지급하는 경우도 있었다. 극소수 일부 야학·강습회 등은 일정한 월사금을 받았다.

야학은 문맹퇴치와 입학난 해소에 중점을 두었다. 강연회·영사회·운동회·가극대회 등은 야학생은 물론 주민들 의견을 발표·조정하는 집회장소로서 활용되었다. 이들은 과외활동을 통하여 시세 변화와 식민지 현실에 대한 모순을 부분적이나마 인식할 수 있었다. 인습타파, 위생관념 고취, 금주단연 필요성 등은 새로운 생활문화를 일깨우는 요인이었다. 이리하여 야학은 "우리의 것"에 대한 애정·보존은 물론 신분타파를 통한 새로운 민중문화 창출공간이었다.

현실인식 심화는 식민체제 모순을 이해하는 등 부문별 민족해방운동을 추동시키는 토대였다. 1920년대 전개된 청년운동·노동운동·근대교육운동 등은 야학운동과 맞물려 전개되었다. 야학은 민족해방운동을 연계하는 '매개체'로서 자리매김하기에 이르렀다. 실력양성운동론에 입각한 야학운동 중요성은 여기에서 엿볼 수 있다.

『경남일보』,『매일신보』,『동아일보』,『시대일보』,『조선일보』,『중외일보』,『조
　　선중앙일보』,『경성일보』,『경인일보』.

『개벽』,『신가정』,『현대평론』,『신여성』.

『조선총독부관보』.

『조선총독부통계연보』,『조선총독부시정연보』.

국사편찬위원회,『일제침략하한국36년사』6~9, 탐구당, 1972~1973.

경기도사편찬위원회,『경기도사(일제강점기)』7, 경기도청, 2006.

경기도항일운동사편찬위원회,『경기도항일운동 연구』, 경기도청, 1995.

고일,『인천석금』, 경기문화사, 1955.

김경일,『일제하 노동운동사』, 창비사, 1992.

김윤환,『한국노동운동사』Ⅰ, 청사, 1982.

김형목,『대한제국기 야학운동』, 경인문화사, 2005.

노영택,『일제하 민중교육운동사』, 탐구당, 1979.

독립운동사편찬위원회,『독립운동사－문화운동사－』8, 독립운동유공자기금관
　　리운용위원회, 1976.

문용식,『일제하 교육진흥의 논리와 운동에 관한 연구』, 문음사, 2002.

영화중학교,『영화70년사』, 영화70년사편찬위원회, 1963.

인천교육회,『인천안내』, 인천부, 1921.

인천부,『인천부사』, 1933.

인천광역시 교육청,『인천교육사』, 인천광역시교육청, 1995.

인천내리교회,『내리교회백년사』, 내리교회사편찬위원회, 1995.

인천직할시,『인천개항 100년사』, 1983.

인천직할시,『인천시사』, 1993.

정재철,『일제의 대한국식민주의교육정책사』, 일지사, 1985.

김형목, 「1920년대 전반기 경기도 야학운동의 실태와 기능」, 『한국독립운동사연구』 13, 한국독립운동사연구소, 1999.

김형목, 「야학운동의 의의와 연구동향」, 『사학연구』 66, 한국사학회, 2002.

김형목, 「1920~1924년 여자야학 현황과 성격」, 『한국여성교양학회지』 12, 한국여성교양학회, 2003.

김형목, 「식민지 교육정책과 경기도 내 교육실태」, 『경기도사(일제강점기)』 7, 경기도사편찬위원회, 2006.

노영택, 「일제하 항구도시 노동운동의 성격 – 인천지역을 중심으로 – 」, 『오세창 교수화갑기념 한국근현대사학논총』, 동간행위원회, 1995.

이미춘, 「1920년대 여자야학의 운영과 그 성격」, 국민대석사학위논문, 1999.

조찬석, 「1920년대 인천광역시 지역의 청소년운동에 관한 연구」, 『인천학연구』 창간호, 인천학연구원, 2002.

최근식, 「일제시대 야학운운동의 규모와 성격」, 『사총』 47, 고려대 사학과, 1997.

5장
1930년대 간이학교와
신교육운동의 변용

. . . .

윤소영

1. 머리말

근대교육사에서 '신교육운동'이란 19세기 말부터 20세기 전반기에 이루어진 자유주의, 아동중심주의, 주정주의主情主意, 노작주의勞作主義를 중시한 교육운동을 의미한다. 그런데 한국의 경우 '신교육'이란 종래의 한자 교육에 대한 학교중심 교육, 혹은 전통적인 유교교육에 대해 서구의 신문화를 흡수하여 이루어지는 교육을 말하고 있다.[1] 이를 반영하여 한국근대교육사 연구에서는 주로 근대학교 성립과 발전에 대한 연구, 교육계몽운동, 민족교육을 행한 근대 사학私學에 관한 연구가 이루어졌다. 따라서 서구의 신교육사상과의 관련 속에서 일제강점기 한국 교육 양상을 조명한 논고는 드문 상황이다.

서구의 신교육운동과의 관련성을 고려하면서 이 글에서 주목하고자 하는 것은 1934년 4월부터 우가키 가즈시게宇垣一成총독시대에 전국에 설치된 '간이학교簡易學校'이다. 간이학교는 보통학교가 없는 농촌을 대상으로 '교육 즉 생활'이라는 모토에 입각하여 설치한 2년제 관제 특수학교이다.

그동안 간이학교에 관한 연구는 주로 일본어 교육에 초점이 맞추어져 있었다.[2] 역사학 분야에서는 우가키 총독의 식민교육정책의 관

---

1   윤재홍, 「개화기 신교육 도입 및 전개의 배경 이념」, 『연세교육연구』 16권 1호, 2003.
2   金奎昌, 「朝鮮語科始末日語教育歷史的背景—日帝下言語教育政策論攷」, 『서울교대

점에서 언급한 연구가 있지만[3] 실제 간이학교의 운영 실태나 신교육운동과의 관련 등은 검토되지 않았다. 식민지초등교육을 전반적으로 고찰한 오성철의 연구에서도 이 부분은 개요만을 언급한데에 그치고 있다.[4]

이 연구에서 필자는 1930년대 간이학교를 주목하여 그 안에 서구의 신교육운동이 어떻게 영향을 끼쳤는지, 간이학교가 갖는 식민성과 근대성은 무엇인지를 살펴보고자 한다. 이를 위해서 먼저 1930년대 전후 일제강점기 한국에서의 신교육사상 수용과 교육상황에 대해 검토하고자 한다. 그리고 서구의 신교육사상이 간이학교 설립에 어떤 영향을 끼쳤는지에 대해 창안자인 오노 겐이치大野謙一를 주목하여 살펴볼 것이다. 이어서 1930년대 간이학교의 설치 상황과 운영 실태, 각 교육내용을 분석하여 간이학교에서 이루어진 신교육운동의 실체와 그 변용 양상을 밝히고자 한다.

　　논문집』 6, 1973; 久保田優子,「近現代韓国の日本語教育 - - 簡易學校について」, 『九州産業大學国際文化學部紀要』 39, 2008.3.

3　박균섭,「조선총독 宇垣一成의 조선관과 교육정책에 관한 고찰」, 『日本學報』 46, 2001.3.

4　吳成哲, 『식민지초등교육의 형성』, 교육과학사, 2000, 92~95쪽.

2. 일제강점기 한국의 신교육사상과 교육 상황

한국의 신교육은 19세기 후반기 미국 선교사가 설립한 기독교계의 학교에서 시작되었다. 이것이 근대 한국사회에 기여한 점에 대해 윤건차는 서양식 교육제도를 최초로 도입한 점, 서양문물과 사상, 사고방식을 한국에 이식한 점, 여자교육과 근로정신, 자주 자립사상의 보급, 과외활동으로 운동경기 도입, 연설회, 토론회 활용 등을 통하여 전인교육의 새로운 의의를 제시했다는 점 등을 지적했다.[5]

1900년대 이와 같은 교육이념을 구현한 교육가로 평가받는 이는 이승훈(1864~1930)이다. 그는 평안북도 정주定州에 오산학교를 설립하여 운영했는데,[6] 그의 교육정신에 대해 이만규[7]는 다음과 같이 평가하고 있다.

> 그는 페스탈로치의 교육을 실천한 조선교육계의 사도였다. 페스탈로치가 3H주의[8]를 실천한 것처럼 그는 경敬, 애愛, 성誠을 실천했다. … 학도들과 함께 자고 함께 먹고, 학생 기숙사 화로의 재를 치우고, 마당

5 　尹健次, 『朝鮮近代敎育の思想と運動』, 東京大學出版会, 1982, 193~194쪽.

6 　『五山八十年史』, 五山中·高等學校, 1987, 132쪽.

7 　李萬珪(1888~1978). 1906년 경성의학강습소(현재의 서울의과대학교) 입학, 1911년에 졸업. 개성에서 의업에 종사했지만 개성송도보통학교 교장 尹致昊의 권유로 교사가 되었다. 1946년까지 배화여자고등보통학교 교사와 교장을 역임했다. 민족주의계열의 단체인 「흥업구락부」(1925년 조직) 회원이며 1938년 「흥업구락부사건」으로 3년 동안 투옥되었다. 그 동안 『조선교육사』를 구상했으며 출옥 후 완성했다. 1947년 을유문화사에서 간행된 『조선교육사』는 한국교육사연구의 고전으로 평가받고 있다.

8 　Head, Heart, Hand를 의미

을 청소하고 학도들과 함께 변소의 똥을 치우고, … 학생이 병에 걸리면 밤새도록 간호하고, … 학생의 기거, 진퇴를 지도하지만 반드시 자신이 모범을 보여…[9]

이승훈은 상인이었다가 교육가가 된 사람이며 직접 페스탈로치 사상을 연구한 적은 없었음에도 그의 교육방법 자체를 페스탈로치에 비유한 점이 흥미롭다.

페스탈로치Johann Heinrich Pestalozzi(1746~1827)를 교육사상가로서 본격적으로 주목한 인물은 한글학자 최현배이다. 그는 경성고등보통학교를 졸업하고 1922년 1월부터 3개월 동안 히로시마고등사범학교 연구과에서 수학한 후 1922년부터 24년까지 교토대학 문학부 철학과에서 교육학을 전공하고 졸업논문으로「페스탈로치의 교육사상」을 제출했다. 그는 나중에 자신이 '조선의 페스탈로치가 되고 싶다'는 생각으로 그 논문을 작성했다고 회고했다.[10] 특히 최현배가 히로시마사범학교에 입학했을 때 '페스탈로치 정신 선포운동'이 전개되어 연구회와 박물관에서 페스탈로치 교육사상연구가 왕성히 이루어지고 있었다. 당시 히로시마고등사범학교의 교장은 대한제국의 학부 고문을 역임한 시데하라 다이라弊原坦였는데,[11] 그 자신이 페스탈로치의 교육정신을 강조한 인물이기도 하다. 최현배는 1926년 일본문부성으로부터 고등

---

9   이만규, 『朝鮮敎育史』(改正版), 살림터, 2010, 670쪽.

10   고영근, 『최현배의 학문과 사상』, 집문당, 25~27쪽.

11   시데하라 다히라에 대한 연구는 최혜주, 「시데하라((弊原坦)의 식민지 조선 경영론에 관한 연구」, 『역사학보』160집, 1998.

학교 교원 면허를 취득하고 귀국하여 연희전문학교 교수가 되었다.

애당초 일본에서의 페스탈로치 연구는 1878년 미국에서 돌아온 이사와 슈지伊澤修二, 다카미네 히데오高嶺秀夫가 도쿄고등사범학교를 중심으로 그의 교육법을 소개하면서부터 이루어졌다.[12] 그 후 페스탈로치에 대한 관심은 한때 쇠퇴하지만 1897년 사와야나기 세이타로澤柳政太郞에 의해 『페스탈로치』가 간행되고 1906년에 제국교육회에서 생탄160년 기념회가 개최된 후, 페스탈로치 연구 열기가 전국적으로 확대되었다.[13] 이리사와 무네토시入澤宗壽는 '우리 교육학계의 선구적인 책을 메이지 말기 무렵에 읽었을 때는 페스탈로치의 열정과 사업 경력에만 관심을 갖고 그의 초보初步 교육법은 주의하지 않았다. 다이쇼 시대가 되어 파울 나토르프Paul Gerhard Natorp(1854~1924)를 통해서 페스탈로치가 재차 일본에 영향을 끼쳤다.'[14]고 설명했다.

또한 교토대학교에서 최현배를 지도한 고니시 시게나오小西重直가 1923년에 출판한 『교육사상의 연구』에서는 피히테Johann Gottlieb Fichte(1762~1814)와 페스탈로치의 사상이 소개되었다. 특히 피히테의 경우, 국어교육의 중요성을 역설하고 '국어 능력에 따라 개개인의 정신이 결합하고 민족적 정신이 성립하며 정신적 도야도 이루어진다'[15]고 주장한 점이 눈길을 끈다. 1926년 최현배는 「조선민족 갱생의 도」를 『동아일보』에 연재했는데, 피히테의 「독일민족에게 고함」의 영향

---

12 『創立四十年史』, 広島文理科大學 · 広島高等師範學校, 1942, 206쪽.

13 위의 책, 207쪽.

14 入澤宗壽, 『敎育史上の人及び思想』, 東京敎育硏究会, 1928, 48~49쪽.

15 小西重直, 『敎育思想の硏究』, 広文堂, 1923, 117쪽.

이 강하게 나타나있다.[16] 「민족갱생의 도」에서는 한국 멸망의 내인을 준엄하게 지적하고 한국어에 의한 교육을 통하여 민족의식을 고양시킬 것과 한국을 위해 헌신하는 태도를 양성하는 것을 신교육의 정신으로 해야 한다고 역설했다. 또한 아동 본위의 교육, 근로교육을 강조했다.[17] '근로주의' 또는 '작업주의'를 '노작교육勞作敎育'이라는 용어로 정착시킨 인물이 고니시 시게나오였다는 점도 주목된다.[18] 최현배는 귀국 후 독일에 유학한 철학자 이극로, 변호사 이인李仁 등과 함께 주시경의 한글 연구를 계승하여 조선어연구회(후의 조선어학회)를 결성하고 한글연구에 일생을 바쳤다. 이것은 피히테가 지적한 것처럼 민족의 언어교육은 곧 애국심에 연결된다는 사고가 그 기반에 있었다고 생각된다.[19]

또한 1930년대 전반에는 실용교육의 필요성도 제기되었다. 조선어교육회의 회원인 이인은 '현재 조선인 교육은 문자의 습득이 아니면 형식과 이론교육에 치중하여 실생활에 맞지 않는다'고 지적했다.[20]

---

16 장원동, 「Fichte와 최현배의 교육사상비교연구」, 『나라사랑』 91, 1995. 5, 342쪽; 김하수, 「시대전환기에 대한 최현배와 페스탈로치의 대응」 『동방학지』 143, 2008. 그런데 한국의 최현배 연구에서는 피히테의 영향도 연희전문학교 교수시대였다고 파악하고 그가 일본 유학시절에 받았던 영향에 대해서는 언급하지 않고 있다. 이는 최현배의 사상을 페스탈로치의 사상과 비교한 연구에서도 마찬가지이다.

17 고영근, 『최현배의 학문과 사상』; 장원동, 위의 논문.

18 田制佐重, 『日本敎育史潮槪說』, 文敎書院, 1935, 428쪽.

19 入澤宗壽는 「독일어는 단순한 국어가 아니라 국민정신의 표현으로, 독일정신을 이해시키고 독일문화를 인식시키는 수단이다. 국어는 國民科이며 지리는 鄕土科이고 역사가 그대로 公民科가 되도록 교육시키고 있다」고 지적했는데, 이 점은 일본 뿐 아니라 일제강점기 한국의 지식인들도 민족의식을 고양시키는 방법으로서 인식되었다고 생각된다. 入澤宗壽, 『最近敎育の思潮と實際』, 明治圖書, 1931, 586~587쪽.

20 「방학과 학생」, 『新女性』, 1933년 8월호, 19~20쪽.

김활란은 여자교육에 대해 실제적인 교육을 행하여 15, 6세가 되면 직업전선에서 당당하게 설 수 있도록 교육해야 한다고 역설했다.[21] 간이학교의 이념적 배경이었던 실용교육의 필요성은 한국의 지식인들도 공감했던 부분임을 지적할 수 있다.

당시 청소년층의 대표적인 잡지에서도 이와 같은 논조가 확인된다. 『어린이』[22]의 기사를 보면, 미국 링컨 대통령의 이야기를 인용하여 '빈곤과 싸우고, 이 불행에 맞서 마음껏 싸울 수 있는 용사가 되라'고 계몽했다.[23] 또한 '성공하는 방법'에서는 근면, 겸손, 절약, 성실, 책임감, 인내, 노동의 가치, 자립, 지행합일의 생활태도를 배양하도록 권장하고 있다.[24] 이와 같은 점에서 볼 때 당시 서구권에서는 엘렌 케이의 아동중심주의, 자유교육설이 유행하고 있었지만, 한국에서는 오히려 독일국민교육사상이 영향을 끼치고 있었으며 교육을 사회와 국가의 발전 수단이라는 관점에서 파악하고 있었다. 이러한 신교육사상의 조류가 간이학교 도입을 용인하는 사회적 배경을 구성했다고 생각된다.

또한 '간이학교' 성립 배경으로 주의해야 하는 것은 보통학교의 취학률의 부진과 소년들의 항일운동이다. 보통학교 취학률은 20%에 도달하지 못한 상황이었는데 그 뿐 아니라 퇴학률도 높은 편이었다.[25]

---

21 金活蘭, 「女學校敎育問題」, 『新女性』 1933년 3월호, 11쪽.

22 잡지 『어린이』는 방정환(1899~1931)에 의해 창간되었다.

23 李俊興, 「泰西偉人의 少年時代(4편) 가난한 집의 아들노 대통령이 되기까지, 아부라함 링컨의 이약이」, 『어린이』 1930년 1월호, 30~35쪽.

24 「성공하는 법」, 『어린이』 1930년 1월호, 32~33쪽.

25 예를 들면 공립보통학교의 남자생도의 퇴학률은 1931년에 51%, 1932년에 42%,

그 주요원인으로는 월 80전이 이르는 수업료의 부담이 컸다는 점이 지적되고 있다.[26] 1929년 11월 3일 전라남도 광주에서 한일 학생의 우발적인 충돌이 발단이 되어 전국으로 확대된 광주학생운동은 1930년 3월까지 250여개 학교, 총 5만 4천여 명이 참가했으며 참가한 보통학교는 54개교에 이르렀다.[27] 이에 대해 당국은 학생들의 요구가 '노예교육의 철폐, 일본인 교사 배척, 조선역사, 조선문법 교육, 언론집회결사의 자유 등'이었다고 분석하고 있다.[28]

게다가 이른바 '소년운동'이 사회주의운동의 일환으로 확산되었다. 1927년부터 무산자소년(10~18세)을 대상으로 야학, 강습회, 웅변대회 등을 개최하여 문맹퇴치와 반제운동이 전개되었는데 당국은 '소년단체의 사상관계 회합 상황 등에 대해 깊이 주의를 기울임과 동시에 소년운동과 불가분의 관계를 갖고 있는 서당, 학술강습소에서의 교육상황에 대해 끊임없이 감시를 하여 주의적 색채를 띤 소년단체에 대해서는 가급적 온건운동으로 전환하도록 지도하고 도저히 그럴 가망이 없을 때는 자연적으로 해체'[29]를 유도하도록 했다. 당시 일제당국이 소년운동이 무산자층을 대상으로 문명퇴치운동을 전개한 사실과 사설강습소 및 서당과 관계 있다고 파악했다는 사실이 주목된다.

1934년에 63%, 사립보통학교의 경우 1934년에 41%에 이른다. 『朝鮮総督府統計年報』 각연도 참조.

26 金富子, 『학교 밖의 조선여성들』, 일조각, 2009, 170~71쪽.

27 김성민, 「광주학생운동의 전국적 양상과 이념」, 『한국독립운동사연구』 32, 2009, 224쪽, 237쪽.

28 朝鮮総督府警務局, 『朝鮮の治安状況』, 1930, 73~74쪽.

29 朝鮮総督府警務局, 『最近における朝鮮治安状況(昭和11年5月)』, 48쪽.

일제당국은 소년층의 항일운동과 이와 같은 교육시설과의 연계를 차단할 장치가 필요함을 절감하고 있었던 것이다.

1928년 6월 임시교육심의위원회에서 야마나시 한조山梨半造 총독은 이 부분을 언급하여 한국인의 생활이 너무나 궁핍해서 학생의 사상이 민족적이고 자유주의적으로 기운다는 점을 지적하고 실용주의를 다시 부활시켜 사상 단속을 강화하는 교육정책을 제안했다. 요컨대, 학생들의 정치적 지향을 억제시켜 지역사회의 구성원으로서 착실, 온건, 실질적인 '선량한 공민'이 되도록 하기 위한 교육을 요구한 것이다.[30] 1930년 10월 30일, 일본의 교육칙어 반포 40주년을 맞이하여 사이토 마코토齋藤實 총독은 라디오를 통해, 일본의 국체를 훼손하고 국정에 반하는 사상을 품고 또한 사회기강을 문란하게 하는 행위를 경계하고 각 지방에서 교육칙어 봉독식을 거행하고 기념강연회를 개최하도록 했다. 학무국에서는 교육칙어의 한국어 번역, 한문 번역본 2만부를 인쇄하여 서당, 사립학교, 면사무소에 배포하여 일본어를 모르는 사람들에 대한 교육칙어 보급을 철저히 행하도록 지시했다.[31]

이 무렵의 초등교육정책의 변화는 1928년 1면面 1교校 설치계획이 수립되고 1936년까지 1074개의 공립보통학교를 증설하도록 한다는 것이었다. 그리고 1929년 6월에 보통학교 규정이 개정되어 보통학교 교과에 직업과가 필수교과가 된다.[32] 또한 1928년 8월 임시교과서 조사위원회에서는 교과서 편찬방침을 정하여 '수신, 국어, 역사 교과에

---

30 이기훈, 『일제하 청년담론 연구』, 서울대학교 박사학위논문, 2005, 525쪽.

31 大野謙一, 『朝鮮敎育問題管見』, 1936, 190~191쪽.

32 김영우, 『한국신교육100년사 – 초등교육사』, 한국교육사학회, 1999, 185쪽.

서 황실, 국가에 대한 내용을 다수 채택하고 충군애국정신을 고양시
킬 것, 한국병합의 정신을 이해시키고 내선융화를 꾀할 것, 근로애호
勤勞愛好, 흥업치산興業治産 정신을 고양시키는 내용을 증가시켜 실용화
를 꾀할 것, 동양 도덕을 진작시킬 조선의 미풍양속을 장려'하도록 했
다.[33] 이와 같은 상황에서 간이학교가 탄생한 것이다.

3. 간이학교의 설치목적

간이학교를 고안한 이는 1933년부터 총독부 학무과장에 부임한 오
노 겐이치大野謙一[34] 이다. 오노 겐이치는 1933년 8월 21일에 경기도가
주최하는 제8회 농업강습회의 강연에서 자신의 구상을 발표했다. 그
는 1920년 조선교육령에 의해 4년간의 초등교육이 6년으로 연장되
었으나 실제 군청 소재지 이외에는 4년 교육에 그치고 있는 점, 또한
1929년부터 1면 1교 계획이 추진되고 있으나 실제 재적 아동 수는 이
에 미치지 못하고 있는 점을 지적했다. 그 이유에 대해서는 경제적 이
유가 크다고 진단했다. 또한 일본에서 거의 100%에 달하는 초등교육
취학률을 조선에서 단기간에 달성하는 것은 어렵다고 보았다. 따라서
당면 대책으로는 마을의 누구나가 배울 수 있는 시설이 필요하다고

---

33 김영우, 앞의 책, 190쪽.

34 大野謙一(1897~?) 야마구치 현 출신. 1915년 18세에 보통문관시험에 합격하고 1921
년에 고등문관시험에 합격했다. 1922년 한국에 부임하여 강원도 학무과장 등을 역임
하고 1933년 조선총독부 학무과장, 1943년부터 학무국장이 되었다. 『朝鮮功勞者名
鑑』, 朝鮮総督府, 1935, 335쪽;「朝禮訓話」, 『文教の朝鮮』, 1943년 9월호.

주장하고 종래의 서당을 활용할 것을 제안한 것이다.[35]

구체적으로는 교사校舍는 기존의 건물을 그대로 활용하되, 실습용의 전답, 산림 등은 부락 공유재산 또는 독지가의 것을 소작하기로 하며, 재료 등은 서로 가지고 와서 교사와 아동이 함께 경작할 것, 학교를 유지하는 방법은 마을의 유지계를 조직하여 맡기며 수업료는 받지않을 것. 수업연한은 2년으로 하고 입학연령은 10세 전후, 학과는 수신, 국어 및 한국어, 산술, 직업의 4단위 정도로 할 것을 제안했다. 그리고 '이 마을의 개학학교皆學學校는 농촌진흥운동의 기본단위도 되므로 선량하고 게다가 이해심 있고 전투력이 뛰어난 강병을 갖게 되는 것'[36]이라고 평가했다.

나아가 오노 겐이치는 이 구상을 세우는 데에 영향을 받은 책을 소개하고 있다.

> 농촌 교육에 관해서는 특히 그 내용에서 읽고 쓰기에만 치우치는 것을 지양하고 실제적, 작업적作業的 훈련을 중시할 필요를 통감하여 이것이 실제방법에 관해서 주야로 고민하던 무렵에 우연이 읽게 된 것이 문명협회가 출판한 알비온대학교 칼튼 교수의 『교육과 산업의 진화』라는 책이었습니다. … 저절로 기뻐 용약하여 곧바로 과감하게 생각한 바를 실행에 옮긴 것입니다. 칼튼 교수는 교육과 산업과의 관계를 貨車와 이를 견인하는 기관차와의 관계에 비유하여, … 근로 작업이 교육의 어

35　大野謙一, 「朝鮮における初等普通敎育の將來に對する私見」, 『文敎の朝鮮』, 1933년 9월호, 33~34쪽.

36　大野謙一, 위의 글, 36쪽.

떤 국면에서도 항상 중시되어야 한다는 점을 주장하고 있습니다.[37]

그가 언급한 『교육과 산업의 진화Education and Industrial Evolution』
(F.T. Carlton著)는 1921년 대일본문명협회가 번역 출간한 것이다.
이 책에는 현대사회는 조직의 역할과 협동이 중요하며 개인은 사회
의 경제적, 사회적 행복에 대해 연대책임을 지지 않으면 안 된다고 강
조하고 학교 목적도 여기에 두어야 한다고 주장했다.[38] 특히 '젊어서
학교를 그만둔 미국 아동에 주목할 것', 그리고 '현재 노동에 종사하
고 있는 남녀아동에게 제공해야 할 실제적 산업적 일반 교육을 시행
할 것'을 역설하고,[39] 최근 미국의 교육 모토가 '교육은 생활'이라는
것을 설명하고 있다.[40] 원래 '교육 즉 생활'론은 존 듀이의 영향을 받
은 무어Ernest Carroll Moore(1871~1955)의 1915년의 저작인 『교육이란
무엇인가What is Education』에서 제기되었고 시노하라 스케이치篠原助市
의 『비판적 교육학의 문제』에서 자세히 다룬 적이 있다. 이 논리에 의
하면, 교육은 '미래의 생활을 준비하기 위해 행하는 것'이 아니라, '생
활 그 자체'라고 주장한다. 개념과 언어를 도구로 삼는 추상적 교육이
아니라, 실생활의 각종 조건을 학교교육에 이용할 것을 지향하고 있
다.[41]

---

37 大野謙一, 위의 글, 26~27쪽.
38 カールトン, 『敎育と産業の進化』, 大日本文明協會, 1921, 15쪽.
39 カールトン, 위의 책, 17쪽.
40 カールトン, 위의 책, 23~24쪽.
41 篠原助市, 『批判的敎育學の問題』, 東京, 寶文館, 1922, 121~125쪽.

칼튼의 위의 저서 중「제12장 보습학교」에서는 '실업보습학교는 소년 노동자의 교육시설로서 가장 필요하다'고 역설하고, 일반 공립학교에 취학하는 것은 그들에게는 현실적으로 어려운 상태인데, 그들에게 필요한 교육이 이루어지지도 않는다는 점을 지적하고, 사립야학교나 통신학교 같은 것이 아니라 공립학교로 인정될 조직을 만들어 그들을 교육할 필요를 역설했다.[42] 또한 '교육의 역할은 실업계 및 산업계와 동떨어져 있다는 잘못된 생각은 버려야 한다'[43]고 주장했다. 이러한 점은 후술하는 바와 같이 간이학교의 정신으로 강조된다. 오노 겐이치가 얼마나 칼튼의 저서로부터 영향을 받았는지를 엿볼 수 있는 부분이다.

또한 간이학교의 교육방법으로는 페스탈로치 정신이 강조되었다. 칼튼의 저서에도 페스탈로치의 실제 체험을 중시한 교육사상에 대해 언급하고 있는데, 경성일보사의 논설부장인 이케다 린기池田林儀는 '간이학교는 페스탈로치를 소화昭和에 부활시킨 것'[44]이라고 평가하고

> 페스탈로치는 학교를 하나의 가정으로 삼았다. 생도는 교사와 함께 기거하며 교사와 함께 배우고, 교사와 함께 경작하고, 교사와 함께 휴일을 즐기며, 교사와 함께 수양했다. 항상 자연과 함께 하면서 자연을 올바르게 관찰하고 즐기도록 하고, 교과목은 모두 암기가 아니라 이해하도록 하는 것을 위주로 하여 주입시키기보다 유도하는 방식을 취하고

---

42 カールトン, 『教育と産業の進化』, 247~51쪽.

43 위의 책, 256쪽.

44 池田林儀, 「文盲退治と簡易學校」, 『文教の朝鮮』 1935년 5월호, 67쪽.

개발에 전력을 경주하였다. 개를 사육하는 것 같은 태도를 경계했다.[45]

고 했는데, 이 방식은 간이학교의 교사에게 공식적으로 요구한 교육방법이 된다. 그 외에 독일 교육학자인 케르셴슈타이너Georg Kerschensteiner (1854~1932)의 영향도 언급하지 않으면 안 된다. 경성제국대학 교수 마쓰쓰키 히데오松月秀雄는

> 케르셴슈타이너는 러일전쟁 후 일본 국민이 경조부박한 모습을 보였을 때 독일에서 근로주의 교육을 역설하고 페스탈로치주의의 진정한 의의를 부활시켜야 함을 역설했기 때문에 일본에 즉시 도입되었다. 공민교육이라고도 하고 실업보습교육(게다가 전문 직공을 교사로 삼음)이라고도 하고, 직업교육이라고 하였다. 현재 일본 교육계를 지배하는 많은 이념은 케르셴슈타이너의 창의력에 힘입은 바 크다. 따라서 조선에서 근로주의 교육은 말할 것도 없이 각종 시설에도 그의 사상적 흔적을 인정할 수 있다.[46]

고 하여 케르셴슈타이너의 공민교육 이론의 영향을 언급했다. 케르셴슈타이너는 근로에 의해 인격의 통합과 완성이 이루어진다고 주장한다. 또한 국가의 구성원으로서의 개인의 자각과 애국심을 강조하고 있다. 그에 의하면 국가는 최고의 외적外的 선善이며, 개인은 최고의 내적 도의적 선善이어야 한다. 국가는 개인에게 국가의 목적을 이

---

45 池田林儀, 『朝鮮の簡易學校』, 京城, 活文社, 1935, 256쪽.

46 松月秀雄, 「ケルシエンシュタイナー逝く」, 『文教の朝鮮』 1932년 3월호, 76쪽.

해시키고 그에 적합한 개인의 능력을 발달시켜야 한다. 그것이 공민교육의 목적이다. 공민교육은 첫째, 작업의 기쁨과 숙련을 발달시키고 그 과정에서 성실, 근로, 인내, 극기심과 일상생활에서의 헌신적 관념을 키울 것, 둘째, 자신의 조국의 이익을 도모하고자 하는 책임감을 갖도록 하는 것이라고 하였다.[47]

한국에서 실현된 간이학교의 발상은 직접적으로는 오노가 칼튼의 저서에서 영감을 받아 페스탈로치의 헌신적인 교육방법론과 케르셴슈타이너의 공민교육론이 결합되면서 탄생했다. 그러나 현실적인 이유로서는, 한국의 행정단위인 '면面'의 면적이 일본의 '무라村'에 비해 광대하고 1면 1교가 이루어진다고 해도 충분히 초등보통교육을 보급하는 것이 어려운 점, 농촌아동의 7~8할이 재래의 서당교육에 의존하고 있는 점을 극복하고 농촌진흥운동을 뒷받침할 수 있는 청년층을 양성하는 것이 필요했기 때문이었다.[48] 그것은 또한 서당과 연계하여 이루어지고 있는 한국 청소년들의 항일운동을 차단시킬 수 있는 처방으로서도 의미 있는 정책으로 인식되었다.

이케다 린기의 『조선의 간이학교』의 서문을 집필한 조선총독부 정무총감 이마이다 시게도쿠今井田清徳(1884~1940)는 '교육에서도 정문을 두드림과 동시에 뒷문을 두드려 소위 이정합以正合, 이기승以奇勝하려는 자세가 필요하다'[49]고 하여 『손자병법』의 구절을 인용하여 정공법뿐 아니라 변칙도 잘 운용해야한다고 역설하여 간이학교 정책에 힘

---

47 入澤宗壽, 『欧米教育思想史』, 教育研究會, 1929, 512쪽.

48 「簡易學校の教師に望む」, 『文教の朝鮮』 1934년 5월호, 79~80쪽.

49 「序(今井田清徳)」, 池田林儀, 『朝鮮の簡易學校』.

을 실어줬다.

1934년에 공포된 「간이초등교육기관 설치요령」을 요약하면 다음과 같다.

> 기관의 명칭은 '간이학교'로 한다.
>
> 목적 및 교칙: 조선교육령 제4조 및 보통학교 규정에 준하여 특히 국민으로서의 성격을 함양하고 국어를 습득하는 것에 힘을 기울임과 동시에 지방의 실정에 가장 적절한 직업 도야에 중점을 둔다. 수업연한은 2년, 학급은 1학급(단급편제)으로 할 것, 입학연령은 10세를 표준으로 삼는다. 아동의 수용 정원은 80명 정도, 교원은 1교 1인, 공립보통학교 훈도의 정원을 증가시켜 충당한다. 교사는 간이학교 소재지에 정주한다. 교과는 수신, 국어 및 조선어, 산술 및 직업. 수신 교과에서는 창가 및 체조를 시행한다. 매주 시수는 30시간 내외, 보통교육과 직업과의 교수 시수 비율은 2대1.[50]

이라고 하여 거의 오노 겐이치의 구상에 입각한 내용이었다.

학교의 명칭을 '간이학교'라 한 이유는 『주역』 제1장 「계사상전繫辭上傳」에 「이즉이지, 간즉이종易則易知, 簡則易從」(평이한 것은 알기 쉽고, 간단한 것은 따르기 쉽다)는 구절에서 「이간易簡」을 취한 것이라 하였다.[51] 그리고 '보통학교 그 외의 교육기관과는 전혀 그 체계를 달리 하는 것'이며 '다른 학교와의 연락 즉, 전학 또는 졸업 후의 다른 학교로

---

50 「簡易初等教育機関設置要項」, 『文教の朝鮮』 1934년 5월호, 69~70쪽.
51 「序(今井田清徳)」, 池田林儀, 『朝鮮の簡易學校』.

의 입학 자격 등에 대해서는 전혀 고려하는 바가 없으며', '벽지 농촌의 실정에 가장 적절한 간이초등학교 보급을 꾀하기 위함'[52]이라고 명시했다.

4. 간이학교의 설치와 운영

간이학교의 설치 상황에 대해 『동아일보』와 『경성일보』의 기사를 통해 살펴보자. 1934년 3월 14일자 기사를 보면, 경상남도에서는 38개교가, 3월 26일자에는 전라남도에 44개소가 각각 설립되었다. 황해도 곡산谷山의 한웅서韓熊瑞는 간이학교의 부지와 실습용지로 500원에 해당하는 토지를 기부했다.[53] 또한 충청북도 보은의 백낙선白樂善과 이홍식李弘植이 간이학교의 부지와 기금을 기부했으며 5월 10일에는 충청북도에 간이학교 20개소가 개교했다고 한다.[54] 함경북도에는 22개소가 이미 개교했는데 5월 10일에는 14개소가 다시 개교한다는 기사도 있다.[55] 5월 15일에는 평안북도에 11개소가 개교하고 있다.[56] 1934년 5월 9일에는 함경남도에도 17개교가 인가되어 1240명이 수용된다고 보도했다. 또한 『경성일보』에는 1934년 5월 5일까지

---

52 「簡易初等教育機関設置要領實施上の参考資料」, 『文教の朝鮮』 1934년 5월호, 74쪽.

53 「五百余円価値の土地を提供」, 『동아일보』 1934년 4월 13일.

54 『동아일보』 1934년 4월 15일, 4월 23일, 5월 3일.

55 「咸北の簡易學校皆學の理想目指し 十日14ケ校開校」 『京城日報』 1934년 5월 5일.

56 『동아일보』 1934년 5월 6일.

〈표 1〉 간이학교 상황표 (「朝鮮総督府統計年報, 昭和十九年」)

연도	학교 수	학급 수	직원 수			생도 수		
			총수	남	녀	총수	남	녀
1934	384	387	395	395		17,669	16,393	1,276
1935	579	584	629	629		35,696	31,980	3,716
1936	746	746	804	804		48,204	41,502	6,702
1937	927	940	950	943	7	60,077	49,472	10,605
1938	1,145	1,177	1,246	1,238	8	76,192	59,692	16,500
1939	1,327	1,363	1,383	1,371	12	86,979	66,582	20,397
1940	1,488	1,521	1,513	1,513	10	99,108	70,625	28,483
1941	1,618	1,648	1,782	1,774	8	110,869	75,800	35,069
1942	1,680	1,715	1,872	1,868	4	117,211	77,607	39,604

총 440교가 인가신청을 했는데 그중 238개교가 인가되어 곧 개교하며, 나머지도 8월까지는 전부 인가될 것이라고 보도했다.[57] 이와 같은 기사를 살펴보면, 간이학교는 1934년 2월에 설립령이 반포되면서 즉각적으로 전국에서 개교하고 당시 사람들의 호응도 꽤 높았던 것으로 보인다. 1934년부터 1942년까지 개교한 간이학교의 상황은 〈표 1〉과 같다.

당초 1936년까지 총 880개교가 설립 예정이었으나 1936년 5월 현재 746개교, 1937년 5월 현재 927개교이며 다소 목표에는 이르지 못했지만 1942년까지 지속적으로 증가하고 있음을 알 수 있다. 학생 수는 1934년 당시 평균 한 학교당 46명 정도가 재적하고, 1942년 무렵에는 69명 정도로 증가했다. 또한 여학생은 1934년에 남학생에 비해 7% 정도 수준이었다가 1942년에는 거의 50%를 차지하게 되었다. 학

---

57 「簡易學校の認可申請」, 『京城日報』 1934년 5월 10일.

〈표 2〉 간이학교 생도 이동 상황 (「朝鮮総督府統計年報, 昭和十九年」)

연도	입학		졸업		퇴학		사망	
	남	녀	남	녀	남	녀	남	녀
1934	18,369	1,403	1,454	68	2,660	329	35	
1935	22,931	3,504	11,705	825	5,706	1,054	97	7
1936	28,643	5,239	14,799	1,711	8,468	1,809	120	33
1937	33,479	9,118	18,492	3,209	9,591	2,838	139	38
1938	37,764	11,552	22,055	4,832	12,217	4,018	218	34
1939	42,590	14,486	24,389	6,664	14,080	4,725	208	70
1940	43,252	19,087	28,161	9,582	12,175	5,163	239	95
1941	44,182	21,626	29,961	12,785	11,135	5,608	189	84
1942	43,622	21,854	32,674	15,758	10,444	5,317	362	183

생 수의 측면에서 보면 착실히 발전한 것으로 보인다.

간이학교의 중도 퇴학자 비율을 〈표 2〉에서 보면, 1934년에 남학생 입학자 14%, 1935년 24%, 1936년 29%, 1937년 28%, 1938년 32%, 1939년 33%, 1940년 28%, 1941년 25%, 1942년 23%가 퇴학하고 있다. 전술한 보통학교 생도의 퇴학률 보다는 낮은 편이다.

다음으로 교사에 관해 자세히 살펴보자. 1교에 1인 교사가 배당되었기 때문에 교사는 곧 학교장이기도 했다. 〈표 1〉을 보면 교사는 압도적으로 남자가 많고 여자 교사는 1937년부터 다소 보이지만 곧 감소하고 있다.

한국인과 일본인 교사 비율은 경기도의 경우 1935년 말 현재, 80교에 한국인 교사가 75명, 일본인 교사가 5명이다. 참고로 학생은 남학생이 3,817명, 여학생이 1,002명이다.[58]

---

58 『京畿道の教育と宗教』 1936年, 33~39쪽；『植民地朝鮮教育政策史料集成』 35卷, 龍渓書舎.

전라북도는 1937년 5월 현재, 67교에 한국인 교사가 55명, 일본인 교사가 12명이다. 생도는 남자가 3,626명, 여자가 523명이다.[59] 대체로 80% 이상이 한국인 교사였다.

간이학교의 연간 인건비가 1,074원이고 국비에서 5할, 도비에서 2.5할, 군도郡島 학교비에서 2.5할 씩 부담했다.[60] 이를 교사의 연봉으로 본다면, 보통학교 훈도의 월급이 1935년 당시 한국인 남자교사가 55원, 일본인 남자교사가 109원이어서[61] 그 평균연봉을 984원이라고 잡을 때, 다소 높았음을 알 수 있다.[62]

그렇다면 어떤 사람이 간이학교의 교사가 되었을까? 『동아일보』 1934년 2월 23일에는 「간이학교 교원 단기강습 특설」이라는 제목으로 경성사범, 대구사범, 평양사범학교에서 각각 50명씩의 강습생을 모집하는데, 자격은 갑종 농업학교 졸업생이고 6개월 과정을 마치면 성적에 따라 제2종, 제3종 교원자격[63]을 부여하여 공립보통학교의 훈도로 채용한다고 보도했다. 애당초 사범학교 강습과의 지원 자격은

---

59 『全羅北道教育及宗教要覽』(昭和12年), 全羅北道教育會, 1938, 53~58쪽.

60 「簡易初等教育機関設置要項」, 『文教の朝鮮』 1934년 5월호, 73쪽.

61 『朝鮮総督府統計年報』 1936年, 300~301쪽.

62 후지와라 미카(藤原美歌) 의 기억에 의하면 당시 물가는 계란 1개에 2전 5리, 쌀 한 말(약15kg)dp 3원 내외, 석유 한 말(18리터) 2원, 술1 승(升) 1원, 하숙비는 일개월에 17원 정도였다고 한다. 藤原美歌, 「草創期の簡易學校(1) - その實踐記録」 『韓』 7巻 11·12号, 1978, 201~202쪽.

63 1922년의 「小學校及普通學校教員試驗規則」에 의하면, 제1종은 사범학교 남녀생도에게 부과하는 과목, 제2종은 사범학교 特科 남녀생도에게 부과하는 과목, 제3종은 국어(일본어)를 사용하지 않는 자를 대상으로 한다. 1931년 부분개정이 이루어져 제1종, 제2종은 조선총독부에서 시험을 실시하며 제3종은 각도에서 실시했다. 김영우, 『한국 신교육100년사 - 초등교육사』, 한국교육사학회, 1999, 177~78쪽.

중학교, 고등보통학교, 실업학교(5년생 또는 고등소학교 졸업자가 입학하는 3년생) 졸업자로 1년 과정이었는데,[64] 이 때 새롭게 6개월 과정이 신설되어 농업학교 출신자를 특별 모집한 것을 알 수 있다.

『동아일보』1934년 3월 8일자의 「농업 졸업생 사범지원 격증」이라는 기사에서는 보통학교의 은급령恩給令이 개정된 것과 농촌간이학교의 훈도가 되기 위해 사범학교 강습생 모집에 응하는 학생이 격증하고 있었다. 평양사범학교의 경우, 1934년 4월 5일, 6개월 과정의 단기강습생 40명이 입학했다. 주당 37시간의 교과와 4시간의 교육실습을 행했다.[65] 이 학교에서 1930년부터 1938년까지 강습과 졸업생은 총 921명인데 한국인이 577명, 일본인이 192명을 차지했다.[66]

또한 현직의 경력이 있는 교사가 사령을 받고 부임했다. 함경북도 길주군吉州郡의 도목都目간이학교의 교사 허진극許真極은 돌연 교장에게 간이학교 부임 사령을 받고 당혹스러웠으며, 주변의 동료들로부터 위로를 받은 경험을 털어놓았다.[67]

그런데 1934년 5월 경상북도 영일군迎日郡 기계면杞溪面에 있는 기계보통학교 부설 대곡大谷간이학교 교사 후지와라 미카藤原美歌는 1932년 경성사범학교를 졸업하고 단기 현역병으로 5개월간 군무에 복무하고 나서 처음으로 경주 부근의 안강安康보통학교에 부임했다. 그곳은 졸업생을 지도하는 실험학교가 있었다고 한다. 1934년 여름에 돌

64　위의 책, 84쪽.

65　위의 책, 85~86쪽.

66　위의 책, 87쪽.

67　許真極, 「私の簡易學校生活」, 『文敎の朝鮮』, 1939년 10월호, 104쪽.

연 대구농림학교 하기 영농특별강습회에 참가하라는 명령을 받고 1 개월간 수강했는데 그 후 곧 기계보통학교로 전근되었고, 거기서 처음으로 교장으로부터 1개월 후에 간이학교에 부임하라는 명령을 받았다고 회고하고 있다.[68]

황해도 재령군載寧郡 신원면新院面 화석리花石里 화석花石간이학교의 교사 김사순金士淳은 '이전에는 그다지 평판이 좋지 못하고 어느 학교에 가도 교장과 동료와 잘 지내지 못하고 학교를 전전했다'[69]고 한 것으로 보아, 문제를 일으킨 교사를 좌천시키는 측면도 있었던 것 같다. 그러나 김사순 교사는 간이학교 부임을 지원했다고 하며 시학관은 그가 부임한 후 성과가 높다고 평가하고 있다.

한편 보통학교의 한국인 훈도는 경력이 있어도 교장은 되지 못하는 것이 현실이었기 때문에 이러한 한국인 교사를 다수 전출시켰다는 증언도 있다.[70] 어느 쪽이던 교육은 주로 일본어로 이루어지므로 한국인 교사라 해도 일본어가 유창하지 않으면 안 되었다. 또한 일본인 교사의 경우는 거꾸로 한국어를 구사할 수 있는 사람이 선발되었다. 그어떤 경우이든 교사校舍와 설비가 거의 없는 곳으로 부임하는 것이어서 개척정신이 없는 사람은 견디지 못했을 것이다.

간이학교의 교육과정은 기본적으로 소속 학교의 교장과 시학관의 감시 하에서 이루어졌다. 간이학교의 설치에 즈음하여 시학관도 증원

---

68   藤原美歌「草創期の簡易學校(1) - その実践記録」, 201~206쪽.

69   池田林儀, 『朝鮮の簡易學校』, 44~45쪽.

70   전라남도 泉浦簡易學校의 교사 尹允其의 후배인 고명조의 증언. 선경식, 『민족의 참 교육자 학산 윤윤기』, 한길사, 2007, 75쪽.

되었다. 경기도의 경우는 1934년 3월 31일, 22명의 일본인 군郡시학관이 임명되었다.[71] 1935년 현재, 경기도내 80교가 개교했으므로, 대체로 1명의 시학관이 3~4교를 담당한 것이 된다. 후지와라 미카의 증언에 의하면, 소속 본교의 학교장이 반드시 매월 1, 2회는 부정기적으로 순시 방문하고 교내외를 시찰하고 장부를 검열했다. 또한 면사무소의 직원, 주재소의 경찰관, 군청의 직원 등이 방문하고 있다. 道 시학관은 1년에 한번 방문했는데 학생의 일본어 능력 향상 정도, 직업과의 지식 기능 습득 상황, 전 교과의 학습태도, 국민의식 앙양 정도 등을 자세히 점검했다고 한다.[72]

간이학교의 교사가 부임하면 제일 먼저 교실을 설치하고 생도를 모집하고 개교 준비를 시작했다. 황해도 청계清溪간이학교의 교사 고형진高亨鎭은 이전의 서당을 인수하여 40명의 생도를 지도하게 되었다. 개교식 당일에는 학부모들과 간담회를 개최했다. 이 사업에 대해 감사한다는 인사를 하는 사람도 있었지만 간이학교를 졸업하면 보통학교 4, 5학년에 편입할 수 있다고 생각하고 있는 사람, 직업과목 보다는 보통학과의 공부를 하고 싶다는 사람, 신체 발달이 불충분하니 실습은 시키지 말아달라고 부탁하는 사람도 있어서,[73] 학부모들은 간이학교가 정규학교 체계와 다른 교육기관이라는 점을 잘 모르고 있던 정황이 엿보인다.

간이학교 설립에 즈음하여 교사들에게는 어떤 자세가 요구되었을

---

71 「朝鮮で最初の郡視學甘二名京畿道でけふ任命」, 『京城日報』 1934년 4월 1일.

72 藤原美歌, 「草創期の簡易學校(2) - その實踐記錄」, 『韓』 8卷1號, 1979, 89~95쪽.

73 高亨鎭, 앞의 글, 113쪽.

까? 그 지침을 살펴보자.

1. 환경상, 가정 형편상, 혜택 받지 못한 자제의 교사이며, 동시에 부모일 것. … 당신의 가르침을 기다리고 있는 아동들은 모두 폐하의 충량한 적자赤子이며, 소중한 가정의 보물이지만 당신의 손이 아니면 버려지는 길거리의 돌맹이로 평생을 살지 않으면 안 되는 운명을 겪게 될 것이다.

2. 1교에 한명의 교사, 게다가 정주定住라는 혜택 받은 조건을 유감없이 교육적으로 살릴 것. … 당신이 있는 곳이 곧 학교가 있는 곳. … 당신이 물을 주고 밭을 일구는 곳에 교육이 있다. 당신은 9시부터 오후 4시까지의 교사여서는 안 된다.

3. 각 방면에서의 원조와 호의를 받아 가능한 한 그것을 교육적으로 활용할 것.

4. 교육의 기술화를 경계하는 것이 중요하다. 기술화에 전념하기보다 항상 교육적 사랑 여부에 대해 반성하는 것이 중요하다. 당신이 진정한 교육자적 생활을 할 때 아동과 마을 사람들은 진실로 당신을 신뢰하고 존경하게 될 것이다.

5. 당신은 '족足함을 앎'필요가 있다. 적당한 전답을 얻어 자작하고 검소한 생활을 할 것.

6. 간이학교의 경영에 관해서도 '족足함을 앎'필요가 있다. 최소한의 실비로 만족하라.

7. 가족 전체에 의한 가족 전체의 지도를 각오할 것. 아내는 간이학교

의 어머니. 당신의 자녀는 마을 어린이들의 반려.[74]

라는 것이다. 간이학교의 교사에게 페스탈로치 정신을 강하게 요구하고 있었음을 알 수 있다. 어용잡지 『문교의 조선』에는 간이학교에 부임한 교사들의 각오의 말을 다수 게재하여 다른 교사들에게도 이 정책에 호응해 줄 것을 역설했다. 김덕조金德兆 교사는

> '서서는 농부. 앉아서는 학생'이라고 하는 루소의 교육적 금언을 모토로 하여 주야를 불문하고 교실에서 운동장에서 농장에서 축사畜舍에서 여러 가지로 생활하게 하면서 그 사이에 동적 학습기회를 포착하여 아이들에게 참가하게 하고 생기 있는 도야陶冶를 하게 한다. 즉 1/3은 학습. 1/3은 노작勞作, 1/3은 자유, 그리고 의식적으로 또 무의식적으로 도야에 매진해나가고 싶다.[75]

라고 포부를 밝혔다. 경상남도 하동河東의 흥룡興龍간이학교 교사 정수룡鄭壽龍은 '살아있는 페스탈로치'가 될 각오라고 피력했다.[76] 1934년 12월 2일에 평안남도 순천군順川郡 신창공립보통학교新倉公立普通學校 부설 구정九井 간이학교의 교사 김승균金承均은 개교식에서 '자신은 오늘부터 구정리 사람'이라고 밝히고 '뼈를 묻을 각오'이며, '지금까지의 보통학교는 관공서와 같은 느낌이었지만 이 간이학교는 자신 개인

---

74   「簡易學校の教師に望む」,『文教の朝鮮』, 1934년 5월호, 82~85쪽.

75   金德兆,「簡易學校の統合的経営の卑見」,『文教の朝鮮』, 1934년 6월호, 52쪽.

76   鄭寿龍,「簡易學校を紹介す」,『文教の朝鮮』, 1934년 7월호, 97쪽.

의 학교이며 또 나 개인의 아이들이라는 느낌이 강하게 용솟음친다'
고 소신을 밝혔다.[77]

5. 교육내용

그러면 실제적인 교육내용이 어떠했는지 살펴보자. 장전공립보통학
교長箭公立普通學校 부설 신흥新興간이학교는 1934년 8월 24일에 개교했
다. 1학년이 50명, 2학년이 23명이다. 연령은 9세(11명), 10세(15명),
11세(15명), 12세(9명), 13세(7명), 14세(5명), 15세(5명), 16세(2명), 17
세(2명), 18세(2명)이고 취학 전에 학원을 다닌 학생이 남자 45명, 여
자 3명이고 서당을 다닌 학생이 남자 8명, 무학자가 남자 17명이었
다. 또 가정의 직업은 농업이 66명, 상업이 4명, 어업이 3명이다.[78] 입
학식은 7월 22일에 거행했고 23일부터 수업을 실시했는데 매일 아침
에 동방요배東方遙拜, '기미가요'합창, 조례, 조회 체조를 실시했다. 1
개월 후 8월 18일에는 '이 행사가 눈에 띠게 능숙해졌다'고 적고 있
다.[79]

　　학습목표, 수업 시수, 주요 학습활동, 조선어, 국어(일본어)교과 내
용은 다음과 같다. 우선 학습목표는

77　金承均, 「簡易學校便り」, 『文敎の朝鮮』, 1935년 1월호, 133~34쪽.

78　平山孝一, 「簡易學校開校後1ケ月記錄」, 『文敎の朝鮮』, 1934년 11월호, 169쪽.

79　平山孝一, 위의 글, 172쪽.

1. 훌륭한 일본국민이 된다.

2. 국어(일본어)를 읽고 쓰고 말할 수 있도록 한다.

3. 직업에 대해 이해와 능력을 갖춘 사람이 된다.[80]

라는 것이다. 수업시수를 보면 국어(일본어)가 주당 12시간, 직업은 10시간인데 한국어는 2시간뿐이다.[81] 그리고 '황국皇國'에 대한 시설을 설치하여 매월 1일 조회에는 먼저 '동방요배'를 하고 국기게양대를 설치하여 매주 월요일에는 '기미가요'를 합창하고 주간교육도 실시하며 '황국정신 교육철저'를 기한다는 것이다.[82]

　2시간뿐인 『조선어』 수업도 이 점에서 예외는 아니다. 소학교 교육이 '충량한 황국신민'을 양성하는 것인 만큼 '조선어를 교수하는 경우에도 마찬가지'[83]라고 명시되었다. 한국어 교육은 '항상 국어(일본어)와 연계 비교하고 국어의 특질, 국민의 사상, 감정, 풍속, 습관 등을 이해시키고, 내선일체, 동포 화목 도모의 미풍을 양성하며 황국신민으로서의 신념을 함양하는 정신을 항상 염두에 두어야 한다.'[84]고 하였다. 교재 내용은 국체명징, 내선일체, 인고단련에 관한 내용을 채록하고 회화는 부모와 자식 간의 대화를 주로 다루며, 용어는 가정생활에 관한 것, 주제는 농촌생활과 가정생활에 관한 사항을 주로 삼으

80　「簡易學校の敎師に望む」, 『文敎の朝鮮』, 1934년 5월호, 79쪽.

81　「簡易初等敎育機関設置要項」, 『文敎の朝鮮』, 1934년 5월호, 77쪽.

82　金德兆, 「簡易學校の統合的経營の卑見」, 『文敎の朝鮮』, 1934년 6월호, 52쪽.

83　『初等朝鮮語讀本全(簡易學校用)編纂趣意書』, 朝鮮総督府, 1939, 1쪽. ; 『植民地朝鮮敎育政策史料集成』21卷.

84　『初等朝鮮語讀本全(簡易學校用)編纂趣意書』, 위의 책, 2쪽.

며, 국기, 국방헌금, 국방, 황군 위문 주머니, 육군지원자훈련소, 근로애호 등을 담도록 규정했다.[85]

즉, 한국어 교육이 민족교육이 되지 않도록 주의 깊게 경계하고 있었던 것이다. 국어(일본어) 교육은 '황국신민 연성練成'이라는 목적을 강조하여 일본신화 교재라 할 만한 체계를 생각하고 동시에 국방관념의 함양이라는 방면도 고려하여'[86] 구성하도록 했다.

고형진高亨鎭 교사는 5월 23일, 첫째 시간 『수신修身』 수업에서 통학의 목적은 '좋은 일본 국민이 되기 위해서라고 분명히 가르쳤다'고 말한다. 그리고 '좋은 일본국민', '일한다', '밭', '논', '방', '칠판' 등의 일본어를 가르치고 특히 '좋은 일본국민이 되기 위해서 학교에 옵니다.'라는 인사말은 실습시간에도 자주 연습을 시켜 모두 익숙해지도록 했다고 한다.

5월 28일은 황해도 내무부장이 순시하러 와서 '교사校舍 내외, 실습지를 시찰하고 직원과 아동에 대해서는 신체에 주의하며 국어 습득에 의한 국민정신 함양에 노력하라는 격려사를 남기고', 다른 시찰 지역인 송화松禾 방면으로 출발했다고 한다.[87] 6월 2일 토요일에는 다나카田中 학무과장과 구로기黑木 시학관이 시찰하러 왔는데 구로기 시학관이 '여러 가지로 불편하겠지만 참고 정진하라'고 격려해주어 '교육보국敎育報國'할 결의를 했다고 하였다.

또한 월요일마다 '기미가요'를 부르고, '동방요배'를 시키기 위해

---

85   『初等朝鮮語讀本全(簡易學校用)編纂趣意書』, 위의 책, 4쪽.

86   『簡易學校用初等国語讀本卷四』(敎師用), 朝鮮総督府, 1942年, 2쪽.

87   『簡易學校用初等国語讀本卷四』, 위의 글, 118쪽.

개교 직후부터 학생들에게 '기미가요'를 연습시켰다. 6월 4일 월요일에 국기를 게양하기 위해 전 서당 교사인 정명섭鄭明燮에게 소나무를 헌납하도록 했다. 조회 체조도 휴식시간을 이용하여 매일 연습시켰다. 또한 교훈을 만들어 '좋은 일본 국민, 좋은 생도, 1. 국어(일본어)를 말한다. 2. 열심히 일한다. 3. 규칙을 지킨다. 4. 서로 돕는다. 5. 은혜를 잊지 않는다.'고 정했다. 실시 방법으로는 우선 친구의 이름을 반드시 일본어로 부를 것, 그리고 7월 1일부터 모든 용어를 일본어로 하기로 약속했다고 하였다. 교훈의 제1조를 '국어를 말한다.'로 한 이유는 '국민정신'을 함양하기 위해서는 무엇보다도 일본어 보급이 일대 급무이기 때문이라 설명했다.[88]

이상의 내용에서 알 수 있듯이 간이학교의 교육내용은 확실히 황민화교육에 맞춰져 있었다. 그러나 그 가운데에서 신교육의 방법이 다수 시도되기도 하였다. 간이학교의 교과서 편찬에 참고하기 위해서 경기도 개풍군開豊郡 내의 두 학교를 시찰한 학무국 편수관 가네츠카鎌塚扶는 영남嶺南간이학교를 견학했다. 담당인 성도경成璹慶 교사는 학생들이 잘 이해하지 못하는 말은 그림을 이용하는 수업방법을 취하고 있는데 그것이 매우 효과를 거두고 있다고 평가하고 교과서 편찬 때 채용할 필요가 있다고 언급했다.[89]

기쿠치菊地瀬平가 훈도로 있는 충북 충주 세성洗星간이학교의 경우는, 1934년 6월 1일에 개교했는데 4개월간 학생들의 일본어 능력이 비약적으로 향상되었다고 한다. 그 이유에 대해서

---

88 『簡易學校用初等国語讀本卷四』, 위의 글, 121쪽.

89 鎌塚扶, 「簡易學校視察記」, 『文教の朝鮮』 1935년 3월호, 129쪽.

예를 들면, 산수 시간에 점토 블록의 길이를 측정할 필요가 있어서 한 아동에게 '교무실에서 자를 가져오너라'고 명하면 그 아동은 '네'라고 대답하고 곧 동작에 옮기는 것이 보통이지만, 이 학교의 아동은 군대식처럼 '네, 저는 교무실에서 자를 갖고 오겠습니다.'라고 복창한 후에 동작에 옮긴다. … 이치를 따지지 않고 확실히 생활 국어로 다루고 있다.[90]

고 지적했다. 이와시타岩下雅三 시학관은 이 방법은 보통학교에도 적용할 수 있는 유효한 방법이라고 평가했다. 또한 기쿠치 훈도가 한국어에도 능통한 점도 교육적 효과가 높은 이유 중의 하나라고 지적했다. 즉 일본어를 주로 사용하면서도 때때로 학생이 일본어를 이해하지 못하는 경우 한국어로 설명하므로 학생들의 이해력이 증진되었다는 것이다.[91] 또한 작업할 때에는 '각각의 분담에 따라 작업을 개시하는데 기쿠치 훈도의 복장, 태도는 아동과 합체'[92]라고 지적했다. 간이학교 교사에게 요구한 자세를 모범적으로 시행하고 있었던 것이다.

경상남도 창녕군 학포鶴浦간이학교의 김종식金鍾湜 교사는

과거의 천재주의와 물질지상주의 교육은 농촌의 불행을 가져온 큰 원인이었다. 따라서 앞으로의 농촌의 행복을 증진시키는 데에는 천재주

90 岩下雅三, 「忠北忠州郡珍味公立普通學校附設洗星簡易學校を観て」, 『文敎の朝鮮』1934년 11월호, 153쪽.

91 岩下雅三, 위와 같음.

92 岩下雅三, 위의 글, 154쪽.

의와 물질지상주의의 반대인 범인주의凡人主義와 정신주의 교육이어야
한다. 교육의 이상은 천 명 중 한명에게 성공의 사다리를 부여하는 것
이 아니라 100명을 100인으로서 자신의 적소에 적임시키도록 하는 것
이 본질이다. 한명 또는 두명을 훌륭하게 하기 위해서 천만명을 희생
시키는 교육만큼 무자비한 것은 없다.[93]

고 자신의 교육철학을 피력하고 있다. 김종식 교사는 교훈을 '근면저
축, 자학자수自學自修, 애토애향愛土愛鄕, 사회봉사'로 정하고 조회 때에
는 '오늘도 열심히 공부하고 친구와 사이좋게 지내고 열심히 일하는
학생이 되겠습니다.'라고 합창하도록 했다. 실습 때에는 '흙은 우리
의 어머니이며, 보물입니다. 흙을 사랑합시다.'고 말하고, 종례 때에
는 '오늘은 열심히 공부하고 열심히 일하고 즐겁게 생활했습니다. 집
에 돌아가면 부모님의 말씀을 잘 따릅니다.'라고 합창하도록 했다. 또
한 격언에 의한 도야에 힘썼는데, 그 내용은 모두 근면에 관한 것이었
다.[94]

이와 같은 사례는 칼튼, 케르셴슈타이너가 협동작업의 중요성을
역설한 것과 학생과 교사가 혼연일체가 되는 교육방법을 역설한 페스
탈로치의 교육법이 연상되는 장면이다.

다른 한편으로 지역에서 따라서는 황민화교육의 효과가 나타나지
않는 곳도 있었다. 함경북도 길주군吉州郡 영호英湖간이학교는 남부 지
역보다 통학권이 넓은 5개 마을에 1천 가구 이상의 범위를 담당하는

---

93   金鍾湜, 「訓育中心の簡易學校経營」, 『文教の朝鮮』 1934년 12월호, 124쪽.

94   金鍾湜, 「訓育中心の簡易學校経營」, 『文教の朝鮮』 1934년 12월호, 124쪽.

학교였다. 1학년생이 62명(방청생 16명, 여자 1명)인데, 주변의 6개의 서당에서 268명이 다니고 있다는 특수성이 있다고 한다. 박종헌朴宗憲 교사가 '기미가요'를 가르칠 때

> 전혀 황실에 대한 관념이 없는 곳에서 가사 설명보다도 부르는 방법을 가르치는 데에 어려움이 이만저만이 아니었다. 대개는 속요인 아리랑처럼 부르던가, 혹은 십진가十進歌[95]처럼 부르는 것이다. 10일 동안 연습하여 대체로 부를 수 있게 되었다.[96]

라고 하여 그 분투했던 상황을 털어놓았다. 칙어 봉독에서도

> 대체적인 내용만을 설명하고 두 세 시간 정도 연습을 마쳤는데 처음에는 머리를 숙일 때 너무 숙여버린 사람, 숙이지 않는 자, 웃는 자, 잡담을 하는 자, 다 읽었는데도 머리를 들지 않는 자, 여러 가지로 실로 너무나도 무례했다[97]

고 한다. 박종헌 교사는 일본어로 말하지 않으면 대답을 하지 않는다던가, 벌로 청소를 시킨다던가, 또한 국기계양 경쟁을 시켜 상품을 주

---

95 '십진가'란 숫자 일에서부터 십까지 숫자의 진행을 따라 가사 내용을 담은 시가문학이다. 투전풀이, 장타령, 춘향전의 심장가, 달거리체 민요 등이 있다. 천태산인, 「조선가요의 수노름」, 『동광』 29권, 1932; 이노형, 「김일성 『세기와 더불어』에 나타난 〈십진가〉계열 시가문학의 전승정보와 개작현상」 『어문논총』 59호, 2013, 12 참조.

96 朴宗憲, 「簡易學校経営に対する体験記」, 『文教の朝鮮』 1935년 4월호, 121쪽.

97 朴宗憲, 위의 글, 122쪽.

는 등의 방법을 사용했다. 박종헌 교수의 설명에 의하면 이 지역은 특히 서당이 많다고 하였는데, 서당이 황민화교육을 저해하고 있던 모습을 확인할 수 있다.

또한 전라남도 천포泉浦간이학교에 다닌 이복순李福順의 회고에 의하면, 교사 윤윤기尹允其는 비밀리에 한글과 한국사 교육, 해외독립운동에 대해서도 가르쳤다. 한글 교본은 전라남도 광주에서 사와서 가르쳤는데 증거를 남기지 않기 위해 학생들에게는 절대로 필기를 시키지 않고 학생 한 명에게는 망을 보게 하여 갑자기 방문할지 모르는 시학관에 대비하고자 했다. 그러나 그 소문이 퍼져, 결국 1939년 보성寶城보통학교로 전출당했다고 한다.[98] 덧붙이자면, 윤윤기 교사는 1년 후 보성보통학교를 사직하고 양정원養正院이라는 무료학교를 설립하여 운영하면서 해방을 맞이했다.[99]

간이학교가 일제의 식민지배를 공고히 하기 위해 창설된 교육기관임은 분명하지만, 그럼에도 불구하고 실제 현장에서는 비밀리에 한국인의 민족의식을 환기시키는 교육을 실시한 교사도 있었다. 그것은 마치 최현배가 교토대학교에서 독일국민교육사상을 접하고 그 영향을 받으면서도 이를 일본민족이 아닌 한국민족의 관점에서 재해석하고 민족운동의 이념으로 삼은 것과 같은 맥락이라고 할 수 있다.

---

98 선경식, 『민족의 참교육자 학산 윤윤기』, 85~86쪽.

99 선경식, 위의 책, 118쪽.

6. 맺음말

간이학교는 독일과 미국의 노작교육과 공민교육 이론을 차용하여 일제강점기 한국의 사회교육적 현안에 대한 응급처방으로 창안된 관제특수학교였다. '신교육'이라는 근대성이 선전되었지만 정작 교육현장에서는 '기미가요'를 부르게 하고 '동방요배'를 시키고 '좋은 일본국민이 되자'는 것을 맹세하게 하고 일본어 상용을 강제하는 정형화된 식민지교육이었다. 그 교육목적은 황국정신이 투철한 청소년층을 양성하여 농촌진흥운동을 뒷받침할 인적 기반으로 삼고자 한 것이었다. 교사들에게는 페스탈로치 정신이라는 명목 하에 과도한 헌신을 강요했기에 이에 응하거나 동원된 교사는 한국인 교사가 대부분이었다. 이러한 상황은 일제당국에게는 양날의 칼로 인식되었다. 한국인 교사에 의해 항일정신이 고취되어서는 곤란하기 때문이다. 그래서 간이학교는 늘 감시 대상이었고 시도 때도 없이 찾아오는 시학관 및 주재소 순사 등의 사찰의 대상이었다.

그런데 이와 같은 식민지적 교육이 강제되는 상황 속에서도 교사는 학생 및 마을 사람들과 생활공동체를 구성하여 노작주의와 범인주의凡人主義 교육을 실천하고자 노력한 교사도 있었다. 만약 천황제 이데올로기를 강요했던 측면을 제외할 수 있다면 '간이학교'는 신교육사상의 실험학교로서 한국근대교육발달기의 중요한 경험으로 평가할수 있을 것이다.

또한 간이학교 운영의 여러 사례들을 통해 확인할 수 있던 것은 1930년대 전반까지는 농촌에까지는 천황주의 교육이 침투하지 못했다는 사실이다. 그 점이야말로 이 시대에 식민통치당국이 간이학교를 도입한 이유이기도 했다. 또한 감시의 시선으로부터 자유롭지 못한 상황임에도 불구하고 간이학교에서 비밀리에 민족교육을 행한 사례가 존재하는 점도 의미 깊다.

이러한 측면을 고려하면서 1934년에 간이학교가 설치된 후 매년 양적으로 팽창했다는 점은 향후의 연구에서 더욱 주의 깊게 볼 필요가 있다. 앞으로 간이학교에 대한 자료발굴과 사례연구가 필요한 이유이기도 하다.

『文教の朝鮮』『新女性』『어린이』

『동아일보』『京城日報』

『朝鮮総督府統計年報』

カールトン, 『教育と産業の進化』, 大日本文明協会, 1921

篠原助市, 『批判的教育學の問題』, 寳文館, 1922

朝鮮総督府警務局, 『朝鮮の治安狀況』, 1930

『朝鮮功營者名鑑』, 朝鮮総督府, 1935

朝鮮総督府警務局, 『最近における朝鮮治安狀況(昭和11年5月)』

小西重直, 『教育思想の研究』, 廣文堂, 1923

入澤宗壽, 『教育史上の人及び思想』, 東京教育研究会, 1928

入澤宗壽, 『欧米教育思想史』, 教育研究会, 1929

入澤宗壽, 『最近教育の思潮と実際』, 明治図書, 1931

田制佐重, 『日本教育史潮概説』, 文教書院, 1935

池田林儀, 『朝鮮の簡易學校』, 京城, 活文社, 1935

大野謙一, 『朝鮮教育問題管見』, 1936

『京畿道の教育と宗教』, 1936

『全羅北道教育及宗教要覧』(昭和12年), 全羅北道教育会, 1938

『初等朝鮮語讀本全(簡易學校用)編纂趣意書』, 朝鮮総督府, 1939

『創立四十年史』, 廣島文理科大學・廣島高等師範學校, 1942

『簡易學校用初等国語讀本卷四』(教師用), 朝鮮総督府, 1942

『五山八十年史』, 오산중고등학교, 1987

이만규, 『朝鮮教育史』(改正版), 살림터, 2010

藤原美歌, 「草創期の簡易學校(1)－その実践記録」, 『韓』7卷11・12號, 1978

藤原美歌, 「草創期の簡易學校(2)－その実践記録」, 『韓』8卷1號, 1979

장원동, 「Fichte와 최현배의 교육사상비교연구」, 『나라사랑』 91, 1995.5

최혜주, 「시데하라(幣原坦)의 식민지 조선 경영론에 관한 연구」, 『역사학보』 160집, 1998

박균섭, 「조선총독 宇垣一成의 조선관과 교육정책에 관한 고찰」, 『日本學報』 46, 2001.3.

윤재흥, 「개화기 신교육 도입 및 전개의 배경 이념」, 『연세교육연구』 16권 1호, 2003

久保田優子, 「近現代韓国の日本語教育 − −簡易學校について」, 『九州産業大學国際文化學部紀要』 39, 2008.3

김하수, 「시대전환기에 대한 최현배와 페스탈로치의 대응」, 『동방학지』 143, 2008

김성민, 「광주학생운동의 전국적 양상과 이념」, 『한국독립운동사연구』 32, 2009

이노형, 「김일성 『세기와 더불어』에 나타난 〈십진가〉계열 시가문학의 전승정보와 개작현상」 『어문논총』 59호, 2013.12

尹健次, 『朝鮮近代敎育の思想と運動』, 東京大學出版會, 1982

김영우, 『한국신교육100년사−초등교육사』, 한국교육사학회, 1999

吳成哲, 『식민지초등교육의 형성』, 교육과학사, 2000

이기훈, 『일제하 청년담론 연구』, 서울대학교 박사학위논문, 2005

고영근, 『최현배의 학문과 사상』, 집문당

金富子, 『학교 밖의 조선여성들』, 일조각, 2009

6장

일제 황민화교육과
국민학교제의 시행

·········

이명화

1. 머리말

제국주의시대는 상반된 이데올로기의 교육이 동시에 존재한다. 하나는 제국주의 통치 당국에 의해 문명교육의 명분으로 식민지민을 복종시키기 위한 노예화교육이고, 다른 하나는 식민지 현실에 저항하며 민족을 역사의 주체로 세우고자 하는 민족해방교육이다. 이들 양편은 동시기, 동일 공간에 존재하면서 상호 갈등을 일으키기도 하고 일정한 영향을 주고받기도 한다. 그러나 제국주의 권력에 의해 이루어진 식민지노예교육이 대세를 형성한다.

일제 강점기 조선총독부 통치하에서 시행된 식민지교육은 여타 제국주의 열강의 식민지교육과는 달리 일본 민족과 식민지 민족간에 차별적 정치구조를 유지하면서 식민지 민족 고유의 언어와 문화를 말살하고 무조건 일본적 정신구조를 강압하는 폭압적 교육으로 일관하였다.

강제병합 직후 내려진 일본천황의 교육칙어에 명시된 '일시동인一視同仁'을 교육 철학의 기조로 삼고 1920년대 '내선융화內鮮融化'와 1930년대 '내선일체內鮮一體'의 기치를 내걸었지만 이런 용어가 갖고 있는 상호적 의미는 배제되고 일방적 동화同化가 강요되었다. 그러다 1937년 중일전쟁 이후 아시아 전체로 침략전쟁을 확대해가면서 전쟁은 정의를 위한 '진출'로 변신하였고 '아시아의 해방'이라는 자기 기만적 목표를 내걸었다. 1940년대에 들어와서는 '팔굉일우八紘一宇'와 대만·한국·만주·동남아시아 등을 하나로 묶은 '대동아공영권大東亞共榮圈'이라는 '민족환상'의 공동체 위에 제국의 '국민'을 육성하는 국민교육을 시행하며 타민족을 일본 역사 문화권역 안으로 끌어들여 무리한 통합과 통일을 강요하였다.

조선총독부의 식민지 교육은 일반적으로 4시기로 시기 구분할 수 있는데, 이른바 '황민화시기'는 제3기와 제4기에 해당한다.[1] 이 시기는 침략전쟁의 확대와 식민지 동원이라는 역사 상황에서 전개되었기에 일반적이며 보편적이지 못한 특수한 시기라고 할 수 있다.

황민화정책 및 황민화운동은 조선총독부의 식민정책 차원에서 많은 연구가 진행되었다.[2] 또한 교육 전반 및 황민화교육,[3] 그리고 일본

---

1 제1기: 1911년 8월 조선교육령(제1차) 제정과 시행시기, 제2기: 3·1운동이 일어난 후 1922년 2월 개정 조선교육령(제2차)의 제정과 시행시기, 제3기: 중일전쟁 이후의 1938년 3월 개정 조선교육령(제3차)의 제정과 시행시기, 제4기: 태평양전쟁을 앞두고 전시총동원체제에서의 1941년 4월 국민학교제의 개정(제4차)과 시행시기.

2 황민화정책과 관련하여 宮田節子는 선구적인 연구 성과를 이루어 냈다. 宮田節子, 「皇民化政策の構造」, 『朝鮮史研究會論文集』 29, 朝鮮史研究會, 1991 ; 「天皇制教育と皇民化政策」, 『「帝國」日本とアジア』, 吉川弘文館, 1994 ; 「朝鮮における皇民化政策」, 『季刊戰爭責任研究』 7, 日本の戰爭責任資料センタ―, 1995 ; 「皇民化政策 - 日本の近代がもつ最大の問題 - 」, 『歷史と眞實 - いま日本の歷史を考える』, 筑摩書房, 1997 ; 「朝鮮民衆と皇民化政策」, 『朝鮮近代史研究叢書』 2, 1985, 未來社(李熒娘 譯, 『朝鮮民衆과 皇民化政策』, 一潮閣, 1997) ; 정규영, 「전시동원체제와 식민지교육의 변용: 일본 식민지 지배하의 한국교육, 1937~1945」, 『교육학연구』 40 - 2, 2002.

3 정재철, 『日帝의 對韓國植民地敎育政策史』, 일지사, 1985 ; 정규영, 「식민지시대 '초

어 보급 및 학교교육과 관련한 여러 연구들이 있다.⁴ 한편 '일제 파시
즘 체제와 한국사회: 민중의 생활상과 지식인'이라는 주제로 1930년
대 이래 일제 제국주의 파시즘의 본질과 한국사회의 변화상을 살펴본
기획 연구 성과가 나왔다.⁵

황민화시기의 역사를 선명하게 드러내기 위해 연구보다도 더 시급

등학교' 성립과정과 고찰」,『초등교육연구』14 - 2, 2001 ; 鈴木敬夫,「朝鮮植民地統
治法の硏究 - 治安法下の皇民化敎育 -」, 北海道大學圖書刊行會, 1989 ; 周宛窈,
「從比較的觀點看臺灣與韓國的皇民化運動」,『新史學』5卷 2號, 1994 ; 이명실,「황
민화정책기 조선총독부에 의한 사회교육행정기구의 재편」,『한국교육사학』21집, 한
국교육학회 교육사연구회, 1999 ; 김운태,「日帝의 皇民化運動과 政治文化의 歪曲」,
鶴山金廷鶴博士頌壽紀念,『韓國史學論叢』, 한국사학논총간행위원회, 1999 ; 近現
代資料刊行會企劃編集,『植民地社會事業關係資料集朝鮮編』34, 35, 36 - 社會事
業政策經濟更生と社會敎化: 皇民化敎育と社會敎化1, 2, 3, 近現代資料刊行會,
2000 ; 高崎宗司,「綠旗連盟と「皇民化」運動」,『季刊三千里』31, 三千里社, 1982.

4 現代史の會, 資料構成:「朝鮮人の皇民化と國語(=日本語)敎育 - 1934年以降 - 簡易
學校から日本語の强制的常用化まで」,『季刊現代史』8, 現代史の會, 1976 ; 이명
화,「朝鮮總督府의 言語同化政策 - 皇民化時期 日本語常用運動을 중심으로 -」,『한
국독립운동사연구』9, 1995 ; 최유리,「일제 말기 황민화정책의 성격 ; 일본어 보급운
동을 중심으로」,『한국근현대사연구』2, 한국근현대사연구회, 1995 ; 磯田一雄,「皇
民化敎育と植民地の國史敎科書」,『近代日本と植民地 4 - 統合と支配の論理 -』,
岩波書店 1993 ; 韓敬熙,「日帝末期의 對韓體育政策과 民族的 抗日運動」,『한양여
자전문대학論文集』8, 1985 ; 稻葉繼雄,「鹽原時三郎硏究 - 植民地朝鮮における皇
民化敎育の推進者 -」,『大學院敎育學硏究紀要硏究紀要』1, 九州大學大學院人間
環境學硏究科發達社會システム專攻, 1999 ; 君島和彦·大河內朋子,「皇民化政策
を中心にした植民地硏究」, 歷史敎育硏究會 編,『日本と韓國の歷史敎科書を讀む
視点』, 梨の木舍, 2000.

5 연세대학교 국학연구원에서 학술진흥재단 기초학문육성사업으로 수행한 연구과제 성
과는 일제 파시즘과 한국사회 시리즈로 출간되었다(방기중 편,『일제 파시즘 지배정책
과 민중생활』(일제 파시즘기 한국사회 1), 혜안, 2004 ;『일제하 지식인의 파시즘체제
인식과 대응』(일제 파시즘기 한국사회 2), 혜안, 2005 ;『일제 파시즘기 한국사회』(일
제 파시즘기 한국사회 3), 혜안, 2006). 이 중 황민화교육과 관련해서는 김경미의 논
문이 주목된다(「'황민화'교육정책과 학교교육 - 1940년대 초등교육 '국사'교과를 중심
으로 -」,『東方學志』124, 2004 ;「식민지 교육경험 세대의 기억 - 경기 중학교 졸업
생의 회고담을 중심으로 -」,『식민지 파시즘의 유산과 극복의 과제』, 도서출판 혜안,
2006).

한 부분은 당시 학창시절을 보냈던 이들의 생생한 체험 구술자료를 수집하는 일이다. 생존한 이들의 구술자료야말로 살아있는 사료가 되어 묻힐 수 있는 역사의 진실을 드러내주기 때문이다.

이 글은 황민화교육과 국민교육의 역사과정을 따라가며 초등학교 제도의 시행과 국민과 교과내용을 살펴봄으로써 이 시대 일제 국민교육의 성격을 알아보고자 한다.

2. 제3차 조선교육령 개정과 대동아공영권 구상

1936년 8월 5일 관동군 사령관을 역임한 미나미 지로南次郎가 제7대 조선총독으로 부임하였다. 그는 부임과 함께 '일시동인一視同仁'에 더하여 '내선일체', '선만일여鮮滿一如' 등의 통치 기본 방침의 슬로건을 쏟아내었다. 그의 통치의 기본 목표는 만주를 침략, 점령하고 만주국을 건국한 이후 중국 대륙으로 세력을 확대해 가면서 조선을 침략 전쟁에 소요되는 인적·물적 자원을 제공하는 병참기지로 재편하는데 두어졌다. '내선일체'의 실현은 완벽한 일본어를 구사할 수 있고 일본정신으로 무장된 충량한 '황국신민'의 육성을 요구하였다.[6] 일본의 침략 전쟁 확대에 따라 식민지 조선에서는 이전 식민지민 고유의 문화를 인정하고 서서히 동화를 꾀하여 나갔던 '내선융화'의 방침을 일제히 전회轉回하여 민족문화 말살을 전제로 한 급격한 동화同化가 강요되

---

6   식민지통치기간 중에 총독부는 조선 문화를 수호하고 조선인의 문화향상을 위해 공헌했으며, 민족말살책은 사실 무근의 억지이며 오해라고 주장하는 일본인들이 있다.

었다. 미나미 총독은 1938년 2월 26일 「육군특별지원병령陸軍特別志願兵令」을 공포[7]한 후 바로 뒤이어 그 해 3월에 「조선교육령」(3차 교육령)을 개정하였다. 이로 보면 위의 두 가지의 정책은 깊은 관계를 갖고 동시에 추진, 발표되었음을 알 수 있다.

1920년대만 해도 조선인은 식민지민일 뿐 일본 군대 복무는 허락되지 않았다. 조선인은 믿을 수 없는 존재이고 일본국민이 아니기 때문에 병역의 의무를 부과할 수 없다고 보았던 것이다. 그리고 전쟁터에서 조선인은 언제든지 일본군의 등 뒤에서 총을 겨눌 수 있는 위험한 존재로 인식되었다. 그러나 1938년에 공포된 육군특별지원병제도의 실시는 전장에 필요한 전투인력과 노동인력이 절대적으로 부족한 상황에서 불가피한 조치였다. 당시 육군특별지원병인 조선인 청년들은 훈련소에 배치되어 일본식 생활양식과 일본어 상용, 그리고 신사참배를 강요당하며 황국의 신민으로 연성되었다. 그리고 이어 공포된 제3차 조선교육령에서는 그간 일본인과 조선인 교육기관을 '국어상용國語常用'의 여부에 따라 구별했던 체제를 철폐하고 '내선일체'의 미명을 앞세워 동일한 학제로 통일되었다.[8] 그리고 황국신민의 성격을 함양하고 황국신민으로 연성하기 위한 "1) 국체에 대한 관념의 명징明

7　陸軍特別支援兵令은 지원형태로 전쟁 인력 동원의 법적 근거를 마련한 이래 1943년 7월 海軍特別志願兵令을 공포하였고 1943년에는 학도지원병제도를 강행하여 4,500여 명의 전문학교 및 대학교 학생들을 전쟁터로 끌어갔다. 전쟁 막바지인 1944년 4월에는 징병제가 실시되어 일본이 패전하기 전까지 약 20만 명의 조선인이 징집되어 전쟁터로 끌려갔다.

8　제2차 교육령하에서 일본인·조선인 학교는 민족적으로 구별하지 않고 '국어상용자'와 '국어를 상용하지 않는 자'를 기준으로 구분하였다. 국어 불상용자, 즉 조선인은 보통학교·고등보통학교·고등보통여학교에서 수업하고 국어상용인인 일본인은 소학교·중학교·고등여학교에서 수업하는 식의 기만적 학교 체제를 운영하였다.

徵, 2) 내선일체의 구현 철저, 3) 인고단련주의의 철저"라는 3대 교육강령이 발표되었다. 그리고 제3차 조선교육령 아래에서 조선어과목은 수의과목隨意科目으로 격하되었다. 학교장의 판단으로 선택할 수 있는 재량권이 주어졌지만 이는 명분일 뿐 조선어는 철저히 학교교육에서 배제당하였다. 반면 일본어 보급은 황민화정책의 제일의 실천과제로 부각되어 학교에서 교수 용어 수준에서 일본어를 완전 습득해 일상화하는 수준까지 상향되었다.

내선일체화 교육은 조선과 일본이 평등한 상호관계에서 하나로 통합하는 것이 아니라 하층의 일본인으로 흡수하되, 국민으로서의 권한, 예를 들면 참정권이나 의무교육 등의 권한은 주어지지 않았다. 다만 의무만을 짊어지고 전쟁터로 나아가 천황을 위해 기꺼이 총알받이가 될 수 있도록 세뇌하는 정신교화의 과정이었다. 일제는 제도적 차별을 그대로 존속시킨 채 황민화 과정에서 발생하는 조선인의 민족적 감정 악화와 차별의 비판을 피하고자 하였다. 그러기 위해서 조선인들이 큰 관심을 갖고 있는 문제 중의 하나인 조선인 교육확대 문제를 해결하지 않을 수 없었다. 그것은 교육제도상의 학제 통일과 의무교육제의 시행이 아닌 검토하는 단계로 나타났으며 그 시세의 반영이 제3차 조선교육령의 모습으로 탄생하게 되었다.

미나미 총독 재임기에 황민화정책을 주도하고 당시 학무국장으로서 제3차 조선교육령 개정을 주도한 시오바라 도키사부로鹽原時三郎는 내선일체의 실현에 대해 "조선인으로서 몸에 지니고 있는 조선의 전통·풍습·문자 등의 특색을 불식拂拭하고 태어나면서부터 일본인과 같이 일본의 전통·풍습·문화 등을 완전히 몸에 지닌 국민으로 동화

同化하는 것이다"[9]라고 정의하였다. 이는 내선일체가 일본과 조선의 통합이 아닌 조선문화를 말살하여 일방적 일본화로 강제 동화시키는 데에 있음을 확인시켜 준다.

강원도의 한 국민학교에서 교장을 역임했던 일본인 소보고 노부오 牛見信夫는 "조선어 시간이 1시간도 없고 1학년 초부터 갑자기 일본어로 교육하였다."[10]고 증언했듯이 조선어 과목을 표면상 완전 금지하지는 않았다 해도 실제로 교육현장에서 가르치지 않는 과목이 되어 버린 것이다. 또한 광복되기까지 국민학교 교장을 역임했던 조선인 요시노 시즈오吉野鎭雄(창씨명)는 "조선인 교원으로서 교장으로 승진하려면 일본인 상사의 점수가 절대 필요하고 조선어 수업보다 일본어교육에 열을 가하면 점수 따기에 도움이 된다."[11]라고 회고하였다. 이로 보면 총독부에서 조선어 교육이 비록 법적인 금지조치가 없었다 해도 과목 선택권을 갖고 있던 학교 경영자 및 교장들, 특히 조선인 교장들은 자신들의 충성심을 보이고 승진에 유리한 고지를 점하기 위해 조선어 과목을 채택하지 않았을 확률이 크다.

한편 조선어를 쓰는 아동들에게는 열등감과 수치감을 유발시키고, 심지어 죄책감마저 조장하여 언어동화와 민족어 말살에 대한 법외적 강제를 자행하였다. 특히 조선인 스스로가 조선과 조선어를 부인하도록 조장했는데, 친일파 현영섭에 의해 주장되는 '조선어 전폐론'은 그

---

9   入木信雄, 『日本と朝鮮』(增補再版), 平康銀浩 發行, 1983, 222쪽.

10   牛見信夫, 私にとっての朝鮮日本-第二の故郷江原道, 『季刊三千里』 1980. 21호, 192쪽.

11   入木信雄, 『日本と朝鮮』(增補再版), 134쪽.

대표적인 예이다. 충성스런 황민이 되고자 했던 조선인이기에 그 어떤 논리도 존재하지 않았다.[12]

법외적 강제시대였던 1939년 당시 학무과장을 역임하고 조선에서 의무교육제도심의위원회를 설치하고 의무제 시행을 검토한 바 있는 야기 노부오八木信雄는 조선어 사용금지 조치는 학교교내에서만 시행되었는데, 이것이 결국 조선어 말살이라는 오해를 사게 되었다고 회고하면서 "조선인 교장의 경우 태반이 조선어 수업을 행하지 않았고 오히려 일본인 교장의 경우 그 태반이 주 2시간씩 조선어 수업을 했다."[13]며 조선어의 폐지가 조선인들의 자발적 선택인 양 호도하였다.

학교교과 교육 외에도 조선총독부는 일상적인 복종의 황국신민화를 위한 여러 의례적 장치를 마련하였다. 의식이 형성되지 않은 아동들에게 주기적으로 의례를 반복함으로써 황민화 의식을 투입하여 내면화하는 방법이 동원되었다. 1937년 10월 4일에 공포된 '황국신민의 서사誓詞'[14]를 전국 각 학교와 기관에 배포하고 수업시작 전에 암송하도록 했으며[15] 동쪽(일본 황궁쪽)을 향해 참배토록 하는 동방요배

---

12 녹기연맹에 참여하며 황민화에 적극적으로 동원된 현영섭은 "조선인이 진정 일본인이 되고자 생각한다면 우선 조선어를 망각해 버리는 일이 필요하다. …… 학교에서 조선어를 가르칠 필요는 조금도 없다. 조선인을 불행하게 하려거든 조선어를 오래도록 존재케 해서 조선적인 저급한 문화를 주고, 그 이상의 발달을 저지하는 것이다"고 주장하였다(玄永燮, 『朝鮮人の進むべき道』, 綠旗聯盟, 1939).

13 八木信雄, 『日本と朝鮮』(增補再版), 134~135쪽.

14 「황국신민 서사」(아동용) 1. 우리는 대일본제국의 臣民입니다. 2. 우리들은 마음을 합하여 천황폐하에게 충의를 다합니다. 3. 우리들은 忍苦鍛鍊하고 훌륭하고 강한 국민이 되겠습니다. 「황국신민 서사」(중학교 이상 성인용)1. 우리는 황국신민이다. 충성으로써 君國에 보답한다. 2. 우리 황국신민은 서로 信愛協力하여 단결을 굳건히 한다. 3. 우리 황국신민은 인고단련의 힘을 길러 皇道를 선양한다.

15 황국신민서사는 관동군 사령관 출신의 미나미 총독의 지시에 따라 1937년 전북지사를

를 시켰다. 성인용과 아동용 두 종류로 작성된 황국신민서사는 항상 휴대하면서 모든 행사 때마다 큰소리로 제창토록 했으며 심지어는 결혼식 때도 주례자와 신랑·신부·축하객 모두가 기립하여 암송하였다.

한편 교실 정면 벽 위에 일본의 황궁사진을 걸어놓고 교실을 출입하거나 교단을 오르내릴 때마다 경례하도록 강제하였으니, 마치 종교 신자가 교회나 성당을 출입하며 경건하게 십자가를 향해 경배하는 종교차원의 의식을 연상시킨다. 또한 1936년 8월 총독부령 제76호로 '개정신사규칙'을 공포한 후, 1면 1신사주의를 시행하여 새로이 57개 신사를 건립하였다. 그리고 조선신궁과 각 지방에 세워진 신사, 관공서 등지에는 '황국신민서사지주皇國臣民誓詞之柱'를 세워 황국신민이 될 것을 맹세하고 다짐케 하여 조선인을 처절하게 황민화로 내몰았다.[16]

황민화 강요의 극치라 할 수 있는 것이 창씨개명創氏改名[17]이다. 조선총독부는 1939년 11월 제령 제19호로써 「조선민사령」을 개정하

지낸 金大羽와 김포군수를 지낸 李覺鍾이 합작품으로 알려져 있다. 이각종이 문안을 작성하고 김대우가 손질해 만들었다고 한다. 그러나 조선인의 자발적인 충성심을 보여주는 선전효과를 노린 것이지 일제가 제시한 지침서를 기반으로 작성되었을 것이다. 참고로 대만에서도 「島民의 맹서」라는 것을 지어 「황국신민의 서사」와 같이 대만인들에게 음송토록 강요하였다.

16 1919년 7월 天照大神, 明治天皇을 祭神으로 하는 조선신사를 설립했으나 1920년대는 민족적 저항을 불러일으켰다. 그러나 1935년에 '조선신궁'이라 개칭한 이후는 신사 참배의 장소가 되었다.

17 '氏'에 관한 규정은 조선 관습에 따르지 않고 일본민법을 따르며, 氏는 호주가 정하도록 하였다. 그리고 조선인 호주는 법령 시행 후 6개월 이내(1940년 2월 11일부터 8월 10일까지) 새로운 씨를 정하여 부윤 또는 읍면장에게 신청하도록 하였다. 창씨계를 제출하지 않을 경우에는 법령 시행 당시의 호주 姓을 가지고 씨로 삼는다라고 규정하였다. 그리고 역대 천황의 명칭은 氏 또는 名으로 사용할 수 없고 자기 성 이외의 성은 氏로서 사용할 수 없도록 규정하였다.

고 조선민족 고유의 성명제를 폐지하고 일본식의 씨명제를 설정하도록 강압하였다. 이것은 조선전통의 성에 의한 친족 관념의 혈통주의를 말살해야만 민족공동의 의식을 마비시킬 수 있고 황민화에 도달할 수 있다고 판단한 듯하다. 그러나 조선의 문화와 전통의 핵심인 혈연공동체의 친족 개념을 일본식으로 바꾸겠다는 것은 무리한 발상이 아닐 수 없다. 창씨創氏는 조선인의 자발적인 행위였으며 결코 강제하지 않았다고 주창하는 이들이 있지만 사실과 다르다. 조선총독부에서는 1940년 2월 11일부터 시작해 8월 10일까지 창씨개명 신청서를 받는 과정에서 경찰서·지방행정기관을 동원해 감시했으며 친일단체들을 창씨 독려강연에 동원하기도 하였다. 또한 입학 혹은 진학하는 학생들에게는 창씨개명을 하지 않으면 학교에서 받아주지 않겠다고 위협하며 학교를 통해 창씨 신청서를 제출받기도 하였다. 이렇게 하여 기한 내까지 접수된 창씨는 323만호(약 82% 정도)였으며, 신청서를 제출하지 않을 경우에는 호주의 성으로써 씨氏로 삼도록 조치하였다. 이처럼 창씨는 자진신청이라는 형식을 띠고 있었으나 사실상 강제적으로 시행되었던 것이다. 창씨개명만 하면 일시동인·내선일체의 완전한 실현이라 약속했지만 막상 창씨개명하여 본적에 기재할 때는 조선호적임을 반드시 명시토록 했으며 일본인·조선인 공학학교의 출석부에도 조선인은 조선인임이 나타나도록 도장으로 표시했다고 한다.[18] 이상의 사례들을 통해 일제가 일시동인·내선일체 등 온갖 미화된 기치를 선진에 동원했지만 이들 용어는 결코 실천할 의지가 없는 허망

---

18   佐野通夫, 『近代日本の敎育と朝鮮』, 社會評論社, 1993, 45쪽.

한 관념적 논리에 불과했음을 보여준다. 창씨개명은 조선민족의 가계 家系를 빼앗고 일본식 가족제도를 강요한 민족말살의 상징적이며 대 표적인 식민정책으로 기록된다.

1938년 국가총동원법·군수공업총동원법을 제정하고 총동원체제 의 법적 근거를 마련한 일제는 1940년에 친일파를 동원하여 국민총 력조선연맹을 결성하고 대대적인 국민정신총동원운동을 전개하였다. 그리고 총동원의 방편으로 교련조회敎鍊朝會, 신사참배神社參拜, 동방요 배東方遙拜, 조서봉독詔書奉讀, 국기國旗(일장기 – 필자)게양식, 시국강화時 局講話, 무도武道, 황국신민체조皇國臣民體操 등을 행하여 '국체를 체득'시 키고 매월 6일을 애국일로 제정[19]하는 등의 각종 의례화를 통해 그야 말로 정신총동원에 몰두하였다. 이러한 일제의 황민화 책동은 일반 대중의 반감을 초래했지만 아동들에게는 황민화를 내면화시키는 역 할을 충분히 하였다.

중일전쟁이 장기화되고 버마와 인도네시아 등 태평양으로 전선을 확대해가면서 1940년 8월 당시 일본 외상이었던 마쓰오카 요스케松岡 洋右는 구미열강과의 전쟁을 염두에 둔 일본과 조선·대만·만주·중국 을 묶는 '대동아공영권'[20]의 개념을 만들어내었다. 그는 '대동아신질

---

19 애국일에는 애국반 단위로 동원하여 조선신궁을 필두로 한 각 신사에 신사참배, 국기
   게양, 황국신민서사 제창, 근로봉사 등의 월례행사를 강행하였다.

20 마쓰오카 요스케는 東京朝日新聞과의 인터뷰에서 "나는 수년 동안 皇道를 세계에 선
   포하는 것이 皇國의 사명이라고 주장해 온 사람입니다만 국제 관계에서 황도를 보면
   그것은 요컨대 각 국민과 각 민족이 각기 자기 자리를 갖는 것으로 귀착된다고 믿고 싶
   습니다. 즉 현재 우리나라의 외교방침은 이 황도의 대정신에 입각하여 우선 일본, 만
   주, 중국을 하나의 고리로 하는 대동아공영권의 확립을 도모하지 않으면 안 됩니다
   [(『東京朝日新聞』1940년 8월 2일자(駒込武, 『植民地帝國日本の文化統合』, 岩波書
   店, 1996, 294쪽 재인용)].

서건설'을 구상하면서 아마테라스 오미카미天照大神의 '팔굉일우八紘一宇'의 국가통합 조서詔書와 연결시켜 이를 아시아 통합의 이념으로 차용하였다. 그러나 대동아공영권의 주장은 구미歐美 제국주의를 아시아로부터 구축하고 아시아 해방을 구실로 일본이 대신해서 식민지의 맹주가 되어 지배하겠다는 속셈이다. 개항 이후 일본의 문명개화를 이끌었던 구미문화를 이제는 철저히 배격하고 오로지 '우월한' 일본문화와 일본정신으로 동양의 문화를 대치시킨다는 그야말로 일본정신의 아시아화를 주장한 것이다. 이는 아시아 침략론의 다름 아니다.

일본 국민정신 이데올로기 주입의 제일 대상은 사상적으로 순수한 아동들이다. 그런데 '대동아공영'의 시대는 일본 아동만이 아닌 점령국 식민지의 아동까지도 '국민'대상에 포함시켜 초등교육 단계부터 획일화된 국민교육을 하고자 한 것이 국민학교 제도가 만들어지게 되는 배경이다.

구미의 사상과 문명을 배격했으나 일제가 초등교육을 국민학교 체제로 재편하게 된 계기에는 나치 독일에서 실행한 국민교육에 영향받은 바 크다. 1933년에 집권한 나치는 1936년 제2차 세계대전 발발과 함께 일본과 이탈리아와 주축국을 이루고 미국·영국·프랑스·소련의 연합국과 대결하였다. 제2차 세계대전 당시부터 일본은 동맹국인 나치 독일의 국민교육에 대해 관심을 갖고 분석, 연구한 바 있다. 일제는 나치 정권이 "독일제국을 멸망으로부터 구하고 국가를 갱생"[21] 시켰다고 높이 평가하고 일본도 나치의 국민교육과 같은 전제주의적

---

21 新見吉治 述,「ナチス國民教育の檢討」,『文教の朝鮮』, 1939, 3쪽.

인 국민교육을 실행해야 하며 그 성공여부에 일본의 장래가 달려있다고 분석한 것이다. 나치즘은 일본의 전통 무사도와 결합하였고, 천황과 국민, 국가, 국토와 불가분의 관계로 연결되어 일본국체의 이데올로기 형성에 도용되었다.

중일전쟁 이후에 일본에서는 『일본고사기』와 『일본서기』 등의 역사서를 저간으로 하여 그 내용을 새롭게 구성한 교과서를 발행하였다. 이들 교과서에는 일본역사에 일관하는 정신을 이른바 '국체國體'를 강조하며 이를 확연히 드러내어 교육할 것을 요구하였다. 당시 국체의 관념을 주입시키기 위해 일본 문부성에서는 1937년에 『국체의 본의國體の本義』를 간행하고 일본 내의 관청과 학교 등지에 배포했으며 조선을 비롯한 각 식민지의 학교와 기관에도 널리 배포하였다. 황민화교육의 지침서 역할을 한 이 책은 "대일본제국은 만세일계의 천황황조의 신칙을 받들어 영원히 이를 통합해 간다"[22]고 하는 '국체'와 신도神道를 결합하여 종교차원의 존재로 승화시켜 이른바 '황도皇道'의 이데올로기로 진화해 갔다.

국체에 대한 정의와 그에 관한 논의는 사실 메이지유신 시절부터 거론되어 왔으며 교육정신으로 보급되었기에 새로운 것은 아니었다. 그러나 중일전쟁이 확대되어가는 중에 국체는 관념의 차원에서 현실화하여 국민 개개인의 정신으로 결정화結晶化할 것이 요구되었으며 국체의 보급은 민간이 아닌 정부 차원에서 정책적으로 이루어졌다. 유태인의 종교인 유대교가 기독교로 발전한 후 전세계로 포교되었듯이

---

22 『國體の本義』, 文部省, 1937, 9쪽.

일본인에게 종교가 된 황도는 "국민은 국가의 대본으로서 변하지 않는 국체와 옛부터 오늘에 이르기까지 일관한 황국의 도에 의해 유신한 일본을 더욱 생성 발전"시키고 "천양무궁天壤無窮의 황운을 부익扶翼하고 받들지 않으면 안 된다. 그것이 바로 국민의 사명"[23]이라고 정의되었다. 황도는 이제 일본을 넘어서 조선, 대만과 만주, 중국, 아시아로, 그리고 세계로 번져나가 발휘되어야 하는 존재로 확대·승격되었다. 일본 제국주의 침략의 팽창주의는 신동아질서요, 황도의 실현으로 치환되었다. 자신들의 침략 행위를 도의적 세계와 신질서 건설의 제일보라는 억지 논리로 미화하며 점점 자기도취의 광기의 소용돌이에 휘말리게 되었다.

이상과 같이 이상적 국체 관념을 정리한 일제는 1937년 12월에 문부성에서 주관한 '교학쇄신평의회'로 명명한 교육심의회를 발족하고 교육체제 개편 작업에 착수하였다. 그리고 이제 조선은 황민화시기의 국민교육을 통해 달성하고자 했던 국민 통일과 국민정신 작흥作興의 메커니즘을 구축해 가는 적절한 실험 무대로 기능하였고 일본이 벌이는 전쟁수행의 병참기지로서의 역할도 부여받았다.

제3차 교육령 발포로 일본과 동일한 학제와 교육 내용을 조선에서 시행한다는 구실로 소학교 교과에서 조선어 과목은 폐지되었다. 수업시간은 물론이고 학교 내에서도 일체 조선어 사용이 금지되었다. 1940년에 들어와서는 사회전반에서 일본어 상용을 강화해『동아일보』·『조선일보』·『문장』등 한글로 된 신문·잡지들이 폐간당했으며

---

23 『國體の本義』, 文部省, 1937, 156쪽.

조선어학회·진단학회 등을 해산시켜 조선과 관련한 그 어떤 학문을 연구하는 것조차도 전면 금지당하였다.

3. 국민학교제의 시행과 운영

1941년 12월 일본의 진주만 공격으로 시작된 태평양전쟁은 아시아해 방을 위해 일본이 벌이는 '성전聖戰'으로 위치지어졌다. 조선을 비롯한 대만, 만주국, 그리고 남방의 민족들까지도 침략전쟁에 동원하고 자 일본 국민으로 입적되었고 국민총동원의 명분 아래 군량 공출, 각종 금속기 강제 헌납, 군수원료 등의 물적 자원과 노동력 제공의 인적 자원으로서 국민적 의무를 짊어지게 되었다.

황국의 신민에서 '국민'으로 승격한 조선인은 이제 구미 제국의 식 민지를 해방시키고 대동아공영권을 건설하는 일본과 동일한 운명 공 동체의 파트너가 되었음을 영광스럽게 여기며 맹주국 일본을 위해 죽음마저도 가치있게 여기도록 세뇌화된 정신개도를 초등학교 단계부터 시작해야 했다. 그러려면 과거와는 다른 새로운 초등교육체제의 개편이 급격히 요구되었다.

1) 국민학교 설립배경

1930년대 후반부터 학교는 황민화운동 제일선의 첨병 역할을 담당했음은 살펴본 바 있다. 그러나 태평양전쟁을 앞두고 장기화되는 전쟁에서 국민총동원운동을 전개해 군수물자와 전투병을 확보하여 전장에 투입하는 것만으로 일본의 장래를 보장받을 수 없게 되었다. 새로운 전투병력을 예비해 준비할 수 있는 교육과 훈련소를 결합한 연성소鍊成所의 기능과 역할을 할 수 있는 체제가 필요했다.

일제는 과거의 교육은 구미의 영향을 받아 재단된 옷을 입고 있으므로 이를 과감히 벗어던져 버리고 시세에 맞는 옷을 지어 입어야 한다며 새로운 제본을 마련하고자 하였다. 오랜 시일을 경과해 오면서 참교육의 정신으로 정립된 인간중심의 교육에 대해 일제는 구미사상의 영향을 받아 교육 역시 개인주의적·자유주의적 경향으로 흘렀다고 지적하였다. 그리고 개인의 인격 완성을 목표로 한 인간교육으로 인해 국민교육의 본질을 잃어버렸다고 비판하였다. 이제 과거 서구 모방의 자세를 버리고 '국체'에 의거한 독자적인 지도이념으로 일본과 아시아를 지도하겠다는 발상은 일찍이 대만, 조선 등을 침략하면서 구축해 낸 자기정당화의 논리에 익숙한 일본으로서 새로울 것이 없는 내용이다.

2) 국민학교 운영과 황민화

1936년 국제연맹을 탈퇴한 일제는 1940년 주축국에 가담하고 1941년 3월 1일 영국에 선전포고를 하였다. 3월 1일자 칙령 148호로 "국민학교는 황국의 도에 준거해 초등보통교육을 실시하여 국민의 기초적 연성을 이루는 것으로써 목적으로 한다"(제1조)로 시작하는 국민학교령을 공포하였다.[24] 이어 3월 14일자로 국민학교령 시행규칙을 공포하였다.[25] 조선에서는 일본에서 국민학교령이 발포된 지 한 달 후인 1941년 3월 31일자로 국민학교규정을 공포하고 4월 1일부터 시행하는 것으로 발표되었다.[26]

일본에서는 1886년에 소학교[27]제가 의무교육으로 발표되어 시행된 이래 56년만인 1941년에 소학교 간판이 내려지고 수업연한 8년제의 의무교육제인 국민학교제로 제정·공포되었다. 조선의 국민학교는 일본의 국민학교가 의무제이며 수업연한이 8년제로 시행되었던 것에 비해 비의무제의 수업연한 6년제로 시행되었다. 차

---

24 일본에서 공포된 국민학교령은 총 9장 58조로 이루어졌으나(칙령 148호, 1941.2.28) 조선에서 발포된 초등학교 규정은 총 7장 92조와 부칙으로 이루어졌다. 일본에서 공포된 국민학교령의 목적과 과정 및 편제를 규정하고 있는 제1조에서 제7조까지의 내용을 보면, 제1장 目的 제1조 국민학교는 황국의 道에 준거해 초등보통교육을 실시하고 국민의 기초적 연성을 하는 것을 목적으로 한다. 제2장 課程과 編制 제2조 국민학교에 초등과와 고등과를 두고 단 토지의 정황에 의해 초등과 또는 고등과만을 둘 것, 제3조 초등과의 수업연한은 6년으로 하고 고등과의 수업연한은 2년으로 한다. 제4조. 국민학교의 교과는 초등과와 고등과를 통해 국민과·이수과·체련과·예능과로 하고, 고등과에서는 실업과를 부가한다. …… 앞의 5항에 게재한 과목 외에 고등과에서는 외국어 기타 필요한 과목을 설치할 것. 제5조 국민학교에서는 고등과를 수료하는 자를 위해 특수과를 둘 것과 그 수업연한은 1년으로 한다. 특수과를 설치하고 폐지할 때는 시정촌, 시정촌 학교조합 또는 시정초학교조합에서 지방장관의 허가를 받게 하고 특수과에 관한 규정은 문부대신이 이를 정한다. 제6조 국민학교의 교과용 도서는 문부성에서 저작권을 소유하는 것으로 하고 단 향토에 관한 도서, 가사, 音譜 등에 관한 문부대신에 별단 규정을 둘 경우는 이 한에 두지 않는다. 제7조 국민학교의 교칙과 편제에 관한 규정은 문부대신이 이를 정한다(朝鮮總督府學務局 學務課, 「國民學校令」, 『國民學校關係法令集』, 11~12쪽).

25 조선총독부학무국, 「文部省令, 제4호(1941.3.14)」, 『國民學校關係法令集』, 19쪽.

26 조선총독부학무국, 「朝鮮總督府令, 90호(1941.3.31)」, 『國民學校關係法令集』, 63~64쪽.

27 일본에서 소학교령은 1900년 8월(칙령 제344호)로 발표된 이래 1903, 1907, 1911, 1913, 1919, 1923, 1926년 등 수차례 개정되었다.

별이 있을 때 언제나 그렇듯이 민도개발民度開發이 느린 현재 조선의 상황에서 8년제 수업연한은 적합치 않다는 이유를 내세웠다. 국민학교제 역시 동일 법규 아래 의무교육을 실시하는 '내선일체'의 목표에는 도달하지 못했다.

국민학교제가 시행되기 전인 1940년 5월 말에 조선총독부가 조사한 초등학교의 수數는 사범학교 부속 초등학교 12교, 공립초등학교 3,371교, 도지사 인정 초등학교에 준한 학교 134교로 나타났다. 중일전쟁 시기와 비교해 볼 때 많은 학교가 증설되었음에도 불구하고 이들 학교에 재학 중인 취학 아동의 수는 학령學齡 아동 총수에 4할에 불과하였다.[28] 국민학교제 실시 즈음에 학령에 달한 아동의 60%가 초등교육을 받지 못하고 있음을 말해준다.

국민학교제도 실시에 앞서 미나미 지로 총독은 "교육에 관한 칙어를 봉체奉體하여 황운부익皇運扶翼의 대도에 매진할 수 있는 충량유위忠良有爲한 황국신민의 자질을 연성하는데 있다"[29]는 내용의 훈령을 내리고 초등학교 규정 제2조에서 아동 교육에 유의해야 할 사항으로 '충량한 황국신민'의 연성과 '국민 자질'을 계발하고 배양할 것을 규정하였다. 이것으로 보면, 조선에서는 식민지 신민의식과 제국의 국민의식 개념이 중층적으로 존재하면서 조선인의 의식을 압박하였다.[30]

---

28 朝鮮總督府, 『朝鮮に赴任する國民學校教員の爲に』, 1941.4, 250쪽.

29 朝鮮總督府訓令 제30호(1941.4.1)(伊倉健治 編著, 『改訂 國民學校教育精說』, 春川師範學校, 1941).

30 "① 교육칙어의 취지에 기초하여 교육의 전반에 걸쳐 황국의 도를 수련하고 특히 국체에 대한 신념을 견고히 하고 황국민임의 자각에 철저히 하는데 힘쓴다. ② 일시동인

조선에서는 국민학교 제도 실시에 앞서 이미 제3차 조선교육령 하에서 황민화교육이 시행되었기 때문에 국민학교제 시행의 교육 기반이 일찍이 조성되었다고 할 수 있다.

조선총독부에서는 국민학교제도 시행에 즈음하여 1942년 각급 학교마다 「(조선초등학교^{朝鮮國民學校}) 각과교수요의^{各科敎授要義}」를 배포하여 이에 의해 아동들을 교육하도록 지침을 내렸다.[31] 따라서 교수의 재량과 자질에 따른 교육적 차이를 기대할 수 없고 이들 교수요의에 의해 획일적이고 주입적인 교육이 이루어졌다. 국민연성의 도장으로 출범한 국민학교에서 황민화교육의 핵심 교과는 국민과^{國民科}이다. 국민과는 역사과목을 비롯한 수신, 일본어, 지리과목을 가리킨다. 이들 과목을 통해 국가의 도덕·언어·역사·국토·국세를 습득하며, '국체^{國體}의 정화^{精華}'를 밝혀 국민정신 함양과 황국의 사명을 자각시킴으로써 충군애국의 의기^{意氣}를 키워주는 교과로 부각되었다.[32]

교육에서 황민화의 주입은 민족의 의사와 관계없이 폭력적으로

의 성지를 봉체하여 충량한 황국신민임의 자질을 갖추어 내선일체, 신애협력의 미풍을 양성하는데 힘쓴다. ③ 국민생활에 필수적인 보통의 지식기능을 체득시켜 정조를 醇化하고 건전한 심신의 육성에 힘쓴다. ④ 우리나라 문화의 특질을 밝힘과 동시에 동아와 세계의 대세에 부쳐 알려진 황국의 지위와 사명과의 자각에 지도된 대국민인 자질을 啓培하는데 힘쓴다. ⑤ 교수, 훈련과 양호의 분리를 피하고 심신을 일체로 하여 단련하고 황국신민으로서의 통일적 인격의 발전을 기한다. ⑥ 각 교과와 과목은 그 특색을 발휘함과 함께 상호의 관련을 긴밀히 하고 이를 황국신민 연성의 한 길로 돌아가게 한다. ⑦ 의식, 학교 행사 등을 중시하고 이를 교과와 아울러 일체로 하여 교육의 실을 거두도록 힘쓴다(朝鮮總督府學務局學務課, 朝鮮之部, 國民學校規程, 『國民學校關係法令集』, 63~65쪽).

31 皇國敎育硏修會, 朝鮮國民學校各科敎授要義, 1942

32 伊倉健治 編著, 『改訂國民學校敎育精說』, 春川師範學校, 1942, 29쪽.

이루어졌으며 전시 동원을 위해 어쩔 수 없이 급박하게 시행한 조치였던 것이다. 그럼에도 일본은 조선을 '동심일가同心一家'로 여겨주는 것만도 영광으로 여길 것과 과도한 국민적 의무를 감내할 것을 요구하였다.[33] 당시 일본제국의 국민을 경험했던 이들의 기억 속에서 조선인이 진심에서 국민으로 인정받지 못했던 많은 사례들이 있다. 설혹 정책적으로 국가가 나서서 일반 일본인들에게 180도의 의식전환을 요구해 식민지민을 국민으로 수용했다 해도 엄연한 차별과 차이의 선을 그었으며 조선은 3류의 하등 국민임을 운명적으로 받아들어야 했다. 그럼에도 불구하고 전후 일본 우익분자 중에 일본은 조선을 결코 식민지로 취급한 적도 없고 식민지민으로 대우한 적이 없었다고 억지를 부리는 이들의 역사의식은 역사적 현실을 무시한 몰역사성의 극치라 하지 않을 수 없다.

일본의 국민학교제는 초등과(6년), 고등과(2년) 과정으로 운영되었으나 조선에서는 기존의 4년제와 6년제로 운영되었던 심상소학교尋常小學校체제에서 6년제의 국민학교제로 운영되었다. 국민학교 규정 제1조에 "국민학교는 황도의 도에 입각하여 초등보통교육을 시행하고 국민의 기초적 연성을 행함을 목적으로 한다"라고 하는 부분은 종래 소학교규정 제1조와 비교된다. 소학교 규정에서는 개인으로서의 인격교육인 도덕교육과 국가주의의 국민교육의 2가지를 교육 목표로 설정하였다. 소학교교육은 상급학교로 진학하

---

33 "조선은 조선만의 조선이 아니다. 조선은 아세아 대륙의 동해안에 걸친 일대 棧橋로 지세상 우리는 일본제국의 병참기지로서 중요하고 대륙정책상 전진기지로서 부족하지 않는 지위를 점하고 있다. 따라서 내선관계는 同心一家의 완전한 일체를 하지 않으면 안 되는 것이며 즉 시정 이래 역대 당국자가 모두 통치의 根帶를 이곳에 두었다."

는 준비교육의 성격을 띠었으나[34] 국민학교 규정에 이르러서는 개인의 인격완성과 보편적 인도 실현이라는 교육목표는 완전 폐기되었다. 국민학교에서는 개인이 배제된 국민의 기초적 연성, 즉 황국민을 육성하는 것만으로 통일되었다. 국민학교 규정 제2조에서는 "국체에 대한 신념을 견고히 하며 황국신민임을 철저히 자각하는 일에 힘쓴다"고 명시하였다.

국민학교제도의 실시와 함께 미나미총독은 국민과·이수과·체련과·예능과·직업과의 5가지 교과를 통해 황국신민의 자질을 키워나갈 것을 제시하였다.[35] 국민학교 교육은 바로 충량한 황국신민의 자질을 갖출 수 있도록 기존 교과목을 폐합廢合하지 않고 '황국신민연성'이라는 교육목표 위에 교과목을 유기적으로 재편성하는 식으로 개편하여 그 효과의 극대화를 꾀하였다. 그러다보니 지덕체를 키우는 고전적이며 기본적인 교육목표를 완전 폐기하고 전쟁수행을 위한 황민화의 무리한 교육목표가 세워졌다. 또한 국민학교제의 3대 교육방침은 제3차 조선교육령 때와 동일하게 "① 국체관념의 명징, ② 내선일체 구현 철저, ③ 인고단련주의의 철저"의 강령이 그대로 채택되었다. 따라서 제3차 조선교육령 하의 소학교 체제의 교육 내용과 비교해 보았을 때, 국민학교의 교육내용에서 천황 중심의 국민통합을 강조하는 황민화교육이 한층 집중, 강화된 점과 조선에서는 실업이 아닌 직업을 강조한 실무교육이 강조

---

34 "소학교는 아동신체의 발달에 유의하여 도덕교육과 국민교육의 기초와 그 생활에 필수한 보통의 지식기능을 교수하는 것을 본지로 한다(伊倉健治 編著, 『改訂 國民學校 敎育精說』, 79쪽)."

35 朝鮮總督府 訓令 제30호(1941.4.1), 南次郎總督 國民學校制度實施つき訓令.

되고 있다는 점에서 차이가 있다.

3) 국민학교 교과 및 교수 내용

국민학교 교과서는 문부성 편찬의 교과서를 사용하되 조선총독부
에서 편찬한 교과서가 있을 경우는 조선총독부 교과서를 사용하도
록 했으며 교과과정에서는 국민과國民科 내의 수신과와 국어과의 교
수시간을 이전 교육령시대 때보다 늘린 점이 차이다. 그리고 조선
어와 기타 필요하다고 인정되는 과목을 가설할 수 있도록 한 점은
이전의 3차 교육령 때와 동일하지만 앞서 살펴보았듯이 조선어교
과 선택에 아무런 구속력을 갖지 않았기에 사조항死條項에 불과하
였다. 그러나 국민학교 1학년 교사는 반드시 일본인교사를 선발토
록 하여 저학년부터 철저한 일본어 교육이 시행되었다. 학교교육
이 아닌 일반인 대상의 국어강습회를 개최할 경우에도 국민학교의
학교시설과 교사들이 동원되어 일본어 상용교육에 동원되었다.[36]

〈표 1〉에서 볼 수 있듯이 5개의 교과 중 국민과로 분류된 교과
는 "국민정신 체득과 국체에 대한 신념 확립, 황국의 사명에 대한
자각"이라는 학습 목표를 갖고 일본과 식민지를 운명의 공동체로
묶는 대일본제국의 국민을 연성하는 교육이 실행되었다.

국민학교 교과의 시수는 〈표 2〉에서 보는 바와 같이 각 학년
에서 국민과 교과와 수업시수가 다른 교과 시수에 비해 제1학년

---

36 朝鮮總督府 社會敎學課, 『朝鮮社會敎育要覽』, 61쪽.

〈표 1〉 국민학교 교과와 과목

교과	과목	학습목표
국민과	수신, 국어(일본어), 국사(일본사), 지리	국민정신체득, 국체에 대한 신념 확립, 황국의 사명에 대한 자각
이수과	산수급이과	수리적, 과학적 처리로 국운발전에 공헌
체련과	체조급무도	활달 강건하고 지구한 심신을 갖추어 헌신봉공의 실천력을 갖고 전력
예능과	음악, 습자, 도화급공작 (*여자 – 가사급재봉)	고아한 정조와 예술적 기술적 표현 능력을 가진 국민문화 진전
직업과	농업, 공업, 상업, 수산	근로를 애호하고 직업보국의 실천력 양성

48%, 제2학년 48%, 제3학년 41%, 제4학년 34%, 제5학년 38%, 제6학년 38%의 비중을 차지하였다.

교학쇄신敎學刷新의 명분을 띤 황민화 국민교육은 사실 전쟁 수행을 위해 국민의 정신과 육체를 전쟁의 도구로 이용하고자 한 의도에 다름 아니다. 국민과 교과 수업의 목적은 피교육자들이 곧바로 전쟁에 투입될 수 있을 정도로 강인한 정신력을 갖추도록 연성鍊成하는 것이다. 국민과 교과를 통해 자기 민족은 우수한 민족이며 자국의 팽창과 침략을 '선'과 '정의'라고 호도하였다.

국민학교의 제교과 중 국민과 교과인 수신, 국어, 국사, 지리 과목 모두는 각기 과목이 갖고 있는 특색이 있다. 황민화시기에 일제는 학교만이 아닌 일반을 상대로 한 일본어학습을 강화하여 일본어를 상용시킴으로써 대동아공영권이라는 가상의 공동체의식이 내면화 하도록 교육받았다.

1941년 12월 태평양전쟁이 발발하고 침략전쟁의 전선이 급속히 확대되는 긴박한 국면에 돌입하자 총독부에서는 조선인의 자발

〈표 2〉 국민학교 교과 및 수업 시수

교과		국민과				이수과		체련과		예능과						직업과	매주수업총시수
과목		수신	국어	국사	지리	산수	이과	무도	체조	음악	습자	도화	공작	가사(여)	재봉(여)	농공상수업업산	
제1학년	시수	11				5		5		2							23
	내용	국민도덕	독방,청방,철방,서방			산수일반	자연관찰		유희,체조,위생	창가,감상,기초연습		형상간취,표현감상	공작				
제2학년	시수	12				5		6		2							25
	내용	동	동			동	동		동	동		동	동				
제3학년	시수	2	9			5	1		5	2	1		2				27
	내용	동	독방,청방,화방,철방			동	동		체조교련,유희,경기,위생	동	カナ稭書鑑賞	동	동				
제4학년	시수	2	8		1	5	2		5	2	1	3(남)2(여)	3			3(남)1(여)	32
	내용	동	동		환경시찰	동	이과일반		동	동	동	동	동	가사초보	재봉초보	농업,공업,상업,수산등초보실습	
제5학년	시수	2	7	2	2	5	2	5(남)	4(여)	2	1		4			3(남)1(여)	34
	내용	동	동	국사대요	지리대요	동	동	무도간이기초동작	동	동	カナ稭書鑑賞	동	동	동	동	동	
제6학년	시수	2	7	2	2	5	2	5(남)	4(여)	2	1	3(남)2(여)	4			(남)1(여)	34
	내용	동	동	동	동	동	동	동	동	동	동	동	동	동	동	동	

출전: 公州女子師範學校內 皇國敎育硏修會, 『朝鮮國民學校各科敎授要義』, 1941, 23〜24쪽.

적인 운동인양 분위기를 조성하면서 국민총력조선연맹을 동원하
여 '일억 국민의 말은 하나', '내선일체는 먼저 국어부터', '반드시
국어상용', '국어로 나아가는 대동아' 등의 기치를 내걸었다.[37] "국
어는 일본국가의 언어이다. 그런 고로 황국신민으로서 국어를 해
득하지 못하는 자는 극언하면 황국신민이 아니다. 또한 국어가 국
가의 말인 고로 국가로서 국민에게 국가의 말을 습득시킬 의무를
지고 있다."[38]며 학교 및 사회의 모든 인력과 시설을 총동원하여
일본어를 상용하게 하는 '국어상용운동'을 강력히 추진하였다. 조
선만이 아니라 대만을 비롯해 만주국과 태평양 남방의 점령지역
등지에까지도 무리하게 강압되었다.[39]

---

[37] 大藏省管理局, 『日本人の海外活動に關する歷史的調査』 通卷 5冊 朝鮮篇 第1分
      冊, 47쪽.

[38] 廣瀬績, 「國語普及の新段階」, 『朝鮮』 329호, 1942.10, 37쪽.

[39] 1942년 5월 5일에 國民總力朝鮮聯盟에서는 「國語普及運動要綱」을 발표하고 일본어
      보급을 위한 여러 방책이 다음과 같이 동원되었다. (1) 국어상용에 대한 정신적 지도:
      1. 황국신민으로서 국어를 말하는 긍지를 感得시킬 것, 2. 일본정신 체득상 국어상용
      이 절대 필요한 까닭을 이해시킬 것, 3. 대동아공영권의 중핵인 황국신민으로서 국어
      의 습득, 상용이 필수 자격요건임을 자각시킬 것, (2) 국어를 이해하는 자에 대한 방법:
      1. 관공서직원은 솔선 국어상용을 힘써 행할 것, 2. 학생, 생도, 아동은 반드시 상용하
      도록 할 것, 3. 회사, 공장, 광산 등에서도 극력 상용을 장려할 것, 4. 청년단, 부인회,
      교회 기타 집합에서도 국어사용에 노력할 것, 5. 苟且히 국어를 해득하는 자는 반드시
      국어를 사용함은 물론 무릇 기회가 있을 때 국어를 이해하지 못하는 자에 대한 교도에
      노력할 것, (3) 국어를 해득하지 못하는 자에 대한 방책: 1. 국민학교 부설 국어강습회
      의 개설, 2. 각도 강습회의 개최, 3. 국어교본의 배포, 4. 라디오에 의한 강습, 5. 잡지
      에 의한 강습, 6. 평이한 신문의 발행, 7. 常會에서 지도, 8. 아동 생도에 의한 하루 한
      마디 운동, 9. 각 소재에서 국어를 해득하는 자에 의한 지도, (4) 문화방면에 대한 방
      책: 1. 문학, 영화, 연극, 음악 방면에 대하여 극력 국어사용을 권장할 것, 2. 라디오 제
      2방송에서 국어를 보다 많이 취급해 넣을 것, 3. 언문 신문잡지에 국어란을 설치할 것,
      (5) 국어상용자에 대한 표창 및 우선적 처우: 1. 「國語常用의 집」 등 국어상용자, 또는
      국어보급에 공있는 자 등을 표창할 것, 2. 공직 기타 취업 및 대우 등의 각반의 처우에
      우선적으로 고려할 것, (6) 이때 관민이 협력하여 전조선적으로 본 운동 전개에 명랑하

1943년 3월에 조선총독부가 교육령을 또 다시 개정(제4차 조선교육령 개정)하면서부터는 중등학교와 사범학교에서 조선어교과는 완전 폐지되었다. 3월 8일에 1944년도부터 징병령을 시행한다는 발표가 있은 후 일본어 보급은 군부인 조선군사령부가 개입해 전쟁에서 생존하기 위한 운동이 되었다. 전쟁터에 동원된 조선인이 완전한 일본화의 내면 검증은 일본어 해득 능력에 달려 있었으며 조선민족 요소 말살의 징후는 일본어를 상용하고 있느냐 못하느냐를 통해 역시 검증되었다. 완벽한 일본어 구사 능력이 천황에 충성하는 황국신민으로서의 자격을 인정받게 되는 관건이 된 것이다. 국민학교에서 일본어 교육이 일본인화되는 기저基底가 되었다고 본다면 일본 국민정신 체득과 일본 국체 신념의 확립, 나아가 황국의 사명을 자각하는 단계로 올라서는데 중시되었던 국민교과는 일본사, 즉 '국사國史'과였다.

국민학교에서 역사 과목은 초등단계의 고학년인 제5학년과 제6학년 과정에서 이수하도록 배치하였다. 이를 위해 1941년에 국민학교의 역사교과서인 『초등국사』 5~6학년용이 새로이 발행되었다. 국민과 국사 과목의 이수 목적은 "우리나라의 역사에 대해 그 대요를 회득會得하고 국체의 존엄한 소이所以를 체인體認함과 동시에 황국의 역사적 사명을 자각하도록 한다"[40]는데 두었다. 이전의 소학교규정 국사과목 이수 목적은 "역사는 조국肇國의 유래와 국운

고 열의 있는 기운을 양성하는 데 노력할 것, (7) 국어보급 연차계획을 수립할 것(國民總力朝鮮聯盟, 「皇國民運動と國語問題」(1945.6), 森田芳夫, 『韓國における國語·國史敎育』II(資料), 327~328쪽).

40 伊倉健治 編著, 『改訂 國民學校敎育精說』, 春川師範學校, 1941, 79쪽.

진전의 대요를 수업授業하여 국체의 존엄한 소이所以를 알고 황국신민임의 정신을 함양하는 것으로써 요지로 한다."[41]라고 하였다. 국민학교와 소학교 모두의 국사과목 이수 목적을 비교해 보면, 소학교는 황국신민의 정신을 함양하는데 두었으나 국민학교는 '황국의 역사적 사명을 자각'하는데 두었다. 황국의 역사적 사명이란 바로 대동아공영권으로 나가는 일이었다.

『초등국사』 5학년용은 일본의 역사를 아마테라스 오오미카미로부터 시작되는 '만세일계萬世一系'의 천황 계보를 일본의 역사발전으로 정리해 이를 아동들에게 무조건 외우도록 강요하였다. 6학년용은 일본이 동아신질서로 주창하는 대동아공영권의 건설 구상을 보여주며, 대동아공영권은 일본 건국 초부터 갖고 있던 '팔굉일우八紘一宇'의 이상을 실현하는 것이라며 침략전쟁을 인류의 행복과 영원한 평화의 도정으로 도치倒置하였다. 초등국사에서 나타나는 천황의 정복전쟁과 임진왜란을 비롯해 근세, 근대에 이루어진 침략전쟁 모두는 천황의 은혜를 전파하는 '성전聖戰'이며 팔굉일우의 이상을 실현하는 역사적 사명이었다고 서술되었다. 조선민중에게 임진왜란은 엄청난 피해를 가져다준 침략전쟁으로 기억되지만 일제는 새로운 동아건설의 꿈을 구체화한 전쟁으로 미화하며 아동들에게 은혜의 역사로 둔갑시켜 세뇌시키려 하였다. 조선민중의 일반 정서와 큰 차이를 보여준 임진왜란의 역사관이 어느 정도 일제가 의도한대로 주입되었는지는 의문이다.

41　伊倉健治 編著, 『改訂 國民學校敎育精說』, 79쪽.

조선총독부가 편찬한 역대 모든 역사교과서는 '천손강림天孫降臨'의 신화로부터 시작된다. 국민학교의 초등국사에서 조선 아동에게 심어주고자 한 국민교육의 핵심은 "일본 천황의 선조는 아마데라스 오미카미이고 아마데라스의 손자인 니니기를 지상에 내려보내 다스리게 함으로써 영원불변의 국체國體가 정해졌다는 것이다.[42] 그리고 일본의 아마데라스의 동생인 스사노미고토가 조선에 건너가 지배[43]하면서 일본은 형님나라가 되고, 조선의 고대사를 일본 고대신화로 견강부회하여 스사노미고토는 단군신화에 등장하는 환웅이 되어 조선은 일본의 아우의 나라가 되는 것이다. 조선의 단군 신화를 허황된 것으로 치부해 역사로 인정하지 않고 조선의 역사는 고조선이 멸망한 이후 한나라의 한사군 지배로부터 역사에 등장시켰다. 한국과 일본 양국의 일선동조·내선일체의 역사적 연원으로서 강조해 교육한 것은 임나일본부任那日本府로, 임나任那의 존재를 통해 조선은 예부터 일본의 지배를 받아왔고 조선 남부는 일본 땅의 일부였다고 주지시켰다. 이것으로 보면 조선 북부와 남부 모두가 이민족의 의한 식민지지배로부터 역사가 시작된 것으로 왜곡하였다. 그밖에 초등국사 교과서에서 소개되는 조선역사 관련

---

42 김경미, 「황민화'교육정책과 학교교육」, 『東方學志』 124, 174쪽.

43 일본의 긴국신화는 '고사기', '일본서기'에 따르면 태양의 신 '天照大神'가 天孫降臨할 때 손자 니니기노미고토에게 "나의 혼이 담긴 것"이라며 이 3개의 보물을 전달했고 태양신의 후손인 천황은 이를 보물로 삼았다고 한다. 曲玉과 八咫鏡, 草치劍 3종의 보물을 가지고 세상으로 내려왔다는 신화는 고조선의 건국신화인 환인이 환웅에게 天符印 3개를 주었다는 것과 유사하다. 이 신화는 가락국의 김수로왕 신화와도 그 내용이나 구조가 동일하다. 우리 민족의 혈통과 문화를 가진 정치집단의 신화로 보존, 계승되었다고 하겠다.

기술들을 보면 조선은 주체적 역사를 이룬 적이 없는 주변적이고 타율적이며 종속적인 성격을 갖고 있고 조선과 일본이 합방됨으로써 비로소 주체적인 역사를 이루게 되었으며 일본을 벗어나서 조선은 존립할 수 없다는 역사관을 심어주고 있음을 확인할 수 있다.

1942년 5월 징병제 실시 계획이 발표되고 이어 6월에 고이소 구니아키小磯國昭가 총독으로 부임하면서 이전 총독인 미나미가 내세운 '내선일체'를 뒤로 하고 고이소 총독은 "국체본의 투철, 도의 조선의 확립"을 시정방침으로 내세웠다. 전쟁의 확대로 인한 인력 수급을 위한 급박한 상황에서 동화 노력이 아닌 국민으로서의 의무를 지워야 하는 일이 시급해졌다. 그러기 위해 1920년 내내 공론화되었던 참정권 부여와 의무제교육 실시 등에 관한 검토가 진지하게 거론되었다. 그러나 조선인에게 참정권을 부여하게 되면 의회에 진출한 조선인들이 캐스팅 보트Casting Vote를 갖게 될 것이라는 우려로 제외되었고, 1942년에 12월에 의무교육제의 실시 계획이 실시일자를 명시하지 않은 채 발표되었다. 그러나 이마저도 3·1운동 이후 1920년대 내내 조선인에게 지방자치를 약속하고 기만했던 것과 다름없이 의무교육제는 조선총독부 통치 내내 이루어지지 않았다.

남방의 남양군도로까지 전선이 확대되면서 전쟁수행을 위한 비상사태 하에서 국민학교는 군사연성교육을 위한 연병장으로 부각되었다. 대만과 조선 모두에서 '내지연장주의'의 이름으로 무리한 동화정책이 추진되었으나 황민화시기에는 교육이 아닌 전쟁 협력과 희생을 위한 정신세뇌가 교육이라는 이름으로 자행되었으며 학교와 교실은 전투인력의 육체적 연성의 도장이 되었다.

역사학습을 통해 전쟁에서 '필승필성'의 정신력을 배양하고 여러 학교 의식과 행사를 통해 정신교육을 부가하였다. 국민과 학습을 통해서 "일본인은 강하다. 세계 제일이며 절대적으로 강하다.', '일본의 존엄과 정의', '일본무사도의 위대함과 일본 군사과학의 절대 우위', '유사시에 국민적 단결심이 강하고 강고한 국민성의 대화혼大和魂'등을 강조하는 세뇌교육을 통해 객관적 이성으로 전쟁 상황을 바라보지 못하도록 함으로써 교육은 철저히 전쟁 수단으로 전락하였다.

1944년 일제는 초등학교 5~6학년용의 국어(일본어)·지리·이과·음악 교과서를 새로이 발행하였다. "① 미영격멸의 전의戰意 앙양昻揚, ② 생산증강 근로동원의 강화, ③ 국방교육의 강화, ④ 결전決戰생활 지도 철저, ⑤ 교육순국의 사혼師魂 배양"[44] 등의 국민학교 교육방침을 발표하였다. 이들 교육방침 내용은 아동을 전쟁터로 내몰아 죽음으로 안내하는 사신을 연상케 해준다. 이처럼 국민학교 역사교과서인 『초등국사』 전과를 관통하는 내용은 일본은 신이 지켜주는 '신국神國'이며 국민은 기꺼이 "전쟁에 나가 용감하게 전사하여 정국靖國신사에 모셔져 호국의 신"[45]이 될 것을 종용한 죽음의 교과서였다.

---

44 『每日申報』1944년 2월 2일자.
45 文部省 編, 『初等歷史 第六學年』, 1944, 299쪽.

4. 맺음말

일제는 침략전쟁을 확대하면서 조선인의 정체성을 말살하고 조선인을 무리하게 황민화의 길로 내몰았다. 1940년대 국민학교를 다녔던 이들 중에는 천황을 위해 목숨까지도 바칠 수 있는 철저한 황민화의 기억을 갖고 있는 이들이 아직도 생존해 있다. 일본 민족의 영화를 위해 일본의 영역과 문화를 무리하게 확장시켜 나가며 주변의 민족문화의 고유성과 이질성, 그리고 다원성을 무시한 광기狂氣시대. 그 경험과 기억을 갖고 해방 후 황국의 국민에서 조선인으로 돌아오는 과정에서 많은 이들이 가슴깊은 곳에 새겨진 상흔을 숨기고 고통스러운 자기 확인의 과정을 경험했으리라.

일본은 제2차 세계대전이 끝난 후인 1947년 3월에 졸업한 국민학교 졸업생을 끝으로 국민학교의 간판을 내리고 소학교로 전환하였다. 그러나 한국에서는 일제시대 국가주의 국민교육이 해방 후에 애국교육으로 탈바꿈하여 오래토록 우리 안에 존속하다가 1996년 3월에 와서야 국민학교라는 명칭이 폐기되었다. 1991년 가을에 일부 교사들에 의해 초등학교 명칭개정운동이 전개되었다. 이들은 국회에 명칭개정 청원서를 올렸으나 당시 교육부인 문교부 담당자의 답변은 국민학교라는 용어가 익숙해져 있는 상황에서 이를 개정하면 많은 예산이 소요된다는 이유를 들어 명칭개정이 곤란하다고 답변한 바 있다. 이는 교육당국자들의 몰역사 의식의 극치를 보여주는 사례이다. 사실 해방 후 얼마 안되어 민족분단이 이루어지고 곧이어 6·25동란이 발발했으며 휴전 이래로 남북한 모두가 '통일'을 앞세우고 모색하면서도 대립과 갈등의 폭을 좀처럼 좁히지 못하고 있는 대결 정황에서 고려해 보면, 한국교육에서 국가주의는 여전히 유효한 이데올로기며 가치일런지 모른다.

오랜 경제불황 속에서 일본의 우익분자들은 현재 일본의 난국은 전전戰前의 황민화 교육이념을 계승하지 않아 젊은 세대가 구심점을 상실한 결과로 분석한 듯하다. 그 타개책으로 마치 전쟁 전의 일본 자본주의 위기를 대동아공영권이라는 이데올로기를 창출해 돌파해 나갔듯이 황민화 역사의식 계승을 통해 국민정신과 의식에 의도적으로 개입하려 드는 이들이 있다. 일본 오부치 게이조小淵惠三(1937.6.25~2000.5.14)나 모리 요시로森喜郎(1937.7.14~)와 같이 수상을 역임한 일본 정치계의 중추들, 문부과학성의 관리들, 문필 활동을 하고 있는 언론인, 작가들 사이에서 공공연하게 이루어지고 있는 몰역사적 우익발언은 그들 역시 황민화교육을 받은 이들로써 황민화 시대의 망령에서 벗어나지 못한 세대이기 때문이라고 본다.

2000년에 황민화교육의 이데올로기를 계승한 '새로운 역사교과서를 만드는 모임'에 의한 역사교과서 검정안이 문부과학성의 검정을 통과하였다. 비록 일본 내 고등학교의 교과서 채택률이 낮다고는 하지만 현재 후소샤扶桑社와 지유샤自由社 2군데 출판사에서 '새역모'의 교과서가 발행되고 있다.

천황제의 국가원리는 간단히 압축하면 국가가 개인의 사생활과 내면 의식 세계에 개입하여 개인성과 인간주의를 매몰시키려 하는 전체주의에 기반을 두고 있다. 초국가적 이데올로기에 치닫던 황민화교육 세대가 여전히 일본 내에서 영향력을 발휘하고 있는 정황에서 그

들은 황민화 역사의식의 단절을 오히려 두려워하고 있는 듯하다. 일본의 패전 이후 공식국가國歌의 지위에서 물러났던 기미가요君が代가 1999년에 오부치 게이조 수상 집권 때에 '국기 및 국가에 관한 법률'이 제정, 국회를 통과하면서 법적으로 다시 국가國歌의 지위에 올랐다. "천황의 세상이/ 천대로/ 만천대로/ 작은 조약돌이/ 큰 바위가 되어서/ 이끼가 낄 때까지" 전쟁 수행과정에서 천황에게 충성을 맹세하며 목이 터져라 처절하게 기미가요를 부르며 전쟁에서 '산화'해 침략전쟁의 희생자들을 '영웅'으로 참배하고 침략전쟁의 길을 '애국의 길'로 기억하며 애국심을 키워나갈 차세대 일본인들의 의식저변을 경계하지 않을 수 없다.

그렇다면 식민지 황민화교육의 실험장이었던 한국은 황민화의 의식을 과연 청산하였을까? 한국의 민족주의는 외세의 침략과 일제 침략에 저항하는 과정에서 강화되었다. 민족주의는 침략의 대항 논리로서 민족의 단결과 결집을 요구했으나 해방 이후 민족분단체제가 고착되면서 한국에서는 반공주의로 부활하여 한국인의 의식 결집과 집단의식화의 수단이 되었다. 일제하 황민화교육의 망령이 해방 후까지 그 그림자를 깊게 드리우며 개인을 억압하고 의식의 집단화를 심어주어 오늘날의 사회갈등과 정치적 혼란을 부추기는 근원이 되고 있는 것은 아닌 지, 오늘날 한국문화의 일부 특성으로 지목되고 있는 국가주의 성향이 황민화교육 세대에 의해 전수된 것은 아닌 지 반성해 본다.

한국의 국력 신장과 민주주의의 발전은 국민 결속의 방법이 국가주의 교육에서만 찾을 것인지, 그 대안이 무엇인지 숙고해 보아야 할 것이다. 국민의례國民儀禮를 행할 때 낭송되는 '국기에 대한 맹세'는 확실히 국가주의 계승의 일면임은 틀림없지만 과거 "조국과 민족의 무궁한 영광을 위하여"에서 2007년부터 "자유롭고 정의로운 대한민국의 무궁한 영광을 위하여"로 개정한 것은 국가에 대한 맹목적 충성의 강요가 아니라 자유롭고 정의로운 조국이여야만 충성을 다하겠다고 하는 다짐을 내포하고 있어 큰 변화라고 할 수 있다. 이제 정권 차원의 국가주의 국민교육은 공익 우선의 공동체 가치를 중시하는 국민의식 전환의 시대로 나가야 할 것이다.

참고문헌

宮田節子,「皇民化政策の構造」,『朝鮮史研究會論文集』29, 1991.

朝鮮史研究會,「天皇制教育と皇民化政策」,『「帝國」日本とアジア』, 1994.

吉川弘文館,「朝鮮における皇民化政策」,『季刊戰爭責任研究』7, 1995.

筑摩書房,「朝鮮民衆と皇民化政策」,『朝鮮近代史研究叢書』2, 1985.

宮田節子, 李熒娘 譯,「朝鮮民衆과 皇民化政策」, 一潮閣, 1997.

鄭在哲,『日帝의 對韓國植民地教育政策史』, 一支社, 1985.

鈴木敬夫,「朝鮮植民地統治法の研究－治安法下の皇民化教育－」, 北海道大學
　　圖書刊行會, 1989.

近現代資料刊行會企劃編集,『植民地社會事業關係資料集朝鮮編』34・35・36,
　　2000.

高崎宗司,「綠旗連盟と「皇民化」運動」,『季刊三千里』31, 三千里社, 1982.

이명화,「朝鮮總督府의 言語同化政策－皇民化時期 日本語常用運動을 중심으
　　로－」,『한국독립운동사연구』9, 한국독립운동사연구소, 1995.

최유리,「일제 말기 황민화정책의 성격: 일본어 보급운동을 중심으로」,『한국근
　　현대사연구』2, 1995.

磯田一雄,「皇民化教育と植民地の國史教科書」,『近代日本と植民地 4－統合
　　と支配の論理－』, 岩波書店, 1993.

君島和彦・大河內朋子,「皇民化政策を中心にした植民地研究」,『日本と韓國の
　　歷史教科書を讀む視点』, 歷史教育研究會 編, 梨の木舍, 2000.

방기중 외,『일제 파시즘 지배와 민중생활』, 도서출판 혜안, 2004.

玄永燮,『朝鮮人の進むべき道』, 綠旗聯盟, 1939.

佐野通夫,『近代日本の教育と朝鮮』, 社會評論社, 1993.

駒込武,『植民地帝國日本の文化統合』, 岩波書店, 1996.

新見吉治 述,「ナチス國民教育の檢討」,『文敎の朝鮮』, 1939.

文部省 編,『國體の本義』, 1937.

朝鮮總督府學務局 學務課, 國民學校令, 『國民學校關係法令集』, 1942.

朝鮮總督府訓令 제30호(1941.4.1), 伊倉健治編著, 『改訂 國民學校敎育精說』,
　　春川師範學校, 1941.

朝鮮總督府學務局學務課, 朝鮮之部, 國民學校規程, 『國民學校關係法令集』.

朝鮮總督府 社會敎學課, 『朝鮮社會敎育要覽』, 1941.

公州女子師範學校內 皇國敎育硏修會, 『朝鮮國民學校各科敎授要義』, 1942.

大藏省管理局, 『日本人の海外活動に關する歷史的調査』通卷 5冊 朝鮮篇 第1
　　分冊, 1947.

廣瀨續, 「國語普及の新段階」, 『朝鮮』329호, 1942.10.

國民總力朝鮮聯盟, 「皇國民運動と國語問題」, 1945.6.

森田芳夫, 『韓國における國語・國史敎育』Ⅱ(資料), 原書房, 1987.

朝鮮總督府 編, 『初等歷史』, 1941.

文部省 編, 『初等歷史』, 1944.

색인

이 책에 수록된 글이 발표된 논문집은 아래와 같다.

제1장 : 이명화, 「일제강제병합 이데올로기와 식민지 교육정책」, 『한국독립운동사연구』 39, 2011.

제2장 : 윤소영, 「일제강점 초기 한일초등학교 교과서의 한국인식」, 『한국독립운동사연구』 36, 2010.

제3장 : 김형목, 「일제강점 초기 개량서당의 기능과 성격」, 『사학연구』 78, 2005.

제4장 : 김형목, 「1920년대 인천 지역 야학운동 실태와 성격」, 『인천학연구』 8, 2008.

제5장 : 윤소영, 「1930年代植民地朝鮮における新教育運動の変容－簡易學校を中心に」, 『1930年代日本植民地の諸相』植民地教育史研究年報 15, 2012 (번역 수록).

제6장 : 이명화, 「일제 황민화 교육과 국민학교제의 시행」, 『한국독립운동사연구』 35, 2010.

일제강점기
한국 초등교육의
실태와 그 저항

초판 1쇄 인쇄 2016년 12월 20일
초판 1쇄 발행 2016년 12월 30일

지 은 이 이명화 · 김형목 · 윤소영
펴 낸 이 주혜숙
디 자 인 오신곤

펴 낸 곳 역사공간
등   록 2003년 7월 22일 제6 - 510호
주   소 04030 서울특별시 마포구 양화로 11길 18(서교동) 원오빌딩 4층
전   화 070 - 7825 - 9900~8, 02 - 725 - 8806
팩   스 02 - 725 - 8801
전자우편 jhs8807@hanmail.net

ISBN   979-11-5707-136-4 93910